Klaus Funke

# HEIMGANG

Roman

Husum

Umschlagabbildung: Grenzpatrouille durch Postenpaar
culture-images/ddrbildarchiv.de/Manfred Uhlenhut

Bibliografische Information der Deutschen Nationalbibliothek

Die Deutsche Nationalbibliothek verzeichnet diese Publikation in der Deutschen Nationalbibliografie; detaillierte bibliografische Daten sind im Internet über http://dnb.d-nb.de abrufbar.



Gesamtherstellung: Husum Druck- und Verlagsgesellschaft
Postfach 1480, D-25804 Husum – www.verlagsgruppe.de

ISBN 978-3-89876-691-3

*Alle im Buch auftretenden Personen sind erfundene Figuren. Etwaige Ähnlichkeiten mit lebenden oder toten Personen wären rein zufällig und sind nicht beabsichtigt. Die auftretenden Figuren sind Typen und stehen stellvertretend für Menschen, die so oder ähnlich agiert und argumentiert haben.*

*Die im Buch dargestellten Zusammenhänge und Vorkommnisse entsprechen tatsächlichen Ereignissen an der ehemaligen Staatsgrenze der DDR in den Jahren 1972 bis etwa 1974. Das Aufzeigen von Brutalität und Menschenverachtung ist beabsichtigt. Es soll zeigen, welche Verhältnisse damals an der innerdeutschen Grenze geherrscht haben. Der Autor hat sie selber erlebt oder sie sind ihm von Augenzeugen glaubhaft berichtet worden.*

*Jedes Wort dieses Buches ist wahr. Aber es ist ein Roman und kein Tatsachenbericht. Aus diesem Grund sind der Handlung entsprechende Orte und geografische Besonderheiten verändert und angepasst worden. Ein Vergleich mit heutigen Orten und landschaftlichen Verhältnissen ist deshalb unangebracht.*

*Das Buch will eine Zeit deutsch-deutscher Geschichte lebendig machen, die manche heute Lebenden nur noch aus den Geschichtsbüchern oder aus Erzählungen kennen, eine Zeit der Konfrontation und des Kalten Krieges, die niemals vergessen werden sollte.*

*Klaus Funke*

*Ihre Hand kommt langsam näher.*

*Sie berührt mich.*

*Warm und glatt fühlt sich die Hand an.*

*Ich beginne zu zittern, ein wonniges Wärmegefühl ergreift mich.*

*Die Hand tastet suchend an meinem Körper abwärts.*

*Meine Männlichkeit wächst.*

Ich höre die geflüsterten zärtlichen Worte, sehe jetzt auch ihr Gesicht, sehe, wie es sich langsam auf meine Brust schiebt.

Oh, welche Wonne, denke ich – ...

*Plötzlich* ein gellender Pfiff. *Trillerpfeife* ...

Der Traum verschwindet. *Husch!* ist er weg, ohne eine Spur, tonlos, ohne ein Bild, nicht einmal sowas wie ein Standbild bleibt.

Dafür eine dröhnende Männerstimme, verstärkt durch das Echo des Kompanieganges:

*Nachtruhe beenden! Fertigmachen zum Frühsport!*

Es dauert ein paar Sekunden. Dann begreife ich, wo ich mich befinde: Stube 3, 3. Gruppe, 1. Zug, Unterkunft der 11. Grenzkompanie in Hundfeld, gehörig zum Grenzbataillon III im Grenzregiment 9, ungefähr fünfzehn Kilometer südwestlich von Römhild.

Hundfeld, ein Nest von vielleicht zwei Dutzend, teilweise heruntergekommenen Gehöften, keine Kirche, kein Bürgermeister, Altersdurchschnitt über fünfzig Jahre, dreieinhalb Kilometer Luftlinie von der Westgrenze entfernt – der Staatsgrenze zur Bundesrepublik, unserem Klassenfeind ... jetzt, wo ich diese Zeilen aufschreibe, weißt du, da kommen mir Zweifel, ob ich das damals wirklich so gedacht habe. Ich glaube nicht, wahrscheinlich werde ich nach dem Aufwachen nur eines gedacht haben – *Scheiße*. Warum immer *Frühsport*, wo wir doch in einer Stunde sowieso *am Strich* sind? Der Strich – so nennen wir die Grenzlinie.

Nun stell dir vor: Im Zimmer entsteht nach dem Weckruf Bewegung. Einer macht Licht. Irgendeiner rülpst, ein anderer hustet, ein Dritter furzt. Die meisten sind mehr oder weniger schnell aus den Betten und auf den Beinen. Otto, der Mann im Bett über mir, springt herunter: *Scheißfrühsport!* brummt er und geht zu seinem Spind, den Trainingsanzug hervorzuzerren. Neben mir, Karli, sitzt auf der Bettkante:

*Den Holzknie bringe ich noch um!*

Irgendwann ist er dran, das Schwein. Holzknie, wie er wirklich hieß, weiß ich nicht mehr genau, ich glaube Kniewedel, Jürgen Kniewedel oder so ähnlich. Holzknie ist der Stellvertreter des Zugführers, er wird, wie jeden Tag, unseren Frühsport leiten. Holzknie ist Oberfeld (Oberfeldwebel), ein Berufssoldat, ein Zehnender also, will sagen, einer, der sich für zehn Jahre verpflichtet hat. Er wird in diesen Aufzeichnungen noch weiter eine Rolle spielen. Weißt du, ohne den Holzknie wäre mein Dienst am Strich und auch der von manchem Kameraden bestimmt ganz anders verlaufen. Zwar erscheint er brutal, dümmlich, auch feige und hinterhältig wie ein Bauer, allerdings, es gibt hier noch ganz andere unter den Vorgesetzten. Da ist der Holzknie dann doch ein wahrhaftiger Kumpel. Allerdings, auch vor manchem Soldaten-Kameraden muss man sich vorsehen. Wem kann man trauen? Das Misstrauen gehört hier mit zum System. Das lernt man schnell. Weißt du, ob der, mit dem du draußen bist, dich nicht im nächsten Moment hinterrücks abknallt, damit er die Fliege machen kann? Die sagen einem das andauernd, im Politunterricht, nennen Beispiele, oh ja, es gäbe solche Fälle, wo die eigenen Kameraden ... so wird das gegenseitige Misstrauen wachgehalten, nein, nicht nur vom Gegner, sagen die Politoffiziere, nicht allein vom kriminellen Grenzverletzer ginge Gefahr aus, nein, dein Feind könne jeder sein. Und es stimmt, die Spannung, das Belauern in der eigenen Kompanie ist allgegenwärtig.

*Wie ein Wolf unter Wölfen* lebt man. Wer frisst wen zuerst, das ist die Frage. Sogenannte militärische Kameradschaft wie in Kriegsfilmen oder Büchern – hier an der Grenze gilt das nicht. Am Ende ist jeder mit sich allein.

Und dann, verstehst du, ist da noch das Militärregime, was darauf ausgerichtet ist, der Vorgesetzte befiehlt, der Untergebene gehorcht, bedingungslos, ohne zu fragen, selbst beim sinnlosesten Scheiß – und nicht nur von Offizier oder Unteroffizier zu Soldat, nein auch von Soldat zu Soldat, draußen am Strich zum Beispiel, wo der Postenführer, selber Soldat oder höchstens Gefreiter, dem anderen alles befehlen kann. Einfach alles! Jawohl. Du legst dich jetzt dort in die Pfütze, na los, marsch. Oder man schickt den untergebenen Posten durchs dickste Gebüsch, wo er sich Arme und Beine zerkratzt. Oder man lässt ihn das schwere Funkgerät tragen, ohne Trageriemen, einfach so in der Hand soll er es halten, bis ihm die Finger wehtun. Oder man jagt ihn im Winter raus aus dem Unterstand oder der fein mit Reisig ausgepolsterten Mulde, lässt ihn bei strömendem Regen vor dem B-Turm hin- und herlaufen. Tausend Schikanen gibt es, tausend Möglichkeiten, die Macht, die Befehlsgewalt zu demonstrieren und durchzusetzen. Freilich, die meisten Postenführer sind Kumpel und friedlich, erinnern sich, vor einem halben Jahr selber in der Lage gewesen zu sein, aber es gibt auch Schweine, die Freude daran haben, den anderen zu quälen, ihn die Stärke fühlen zu lassen, oder die einen nicht leiden können. Wozu auch regionale und sprachliche Differenzen gehören: Ein Berliner geht nicht gerne mit einem Sachsen, ein Rostocker mag einen Erfurter nicht ... ja, so ist das.

*Schluchtensauser, Fichtenscheißer, Fischkopp, Sachsenbirne ...*

Kann all das, frag ich dich, den Zusammenhalt oder Kameradschaften fördern?

Natürlich nicht. Klaro.

Freilich gibt es trotzdem Freundschaften unter uns. Ehrliche, treue Freundschaften. Meist stellt sich sowas schnell ein. Den mag man, und den nicht. Dem vertraue ich, obwohl ich nichts von ihm weiß. Es dauerte bei mir gar nicht lange. Aber ich hab während meiner ganzen zwölfmonatigen Zeit am Strich nur ein oder zwei wirkliche Freunde gehabt, und wir haben uns danach auch noch besucht. Schreiben uns noch heute. Oder rufen uns an. Mit den anderen, den meisten, waren es Bündnisse auf Zeit, für eine Schicht oder länger, je nachdem ... und man sollte sich nicht täuschen und nichts verwechseln, denn die berühmte Kumpelhaftigkeit, das gemeinsame ewige Skatspielen, das dreckige Witzerzählen, der Austausch von Weibergeschichten, die Saufereien, ob im Ausgang oder heimlich in der Kaserne, all das sind keine Freundschaften. Auch im Knast, man weiß, gibt es sowas ...

Auf einmal: Los kommt, mahnt Gruppenführer Otto, unser Ältester und deshalb manchmal auch „Vati“ gerufen, los macht, Mensch, sonst gibt's wieder Ärger und zum Frühstück kommen wir wieder zu spät. Dann sind die besten Sachen schon weg. Los, Karli, du bist immer der Letzte.

Karli, ein kleiner, schlanker Kerl mit einem unverkennbar vogtländischen Akzent, bummelt tatsächlich, noch nicht einmal die Turnschuhe hat er zugeschnürt. *Och, ich krieg de Senkel net zu*, schimpft er. Er kniet sich hin und knubbelt an den Schnürsenkeln. Einer ist zu allem Unglück abgerissen. Er fummelt, um einen Knoten zu binden. Die meisten anderen aus unserer Stube und aus den Nachbarstuben stehen schon ordentlich aufgereiht auf dem Gang. Auch ich. Neben mir links steht Pitti, ein kleiner dicklicher Mensch mit Piepsstimme. Er stammt aus der Oberlausitz. Und er rollt das „R“, zum Beispiel in „Ebersbach“, seinem Heimatort, sagt *„Eberrrsbach“* oder *„Aperrnmauke“*, ohne danach gefragt zu sein, haut er ein paar Mal am Tag Oberlausitzer Worte raus, nur um uns seine Zungenfertigkeit zu zeigen.

Nun stell dir vor: Holzknie kommt den Gang entlanggeschlurft. Seine langen Beine schlenkern. Seine Augenlider sehen verquollen und blaurot aus. In der Hand hält er die Zugkladde, in die er jede Kleinigkeit einträgt und in welcher sicherlich schon, vom Zugführer vorgegeben, die Grenzerpaare für die kommende Schicht aufgeschrieben stehen. Wir starren alle auf diese Kladde, eine unscheinbare hellbraune Mappe mit einem linierten A4-Heft darin. Eine spannende Sache, denn nie weiß man, wer mit wem hinaus an den Strich gehen muss. Alles Geheimnistuerei und absichtliche Gemeinheit. Damit die Freundschaften unter uns nicht allzu fest werden, gibt es dieses unbestimmte System. Keiner weiß, mit wem und wann er an der Grenze zusammen sein wird. Indes, es nützt denen sowieso nichts. Denn natürlich gibt es Freundschaften unter uns und natürlich wissen wir Bescheid. Die Möglichkeiten sind ja nicht unendlich, obwohl … Es gibt drei Gruppen in unserem Zug, das sind knapp 40 Mann. Davon ist die Hälfte Postenführer, dann noch die vier Unteroffiziere. Alles zusammengenommen, ungefähr zweihundertfünfundzwanzig verschiedene Postenpaarungen gäbe es, allein in unserem Zug … wenn ich die Wahrscheinlichkeitsrechnung richtig im Kopf habe. Ach, was soll der Scheiß … wir werden sehen.

Pitti neben mir flüstert, *Holzknie werrrd wiederr gsoffen ham, schau mal, krrriegt seine Glotzen kaum uff, dorr Apernfrrresser dorr Versuffene.*

Vor dem immer noch knienden Karli bleibt der Vorgesetzte stehen. Von seiner Höhe, er prahlt damit, dass er einsfünfundneunzig lang ist, schaut er auf den Kleinen herab.

Na, Genosse Soldat, Probleme?

Karli schnauft, *ieh bi gla fertsch.*

Der Zug wartet, Genosse, sagt Holzknie und er knackt mit einem seiner Kniegelenke. Wir kennen das und wissen, Holzknie hat üble Laune, gleich wird er zu toben beginnen oder noch schlimmer, er wird sich Gemeinheiten beim Frühsport ausdenken. Doch es kommt vorläufig anders. Karli wird mit seiner Aktion fertig, springt hoch, strafft sich und steht in Habachtstellung vor dem Vorgesetzten. Sie schauen sich in die Augen, Karli ein wenig von unten, er ist mindestens zwei Köpfe kleiner, und Holzknie von oben herab. Das dauert nur Sekunden, aber ich kenne Karlis Blick. Da ist so viel Spott und Häme, so viel vogtländischer Mutterwitz, so viel von „Leck mich am Arsch“ und „Du kriegst mich nie“ drin, dass Holzknie, der aus dem für seine Humorlosigkeit bekannten Cottbus stammt, innerlich zu kochen beginnt. Aber noch beherrscht er sich.

Rechts um! kommandiert er, im Laufschritt marsch.

Wir traben in gemächlichem Tempo erst den Kompaniegang vor, bis zum Treppenhaus, warten, bis wir „ohne Tritt“ hören, dann geht es die Treppe hinab, die gesprenkelten Terrazzo-Stufen erbeben unter unseren Füßen, hinaus auf den asphaltierten Kasernenhof.

Halt! ruft Holzknie.

Na, wenigstens jagt er uns nicht auf die nassen Wiesen, flüstert einer. Wart’s nur ab, antwortet ein anderer, der wird deinen Arsch schon zum Kochen bringen. Da wär mir ne kühle Wiese lieber gewesen …

Wir nehmen Aufstellung. Das sogenannte Platztraining beginnt, was bedeutet: Übungen am Ort – Hüpfen, Armkreisen, Rumpfbeugen, Kniebeugen. Holzknie steht mit dem Gesicht zu uns. Er kommandiert nur, macht keine Übung selber mit. Wahrscheinlich ist er zu müde, oder noch nicht ganz nüchtern, die Glieder und der Kopf schmerzen ihn. Einer sagt halblaut: Das faule Schwein! Der steht nur da und lässt die Puppen tanzen!

Katzschmar hat das gesagt, Fotze Katzschmar, wie er genannt wird, ein langer Typ, letztes Diensthalbjahr, Postenführer, ein Heimi. Katzschmar kann sich allerhand herausnehmen. Er weiß Bescheid, hat, wie er sagt, die Arschlöcher alle in der Hand. Womit und warum, weiß ich nicht. Ich bin noch zu neu hier, bin erst vor einem Monat von der Ausbildung, zusammen mit dem halben Zug, hierher nach Hundfeld versetzt worden. Indes, Holzknie hat Katzschmars Bemerkung gehört, man sieht, er ringt mit sich, was er tun soll, dann entschließt er sich.

*Zug, Achtung!* brüllt er, zur Pause weggetreten! Gefreiter Katzschmar zu mir!

Katzschmar nimmt kurz Haltung an und trottet zum Vorgesetzten. Er ist fast so groß wie Holzknie. Steht mit seiner Schlottergestalt da und feixt dem Vorgesetzten ins Gesicht. Ich sehe, Holzknie versucht Katzschmar ins Gewissen zu reden, er schnauzt ihn nicht an, es ist sogar eine Art Bitte in seinem Gesicht zu lesen.

Katzschmar aber wendet sich ab. Er grient. Erstaunliches geschieht. Er klopft dem Vorgesetzten auf die Schulter. Schon gut, reg dich ab! heißt das. Das Gespräch dauerte nur kurz, wir müssen uns wieder aufstellen und der Frühsport geht weiter. Holzknie lässt uns wieder auf der Stelle hüpfen. Dann kommt der *Can-Can*. Wir müssen die Beine wie die Varietégirls hochwerfen. Eine Übung, die an den Sehnen zerrt. Karli hat Schwierigkeiten mit seinem linken Schuh. Wahrscheinlich ist der Knoten doch nicht so fest gewesen. Der Schuh löst sich vom Fuß und fliegt davon. Karli hüpft auf einem Bein, die graue Socke ragt in die Luft. Holzknie stutzt, greift zur Trillerpfeife. Soldat Reimann! Das ist Karli. Kommen Sie zu mir. Dalli, dalli! Karli hüpft nach vorn, steht stramm, was komisch aussieht, denn er hat einen Turnschuh und einen grauen Socken an. Karli bekommt den Anschiss! Nach Dienst melden Sie sich bei mir, jetzt zurück ins Glied und weitermachen! Nein, Soldat Reimann nach rechts. Ja, dort aufstellen. Karli darf nicht wieder an seine alte Stelle, er muss sich rechts außen postieren. Dort befindet sich eine kleine Senke im Asphalt, eine Pfütze glitzert im Laternenschein des Kasernenhofes. Halt! brüllt Holzknie, als er sieht, wie Karli der Pfütze ausweichen will. Bleiben Sie stehen! Machen Sie Ihre Übungen. Wir starren alle hin, sind gespannt, was geschieht. Karli macht noch einen Versuch, breitbeinig bleibt er stehen. Hacken zusammen! kommandiert Holzknie. Patsch! Karli muss in die Pfütze treten. Die graue Socke wird eingeweicht. Was stieren Sie alle so? Es war keine Glotzpause befohlen. Die Trillerpfeife ertönt. Alles in die Hocke! Na los! In der Hocke hüpft! Ich wende mich von Karli ab, er tut mir leid, doch was kann man tun, wenn einem in dieser befohlenen Hockstellung die Oberschenkelmuskulatur zerspringen will. Wir hüpfen und wir verfluchen den Vorgesetzten, schwören ihm, wie schon oft, Rache und Vergeltung. Die Minuten verrinnen. Dann wieder ein Trillerpfiff, der Frühsport ist zu Ende.

Wir traben in unsere Unterkünfte, schlüpfen in die Grenzerklamotten, die sogenannten Kampfanzüge „Ein-Strich-Kein-Strich“, allerdings jetzt ohne Tragegestell und Munitionstasche, nur der Gürtel wird umgeschnallt, das Käppi aufgesetzt, die Besttecktasche gefasst und schon geht es zum Frühstück. Natürlich sind wir die Letzten. Das kalte Büfett, welches der Bulletten-schmied, unser Fourier, ein wendiges Kerlchen mit Brille und einem spitzen Kindergesicht, aus Rostock stammend, vor jedem Frühstück und Abendbrot so schön aufbaut, ist von den anderen schon fast kahl gefressen. Nicht mal alle Wurstsorten sind mehr da, nur von der Scheißmortadella und dem Camembert gibt es reichlich. Auch ein paar angetrocknete Scheiben Tilsiter Käse sieht man noch. Er fängt schon an, sich zu rollen. Ein paar von uns maulen. Das wird er uns büßen, der Schleifer. Gemeint ist Holzknie. Doch der kann uns nicht hören, er isst mit den Offizieren in der, wie wir sagen, Messe, einem separaten Zimmer, gleich neben dem Speiseraum. Dorthinein geht der Fourier während der Mahlzeiten wie ein Etagenkellner mit weißer Schürze und weißem Käppi und serviert Bohnenkaffee und verschiedene Extras wie Schinken und Hühnerschenkel. Wir kennen diese Schweinerei und regen uns nicht mehr auf. Nur manchmal hört man Anspielungen und Witze. Ich erbeute noch zwei Salamischeiben. Gott sei Dank, meine Grenzverpflegung ist gerettet. Auch von den Knackern kann ich eine Wurst beiseiteschaffen. Schön, da können wir draußen wieder grillen. Eine Sitte, die zwar verboten ist, uns aber gut gefällt. Das Frühstück verläuft ohne weitere Aufregung. Wir müssen uns beeilen. In ein paar Minuten ist Befehlsausgabe. Da werden wir, vollständig uniformiert, über die Lage im Grenzabschnitt aufgeklärt, wie immer auch politisch belehrt, manchmal liest Buddy, der Zugführer, ein junger, aber ungeheuer dickleibiger Leutnant, den Tagesbefehl des Grenzkommandos aus Meiningen wortwörtlich vor, und schließlich, was das Wichtigste ist, werden die Postenpaare zusammengestellt. Wir sind jedes Mal gespannt, wo wir eingesetzt werden und wer unser Partner für acht Stunden sein wird ... denn es gibt „Sahnereviere" und „Scheißreviere", Lieblingspartner und Arschlöcher.

Wir stehen auf dem blank polierten Flur, in drei Reihen, wie es sich gehört, natürlich in Habachtstellung, und blicken auf unseren Zugführer, Leutnant Gerber, Buddy, den Dicken, der jetzt im Augenblick seiner Wichtigkeit ein hoheitsvolles und strenges Gesicht macht. Das äußert sich bei ihm darin, dass er das Doppelkinn hochreißt, die Brauen zusammenzieht, die Mundwinkel nach unten verzieht, die Daumen im Revers der Uniform verhakt und überhaupt im Ganzen wie der italienische Duce aussieht, wenn der seine Reden vom Zentralbalkon des Palazzo Venezia in Rom gehalten hat. Buddy lässt seine dunklen kleinen Iltisaugen über unseren Köpfen kreisen, holt dann tief Luft und beginnt, indem er die bedeutenden Worte herausschreit: *Genossen! Sie stehen heute wieder bereit, unsere Staatsgrenze gegen jeden Feind zu verteidigen!* Er macht eine Pause, sein Brustkasten hebt sich und mit ihm bläht sich sein mächtiger Bauch, der das breite hellbraune Lederkoppel verrutschen lässt.

*Genossen!* fährt er fort, das Grenzkommando gibt Ihnen folgende Lage bekannt.

Und nun liest er tatsächlich von dem Papierstreifen aus dem Fernschreiber ab. Es sieht aus, als hielte er den Rest einer Rolle Klopapier in den Händen. Zeile für Zeile liest er vor und der Streifen in seinen Händen verlängert sich nach unten. Ein paar von uns grienen, aber keiner sagt etwas, denn wir stehen ja im Stillgestanden. Es ist das übliche allgemeine Gelaber vom Klassenfeind mit einem Gemisch aus eingestreuten aktuellen politischen Meldungen. Nichts Besonderes. Nicht etwa, dass die 7. US-Armee, die uns in unserem Grenzabschnitt gegenüberliegt, mobil gemacht hätte oder sich nun vor der Grenze eingräbt, die Panzer in Stellung bringt, der Dritte Weltkrieg bevorstünde, dass der Bundesgrenzschutz mit Hubschraubern vom Typ Alouette verstärkt Patrouille fliege oder die Bayrische Grenzpolizei begonnen habe, die Grenzanlagen zu demontieren, nichts von alledem, nur Gesülze vom jüngsten SED-Plenum in Berlin, was dieser und jener Sekretär des Zentralkomitees wieder abgesondert hat. Uninteressantes Zeug, was der normale Bürger der DDR – also wir – gelernt hat zu überhören, indem er seine Ohren auf Durchzug stellt. Auch wir hören kaum noch zu. Dann aber, der Dicke hat wieder eine kleine Pause gemacht und seine Klopapierrolle eingerollt, gibt er den konkreten Einsatzbefehl für die bevorstehende Grenzschicht und nennt die befohlenen Postenpaare. Wir sind gespannt. Jetzt sind unsere Ohren auf Empfang gestellt. Holzknie geht mit Schykora, auch Trabbi genannt, und weil Schykora der Trabbifahrer ist, deshalb heißt er „Trabbi“, mancher kennt Schykora nur mit diesem Spitznamen, auch ich wusste in den ersten Wochen nicht seinen wirklichen Namen. Einer murmelt, da hat das Tagesilo wieder Schwein gehabt, die ganze Schicht im Kübel rumpennen, keinen Schritt laufen, der faule Sack. Ein anderer flüstert, ich wette, das ist abgekartet. Der fährt schon das dritte Mal in dieser Woche im Trabbi mit. Die Befehlsausgabe geht weiter. Karli, der wieder neben mir steht, muss mit Katzschmar gehen. B-Turm an der GÜST. Auch so ein Superrevier. Die ganze Schicht im Turm abhängen. Wo gerade an der Grenzübergangsstelle, der Fernverkehrsstraße nach drüben, nicht das Geringste passiert. Ein Schnarchposten. Oh Katzschmar, die Fotze, mit seinen Beziehungen. Das ist wieder mal typisch. Rühri hinter mir flüstert mir diese Worte ins Ohr, er kann seinen Ärger kaum unterdrücken. Otto geht mit Pauli. Sie müssen das Waldstück am Schwarzen Hügel übernehmen. Ein Scheißposten. Viel Laufen, unübersichtlich, im Rücken die Hunde an den Laufkatzen, die nie Ruhe geben, ununterbrochen jaulen oder bellen. Kein Auge kann man schließen, nicht mal ein Stündchen abruhen. Absolut nervend. Oh, hallo, jetzt komm ich dran. Ich soll mit Schnulli gehen – Soldat Malef und Gefreiter Byschek. Unser Revier ist der alte Holz-B-Turm im Wald neben der GÜST. Kein schlechter Platz, aber vor einem halben Jahr, im letzten Frühjahr, soll hier einer durchgebrochen sein. Die Posten sind bestraft worden – der Postenführer wurde degradiert, kam nach Schwedt, sein Posten, ein Soldat aus Jena, wurde strafversetzt. Scheiße! Das möge uns erspart bleiben. Ich wende den Kopf, blicke zu Schnulli, der ganz rechts steht. Er ist ein Rotschopf aus der Oberlausitz, für meine Begriffe ein bisschen ruhig, kein Schwätzer, aber mit Mutterwitz und großem Appetit, ein Bauernjunge. Die ganze Familie in der LPG. Immer bekommt er Fresspakete von zu Hause. Vielleicht hat er auch heute ein paar Reste vom letzten Paket am Mann. Einmal hat er Leber- und Blutwürste in der Stube verteilt. Hat sagenhaft geschmeckt, ein anderes Mal Hackepeter, aber der war schon nicht mehr ganz frisch. Wir haben ihn draußen über einem Holzfeuer gebraten, und da ging's.

Buddy nennt die weiteren Postenpaare. Zum Schluss vergattert er uns alle, wünscht *eine gute Schicht zum Wohle unseres sozialistischen Vaterlandes.* Dann geht's zur Waffenausgabe. In einer Reihe stehen wir und empfangen unsere Flinten, natürlich sind es die bewährten Kalaschnikows, aber schon die neueren Modelle, mit Plastekolben, allerdings nicht die mit einklappbarer Stahlstütze wie die Fallschirmjäger, na egal, auch die zwei Magazine mit je 30 Schuss scharfer Munition gibt uns der Waffen-Uffz, davon zehn Leuchtspur, denn zwei Stunden lang wird es an diesem Morgen im Herbst noch dunkel sein.

Auf dem Hof müssen wir uns noch einmal aufstellen. Die LOs werden angelassen. Blauer Auspuffqualm zieht über uns hinweg. Auch die Trabbis und die Motorräder werden bereit gemacht und angelassen. Motorenlärm und Auspuffgerüche sind um uns. Aufsitzen! Wir klettern auf die Ladeflächen der LKWs. Die Trabbis werden mit vier Mann voll besetzt. Jeder Motorradfahrer hat einen Beifahrer. Die Kompanie, bestehend aus drei Lastkraft-wagen, Typ Robour 3000, wir sagen „Zittauer Doppelgeläut", weil die Motoren, wenn sie kalt sind, so einprägsam klingeln, es sind dabei drei PKW Typ Trabant Kübel und drei Motorräder, Typ ES 250 – alle Fahrzeuge in schönstem Mattgrün, auch der Jeep vom Kompaniechef, ein Sachsenring Typ P3, der Alte natürlich mit personengebundenem Fahrer – all das, dieser ganze Konvoi, setzt sich in Marsch, verlässt jetzt die Kaserne. Es ist genau 5.00 Uhr …

Nach einer halben Stunde Fahrt werden wir, Schnulli und ich, an unserem Revier abgesetzt. Vor uns liegt noch ein Fußmarsch von zwanzig Minuten, ehe wir am Ziel, dem Revier Holz-B-Turm, Nähe GÜST, ankommen. Hinten auf dem LKW haben wir kaum geredet, auch die anderen waren schweigsam, wir schwankten auf der Holzpritsche hin und her, Scheißstraße, Schlaglöcher, Frostaufbrüche, schließlich über Feldwege, es rüttelte und schüttelte uns – ein paar rauchten verdeckt in der hohlen Hand, die meisten dösten im Halbschlaf vor sich hin. Katzschmar schlief in der vorderen Ecke, halb in die Plane gehüllt. Ihn schien nichts zu stören. Er kann überall pennen.

Plötzlich wird gebrüllt: Malef und Byschek absitzen! Wir schrecken aus unserer Döserei auf. Scheiße! Hinaus in Kälte und Dunkelheit. Wir sind nicht die Ersten, vor uns waren schon zwei Paare abgestiegen. Steif klettern wir von der Ladefläche. Die Klappe bleibt oben! knurrt Löbel, der Uffz von Gruppe 2. Springt so runter! Na los! Wird's bald! Wir verabschieden uns von den Kameraden. Kurzes Kopfnicken. Tschüß! Auwiehö!

Unser Revier besteht aus einem acht Kilometer langen hügeligen Waldstück mit niedrigen Fichten, ein paar Lärchen, einzelnen Birken und dichten Brombeerhecken, einen Steinwurf vom Waldrand zieht sich westlich der Plattenweg entlang, dann kommen der Kfz-Graben und die Minensperre mit dem Streckmetallzaun; nach dem Westen, unserer Frontlinie also, sind es vom Plattenweg bis zum Strich manchmal 50, höchstens 70 Meter. Im Hellen mit bloßem Auge vom B-Turm alles wunderbar zu sehen, bis auf ein paar Senken, die wir im Laufe der Schicht ein oder zwei Mal zu Fuß kontrollieren müssen.

Wir lösen die Kameraden der Nachtschicht ab. Sie stammen von der Nachbarkompanie. Wir geben uns kurz die Hände. Sie wirken müde, und soweit wir jetzt ihre Gesichter sehen können, schimmern sie grau, ausgelaugt und abgekämpft. Eine Nacht in dieser Kälte, ohne Schlaf und richtiges Essen – selbst jungen Kerlen wie uns geht das an die Substanz.

Gibt's was?

Nee, alles ruhig. Vor zwei Stunden zwei Mann BGS mit Nachtsichtgeräten. Sonst nix.

Macht's gut.

Ja, ihr auch.

Schlaft schön!

Schnulli und ich, wir klettern rauf auf den Turm, beziehen den B-Punkt, ein Holzgestell, fast wie ein Jagdstand, nur höher und stabiler. Oben setzen wir uns und rauchen erst einmal eine. Durch die engen Schlitze kann man uns von draußen kaum sehen. Jetzt im Dunkeln sowieso nur, wenn einer raucht. Weshalb wir die Köpfe runternehmen und die Hände schützend um die Stäbchen halten. Schnulli greift in die Brusttasche und holt einen Brief heraus. Hab ich gestern bekommen, will nur noch mal lesen.

Da brauchste aber Licht?

Na und? Ich nehm die Leuchte mit Rotfilter. Er knipst seine Taschenlampe an und schiebt mit dem Daumen den roten Filter vor. Ein rötliches Glimmen ist zu sehen. Ein ganz schwacher Schein nur. Wahrscheinlich kann er dabei gar nicht richtig lesen.

Von deiner Kleinen? frage ich.

Schnulli antwortet nicht.

Kannste was sehen? frag ich noch mal. Wart doch, bis es hell wird.

Nee, es geht. Ich will hier nur schnell eine Stelle noch mal lesen.

Ach so.

Von meinem Bruder, sagt er einsilbig. Er zieht den Brief näher vor die Augen.

Hast du keine Post gekriegt? murmelt er noch, es klingt, als wolle er jetzt seine Ruhe und nichts mehr gefragt werden. Mach mal Rundumbeobachtung. Na los!

Er ist der Postenführer, ich gehorche, weiß aber nun, Schnulli will tatsächlich nicht gestört und nichts gefragt werden. Na gut, denke ich, halt ich eben die Schnauze, der wird mir schon noch flüstern, was ihn drückt, die Schicht ist lang.

Ich blicke mit dem Glas durch den Sehschlitz in die Dunkelheit, schalte den Feldstecher auf Infrarotanzeige, aber es nützt nichts. Niemand von der Gegenseite beobachtet uns. Von draußen weht es nur kühl durch die Öffnung, ich ziehe den Kopf ein wenig zurück.

Plötzlich höre ich, wie Schnulli vor sich hinbrummelt. Auf einmal macht er eine jähe Bewegung. Erschrocken wende ich mich ihm zu. Ist was?

Es muss einer meinen Brief aufgemacht haben, zischt er.

Wieso? Das ist doch unmöglich. Das glaub ich nicht.

Hast du eine Ahnung. Was weißt du Naseweiß schon. Im letzten Halbjahr, da wart ihr noch in der Ausbildung in Rudolstadt, sind einem Postenführer hier ganze Briefe weggekommen. Und dann sind ein Offizier vom Grenzkommando und die Stasi aufgetaucht und man hat ihn tagelang verhört. Versetzt haben sie ihn schließlich. Irgendwohin. Nee, nach Schwedt ist er nicht gekommen. Wir haben ihn nicht wiedergesehen. Arme Sau …

Ich schüttle den Kopf. Unglaublich.

Klar, so war s, Mensch. Glaub's nur. Und bei mir fehlt jetzt eine Seite. Gestern hab ich den Brief nur flüchtig durchgesehen, war zu müde, wollte ihn in Ruhe hier draußen lesen. Aus ganz bestimmten Gründen wollte ich meine Ruhe dabei … aber gestern schon hatte ich so ein Gefühl: Mensch, da fehlt doch was? dachte ich, da stimmt was nicht? Hab aber nicht nachgeschaut. Zu müde eben und zu faul. Aber jetzt weiß ich's. Die Seite 3 fehlt. Es waren insgesamt vier Seiten, A5, kleinformatig. Mein Bruder hat doch nicht vergessen, die Seite 3 einzulegen. Unmöglich. Diese Schweine!

Schreibt er denn was Gefährliches? Was macht dein Bruder überhaupt?

Schnulli antwortet mir nicht, er dreht sich weg, nimmt wieder den Brief vor die Augen, leuchtet mit dem Rotschein der Lampe auf's Papier, ich sehe, wie seine Hände ein wenig zittern. Ich frage nicht nach, glotze wieder hinaus ins Dunkle. Am östlichen Horizont färbt sich der Himmel grau, ich höre einzelne Vogelstimmen aus dem nahen Wald, verschlafen und nicht so prächtig, nicht so selbstbewusst wie im Frühling klingen sie. Ich schaue auf die Armbanduhr. Es ist sechs Uhr. Eine halbe Stunde erst hocken wir hier in der Einsamkeit des Grenzgebietes. Noch fast acht Stunden warten auf uns, öde, langweilige Stunden oder nervenzerfetzende, bedrohliche Stunden. Wir wissen nicht, was uns erwartet. Obwohl wir gefrühstückt haben, meldet sich schon wieder der Hunger bei mir. Remarque schrieb, der Magen sei dem Soldaten ein vertrauteres Gebiet als jedem anderen Menschen. Das stimmt. Andauernd müssen wir was zu fressen kriegen. Zu den unglaublichsten Zeiten. Der Magen ist unser Zentralorgan, nicht etwa das Neue Deutschland wie für Hauptmann Bünger, den Polit. Der Magen ist für unsere Stimmungen verantwortlich. Schon mancher von uns hat irgendeine Dummheit begangen, hat Alarm ausgelöst oder am Strich um sich geschossen, seine Kameraden schikaniert, vor Wut ein Bäumchen im Wald zerhackt oder einen Igel mit dem Seitengewehr erstochen, und alles nur, weil er Hunger hatte. Dabei leiden wir weder wirklichen Hunger noch echte Not. Die Verpflegung ist gut und reichlich. Wir kriegen mehr und besseres Fressen als die ganze übrige Armee, mehr als die Soldaten bei den Motschützen oder der Arie – die würden staunen, wenn sie unsere kalten Platten oder die Fressbeutel voller Bananen und Schokolade zum Wochenende sehen könnten. Trotzdem ist es so, wir denken mit unseren Verdauungsorganen, wir sind verfressen, ewig hungrig und voller Gier. Das Brecht'sche Wort „Erst kommt das Fressen, dann die Moral!" gilt für uns im besonderen Maße.

Ich überlege: Am liebsten würde ich mir jetzt ein kleines Feuerchen machen, die Knackwurst auf den Reinigungsstab ziehen und mit einer kleinen, feinen Rösterei beginnen. Schon der Gedanke an den Bratenduft und das zischende Fett bewirkt Schluckreiz und Fressfantasien. Aber es geht nicht. Schnulli, mein Postenführer, gibt hier die Befehle.

Doch der rührt sich nicht und liest immer noch in seinem Brief. Ich weiß nicht, zum wievielten Male. Ich halt es nicht mehr aus und frage: Mensch, das scheint ja spannend zu sein? Sag doch mal was, Schnulli. Ich kann das Maul halten. Was is'n los?

Wieder hab ich mich vom Beobachtungsschlitz weggedreht. Starre auf meinen Kameraden, warte, dass er was wegpfeift.

Schnulli steckte den Brief in seine linke Brusttasche, setzte das Käppi auf, das er neben sich gelegt hat, hob langsam den Kopf.

Bist du nicht auch verheiratet? fragte er.

Ich nickte. Klar. Bin ich.

Na, dann weißt du ja auch, dass da so manches vorkommen kann.

Wieder nickte ich. Weiß ich, sagte ich.

Schnulli, etwas stockend und heiser: Mein Bruder schreibt mir von Ilka. Ilka ist meine Frau. Wir sind seit fünf Jahren verheiratet. Ich hatte meinen Bruder gebeten …

Du lässt deine Frau überwachen? fragte ich hastig, Scheiße, man hört mir die Empörung an, dachte ich und bereute die Frage im nächsten Moment, denn Schnulli fuhr wütend hoch.

Was weißt du Scheißer über sowas? Du kennst ja gar nicht …

Entschuldige, sagte ich, kein Vorwurf …

Ja, gut, o.k. – es ist so, weißt du, antwortete Schnulli, jetzt ruhiger, es gab schon, als ich noch nicht hier rumhängen musste, als wir jeden Tag zusammen waren, in Milkel, wo wir wohnen, so ein paar Sachen. Ilka ist ein attraktives Weib – und sie weiß das. Und sie nutzt das aus. Schon in der Oberschule in Bautzen, ich ging in die Parallelklasse, musste sie alle Jungs haben, die ihr gefielen, sogar den Stabülehrer, einen Präsent-20-Schnösel von Mitte Zwanzig, soll sie vernascht haben. Mensch, was war ich stolz, als ich kurz vor den Abschlussprüfungen ihr Freund wurde. All den anderen Arschlöchern hab ich's gezeigt, he, he – und ich beschloss schon damals: an die lässt du keinen ran! Die soll mein bleiben auf immer und ewig. Zwar maulte mein Vater, du weißt, wir sind Bauern. Vater war damals LPG-Vorsitzender, vielleicht, weil wir vor der Kollektivierung den größten Hof hatten, o.k. er hat mir wegen Ilka einmal sogar eine geschossen. Die Hure kommt mir nicht auf den Hof! brüllte er, und meine Mutter saß in der Küchenecke und hatte verheulte Augen. Junge, findest du nicht eine andere? jammerte sie. Ich weiß, sie regten sich beide nicht nur deswegen auf, weil sie was Anrüchiges von Ilka und ihrem Lebenswandel gehört hatten, sondern auch, weil ihre Eltern ganz arme Schlucker waren, der Vater, aus Ostpreußen, soll sogar bei den Russen gesessen haben, kurz nach dem Krieg, und ihre Mutter war 'ne Poln'sche. Egal, ich hab mich durchgesetzt, weißt du, mir war das egal damals, ich wär auch fortgezogen aus unserem Nest und nach Dresden oder Leipzig gegangen oder in eine andere Kolchose, nach dem Studium. Ich wollte nämlich in Leipzig Veterinärmedizin studieren, was Besseres werden, weg vom Kolchosenalltag. Verstehst du? Sogar nach Ungarn oder in die Tschechei wär ich gegangen. Ist dann nicht so gekommen. Die haben mich nich genommen bei den Tierärzten, ich wurde umgepolt, Numerus Clausus, verstehst du, meine Schulnoten waren nicht so besonders, obwohl mein Alter war ja LPG-Vorsitzender, Arbeiter- und Bauern-Kind, das hätte schon gepasst und er ist ja auch in der Partei – trotzdem, sie haben mich nicht genommen und stattdessen gefragt: Wolln Se nich gleich Landwirtschaft studieren? Noch am Tage der Aufnahmeprüfung fragten sie, noch in der Vetmed-Fakultät, im Prüfungszimmer, als ich schon die Klinke in der Hand hielt. Was blieb mir übrig? Ich wollte ja studieren und nicht bei uns zu Hause die Mistgabel schwingen. Also sagte ich zu. Ilka hatte sich nicht beworben, obwohl sie mir geschworen hatte, auch zu studieren, um immer bei mir zu sein. Oh, die Weiber, sie lügen und wir fliegen drauf rein. Sie hatte eine Lehre begonnen, in Bautzen, als Facharbeiterin für Schreibtechnik. Würde also Sekretärin werden, bei Robotron, die auch in Bautzen ein großes Zweigwerk betrieben.

*Hast du einen dummen Sohn, gibst du ihn zu Robotron!* Dieser Spruch fiel mir sofort ein, aber ich schwieg und sagte stattdessen: Klingt doch alles ganz normal, Schnulli! und ich warf wieder einen Blick durch den Sehschlitz des B-Turmes. Draußen hatte der Tag begonnen, die Nebel zogen über dem Wald nach Osten, ein paar Krähen flogen krächzend auf, von Ferne hörte ich die Grenzhunde bellen.

Wart's nur ab, entgegnete Schnulli, wart's nur ab, du wirst schon sehen und mir recht geben, wegen dem Auftrag an meinen Bruder ...

Ein bisschen hatte ich den Eindruck, Schnulli wollte sich die Sache vom Herzen reden. Es war schon richtig, wie ich gedacht hatte, die Grenzschicht ist lang und die Einsamkeit hier draußen führt dazu, dass man zu quatschen anfängt, dass man dazu neigt, wie auf dem Freud'schen Sofa, seine Seele auszukotzen. Er würde mir, dachte ich, ohne dass er es wollte, alles sagen, was ihn bedrückte, würde zu mir reden wie zu einem alten Freund, obwohl wir uns genau genommen überhaupt nicht kannten, und man ja immer vorsichtig sein musste ...

Ich fing also mit dem Studium an, sprach Schnulli weiter, fast jedes Wochenende fuhr ich nach Hause und traf mich mit Ilka. Sie hatte in Bautzen eine kleine Bude. Da brachten wir die Zeit zu, waren verliebt wie nichts und ein halbes Jahr später haben wir uns verlobt. Heimlich natürlich, gemeinsam mit einem Kumpel von mir und einer Freundin von ihr. Meine Eltern wussten nichts davon. Mein Alter wäre ausgerastet, ich konnte ihm das nicht sagen. Sie allerdings hatte ihren Eltern Bescheid gesagt, und an einem der nächsten Wochenenden stand ein Geschenk von ihrer Mutter auf dem Tisch – eine selbst gebackene Verlobungstorte. Echt polnisch, klar. Ein buntes Monstrum, mit Butter und Schokolade überzogen, süß und schwer verdaulich. Am Tag darauf war mir kotzübel. Verdammt. Seit dieser Zeit kann ich an keine Buttercremetorte mehr ran. Schließlich erfuhren meine Eltern doch von der Verlobung. Mein Vater redete ein halbes Jahr nicht mehr mit mir, die Mutter war versöhnlicher und weicher. Irgendwann gab es ein Familientreffen. Wir saßen, Ilkas Eltern, die meinigen, und wir beide, in unserer Wohnstube, tranken Kaffee und aßen mitgebrachten Kuchen von Ilkas Mutter. Nein, keine Torte. Aber sie kann Kuchen backen wie keine Zweite, sag ich dir. Das hat meinen Vater wahrscheinlich am Ende versöhnt. Zum Schluss holte er Selbstgebrannten aus dem Keller und trank mit meinem Schwiegervater Brüderschaft, auch die Mütter sagten nach einem Likör schließlich „Du“ zueinander und küssten sich auf die erhitzten Wangen. Alles schien im Lot. Mir fiel ein Stein vom Herzen. Doch dann kam ein Jahr später mein Praktikum. Ich musste als Praktikant auf eine Kolchose nach Thüringen. Weit weg also. Und ich konnte ein halbes Jahr lang nicht jedes Wochenende nach Hause. Ilka war inzwischen mit der Lehre fertig und nicht zu Robotron gegangen, sondern hatte, auf Vermittlung meines Vaters, in Milkel auf der Kolchose als Sekretärin angefangen. Bei meinem Vater, stell dir das mal vor. In seinem Vorzimmer saß sie nun. Wer hätte das gedacht. Seine alte Sekretärin hatte das dritte Kind bekommen und wollte zu Hause bleiben. Staatliche Maßnahmen! Fickprämie! Ein paar Tausend, du weißt. Ihr Mann, Fernfahrer bei Deutrans, verdient genug und bringt außerdem immer schöne Geschenke aus dem Westen mit. Was soll sie auf der Kolchose rumlungern und jeden Tag, acht Stunden, meinen Vater, diesen Choleriker, ertragen. Ich wette, sie ist heilfroh gewesen, durch das Kind fortzukommen. Jedenfalls, nun hatte er meine Ilka vor der Nase. Und die erste Zeit muss ihm das gefallen haben. Die Traktoristen und die Leute aus der Werkstatt, grobe Typen, sonst ölig und mit dreckigen Stiefeln, kamen plötzlich sauber in's Büro, sprachen geschraubt, rauchten nicht und benahmen sich halbwegs höflich. Auch die Leute vom Kreis und von der Kreisleitung machten Stielaugen und klopften meinem Alten auf die Schulter: Tolle Sekretärin! Glückwunsch! Im Rausgehen sagten sie vornehm „Auf Wiedersehen“, einer hat sogar mal Blumen mitgebracht, und der Landwirtschaftssekretär der Kreisparteileitung übertraf sich selber, er erschien eines Tages mit einer Schachtel „Sarrotti-Weinbrandbohnen“. Wo der die bloß her hatte? Egal, mein Vater war hochzufrieden. Sein Ansehen war gestiegen. Doch dann, die LPG hatte einen Sicherheitsinspektor eingestellt. Nicht ganz freiwillig.

Auf Weisung des Rates des Kreises. Das Neue ökonomische System der Planung und Leitung – das NÖSPL – erfordere das, hieß es. Und dieser Kerl, ein ehemaliger Ausbilder von der Offiziersschule in Löbau, technisch ein wenig versiert, fast fünfzig, geschieden wie alle diese Typen, lungerte andauernd bei meinem Alten rum. Und wenn der nicht da war, was haufig vorkam, saß er bei meiner Ilka und ging ihr auf's Schwein. Saß da rum und raspelte Süßholz. Und er wusste schon, wie man das macht. Hatte Erfahrungen, der Lump. Ein bisschen Halbbildung, ein bisschen Rhetorik, mal ein Witzchen, mal den Kavalier gespielt. Ach, verlobt sind Sie? Und der Herr Verlobte sitzt in Thüringen? Ob der wohl immer treu ist? Ein wenig Appetit wird er sich wohl holen, und das ist ja auch nicht verboten. Die Thüringer Mädel sind flotte Bienen. Ich weiß das, hab mal ein Jahr in Thüringen Dienst gemacht. Und so ging das weiter, Gesülze, Reizen, aber keinen Trumpf in der Tasche. Ilka nun, selber allzu gern zum Flirten bereit, war nicht schwer rumzukriegen. Eines Tages im Sommer. Im fernen Thüringen hatte ich am Abend zuvor Bergfest gefeiert. Mein Vater war draußen bei den Dreschern gewesen, er stürzt ins Büro, er hat das Funkgerät vergessen, draußen tuckert noch sein Motorad, weil er gleich wieder weg will. Da sieht er seine Sicherheitsnadel mit meiner Ilka im Arm. Sie spritzen auseinander wie die Spatzen, aber gesehen ist gesehen, und bei meinem Alten kommen die früheren Vorwürfe wieder ins Gedächtnis. Also doch! denkt er, und stellt erst einmal den Sicherheitsinspektor zur Rede. Der stottert irgendwas, will sich rausreden, murmelt eine Entschuldigung. Eine Jammerfigur, ohne Mumm in den Knochen. Mein Vater aber hört kaum hin, schmeißt den Kerl raus. Dann nimmt er sich seine Schwiegertochter vor. Die, wie alle Weiber, fängt sofort zu heulen an. Es wär gar nicht so, wie er denkt, schluchzt sie, sie habe gar nicht gewollt, es wär alles ganz harmlos usw. Mein Alter, vor Wut ganz außer sich, schickt sie nach Hause. Wir sprechen uns noch! brüllt er ihr hinterher. Natürlich ist die Szene nicht geheim geblieben. Ein paar Büroweiber hatten alles gehört und gesehen. Der Dorftratsch nimmt seinen Anfang. Doch zu allem Unglück ruft mich mein Vater am Abend an. Haarklein erzählt er mir den Vorfall, reimt noch dazu, was er sich gedacht und vorgestellt hat. Ich taumle vom Kolchosbüro in meine Bude. Ich sehe mich noch in meinem kleinen armseligen Praktikantenzimmerchen stehen. Eine Welt ist für mich zusammengebrochen. Alle Wahnideen und Eifersuchtsfantasien sind mit einem Mal wieder da. Ich hab dann irgendeine Ausrede ersonnen und bin auf meiner ES die 350 Kilometer von Thüringen nach Hause gedüst. Wir sprachen uns aus, Ilka schwor heilige Eide, ich verzieh ihr – doch das Misstrauen blieb wie ein heimlicher Gast in unserer Ehe, und da sich auch kein Kind einstellte, was vielleicht manches geheilt hätte, war unser Leben wie eine Zeitbombe, sie tickte und tickte, und jederzeit konnte sie hochgehen ... es wollte sich einfach kein Vertrauen, auch keine Sorglosigkeit einstellen. Hinzu kam, dass meine Eltern immer wieder stichelten, sie fühlten sich in ihren Warnungen bestätigt, obwohl seit meinem Praktikum nichts wieder vorgekommen war.

So ist das bis heute geblieben, mein Lieber, und du kannst dir vorstellen, mit welchen Gefühlen ich Soldat wurde ...

Schnulli machte eine Pause, er rückte an seinem Tragegestell herum, zog den Gürtel gerade und blickte hinaus ins Gelände. Er tat mir leid, und ich musste an meine eigene Eifersucht, an die Zweifel denken, die mich, hier bei der Armee meine Frau betreffend, besonders in Rudolstadt, in den ersten Monaten der Ausbildung, überfallen und gepeinigt hatten.

Denn neben dem Fressen, dem Hören auf den Magen sind es die Qualen der Liebe, besonders die Eifersucht, das angebliche oder tatsächliche Fremdgehen der Partnerin daheim, was einem Soldaten am meisten zu schaffen macht. Jede Geschichte, die man von anderen hört, wo wieder ein Weib einem Soldaten davongerannt ist, während der seine Zeit in Uniform abreißt, all diese Geschichten lassen Fantasien blühen, und wenn man dann einsam stundenlang auf Wache steht oder irgendwo im Dreck liegt oder, wie wir, an der Grenze lungert, dann geistert einem der Eifersuchtsteufel die schlimmsten Gedanken herbei.

Auch mir war es so gegangen. War ja grad mal zwei Jahre verheiratet, das Töchterchen sechs Wochen alt, als sie mich einzogen, meine Frau schrieb nur spärlich Briefe und ich bedachte nicht, dass sie ja arbeiten geht, den Haushalt und das Kind zu versorgen hat, sie schrieb in 14 Tagen zwei Briefe, was für mich entschieden zu wenig war. Also musste ich nach Hause, musste wissen, warum ich so vernachlässigt würde, musste wissen, was los war. Hatte sie einen anderen? Trieb sie sich herum? Aber Urlaub würde es erst in ferner Zukunft geben. Ich war ja in der Ausbildungskompanie. Mindestens zehn Wochen würde es noch dauern mit dem Urlaub. Dies konnte ich nicht aushalten. Und ausgerechnet auf dem Höhepunkt meiner Selbstquälerei hatte ich Wachdienst – GOvD. Gehilfe des Offiziers vom Dienst: Man saß rum, hatte nichts zu tun, las ein wenig, machte Kreuzworträtsel. Der Offizier vom Dienst war ein gewisser Hauptmann Schönlebe. Stellvertreter des Kommandeurs der Einheit. Ein schlanker, fast zierlicher Typ, wortkarg, mit traurigen Augen. Er las andauernd Tolstois „Anna Karenina", blickte trübe vor sich hin. Ich wusste, und nirgends wird so gequatscht wie in der Truppe, er lebt in Scheidung, was ihn offenbar ziemlich mitnahm. Der wäre mein Mann, dachte ich, denn ich hatte, listiger Odysseus, der ich war, einen Plan gefasst. Ich wollte unbedingt außerplanmäßig nach Hause. Dafür gab es bei den Grenztruppen nur dann eine Chance, wenn zu Hause die Beziehung wackelte oder zu zerbrechen drohte, denn die Ehen und Partnerschaften der Soldaten mussten in Ordnung sein, weil sonst, du weißt – Fluchtgefahr. Eine interne moralische Richtlinie, die mal so und mal so gehandhabt wurde. Und nun glaubte ich, dieser Hauptmann Schönlebe, selber in Schwierigkeiten, würde Verständnis haben für einen wie mich und mir einen Sonderurlaub genehmigen, wenn ich ihm nur glaubhaft machen konnte, wie schlimm es um meine Ehe stand. Ich will es gleich sagen, ich hatte richtig kalkuliert. Alles klappte wunderbar.

Es war zwei Uhr nachts. Tiefe Stille in der Kompanie. Die idealste Stunde für Geständnisse. Während der Hauptmann nun von seinem Tolstoi traurig aufschaute, verwickelte ich ihn in ein Gespräch über die Untiefen einer Ehe, die Qualen von Eifersucht, die Folgen von Leidenschaft und Misstrauen. Vielleicht war er in seiner Lektüre gerade an der Stelle, wo bei Tolstoi die Anna über ihren Fehltritt mit dem Grafen Wronski eine moralische Anwandlung ergreift, wo sie nachdenkt, wo sie in Selbstschuld versinkt – oh, was habe sie da getan, wie solle es jetzt weitergehen und lauter solche Dinge, oder ich hatte einfach nur seinen Nerv getroffen, ich weiß es nicht, jedenfalls sah ich bei Schönlebe, während ich ihm in dunkelsten Farben mein Leid und meine Verzweiflung schilderte, ein tiefes Mitgefühl über seine Züge gleiten. Die dunklen Augen wurden noch dunkler und die Mundwinkel zuckten in schmerzlicher Ergriffenheit. Er könne verstehen, was ich ihm da sagen wolle, oh, er wisse um diese Dinge aus eigener Erfahrung, ja, so weit ging es mit ihm, er sagte sogar, er fühle mit mir. Ungewöhnlich für einen Offizier, wenn man bedenkt, wen er vor sich hatte – einen ihm im Prinzip unbekannten Soldaten. Nun leitete ich ganz sacht zu meinem Anliegen über, fragte, ob er nicht etwas für mich tun könne. Und tatsächlich, dieser Hauptmann Schönlebe, der liebe Gott erhalte sein Andenken, versprach mit dem Kompaniechef zu reden und ich würde Bescheid bekommen, allerdings, ein förmlicher Antrag sei nötig. In Ordnung sagte ich, oder hatte ich „Zu Befehl!" gesagt? auf alle Fälle schrieb ich den Antrag sogleich nieder und übergab ihn dem barmherzigen Hauptmann.

Inzwischen war es fünf Uhr geworden. Wir mussten zum normalen Dienstbetrieb zurückkehren. Gleich würde der Wachwechsel vollzogen.

Jedenfalls, eine Woche später fuhr ich in den sogenannten VKU, kam freudestrahlend zu Hause an und erzählte meiner Frau, während ich sie, noch im schweren und dicken Dienstwintermantel, lachend umarmte, von meinem Streich, natürlich nicht ohne sie zu ermahnen, künftig ein wenig häufiger zu schreiben, um mir nicht wieder zu solchen Anlässen zu verhelfen, denn noch einmal würde es sicher nicht klappen.

An diese Sache also musste ich denken, wie mir Schnulli so ergreifend von sich erzählte. Allerdings, ich sagte ihm nichts von mir. In seinen Augen war ich ja der unerfahrene Soldat im zweiten Diensthalbjahr. Was konnte ich, der Neuling, von solchen Dingen wissen. Ich wüsste an der Grenze von nichts, also auch nichts vom Leben. So dachte er, wie wir alle, wie auch ich später, dem Dienstjüngeren gegenüber gedacht habe. Sollte Schnulli also ruhig glauben, was er glaubte. Ich würde ihm die Illusion nicht rauben.

Wie es nun weitergegangen wäre mit seiner Ilka, fragte ich …

Ich sagte schon, sprach Schnulli weiter, es ging immer so fort. Meine Eifersucht, ihre kleinen und großen Abenteuer. Aber ich liebe sie. Glaub mir, kaum halte ich sie in meinen Armen, ist der Verstand im Eimer, ich bin ihr verfallen, weiß nicht, wie sie das macht. Und da hab ich meinen Bruder gebeten, auf sie ein bisschen aufzupassen. Mein Bruder arbeitet auch in der Kolchose, ist Leiter einer 2000er Milchviehanlage. Er hat zwar wenig Zeit, aber er hat es mir versprochen. Auf ihn kann ich mich zu 100 Prozent verlassen. Vielleicht ist er sogar in Ilka verknallt, oder sie in ihn, aber er würde das niemals ausnutzen. Der Brief hier (und Schnulli hob die Papierseiten) ist sein dritter. Bei den anderen hat er nichts herausgefunden, alles war normal, ich brauchte mir keine Gedanken zu machen. Doch jetzt – wieder hob er die Seiten hoch, schwenkte sie wie zum Beweis. Hör zu, mein Bruder schreibt: Letzte Woche ist sie (gemeint ist meine Frau Ilka) nach Dresden gefahren, hat einen Tag freigenommen, sie wollte einkaufen. Doch am Abend ist sie nicht zurückgekommen. Sie rief an und sagte, es sei spät geworden und sie werde bei einer alten Schulfreundin übernachten, die sie zufällig getroffen hätte. Die Freundin wohne auf der Prager Straße und so würden sie bestimmt noch ein wenig bummeln gehen. Die Freundin hätte auch Besuch bekommen, ihren Stiefbruder aus Westberlin … das sind die letzten Zeilen auf der Seite 2, die Seite 3 aber fehlt vollständig. Denkst du, dass das ein Zufall ist? Mein Bruder hat sie nicht vergessen, hineinzulegen. Das ist sicher. Was ist mit Ilka und dem Bruder der Freundin? Wer ist die Freundin? Nirgends ein Name. Mysteriös. Ich kenne keine Freundin von ihr, die in Dresden auf der Prager Straße wohnt. Das hätte ich mir gemerkt. Da hätten wir bestimmt mal drüber gesprochen. Ich war mit Ilka ein paar Mal in Dresden, auch auf dieser Prager Straße. Niemals hat sie gesagt, dass hier eine Freundin von ihr wohnt. Und dann ein Stiefbruder von ihr aus Westberlin! Ausgerechnet Westberlin! Ein Reizwort für die Stasi. Die machen doch regelmäßig Stichproben bei unseren Briefen. Garantiert haben die Schweine die Seite geklaut. Haben „Westberlin" gelesen und dann irgendwas für sie Verdächtiges auf der folgenden Seite gefunden. Wer weiß, was da noch alles gestanden hat? Ich muss meinen Bruder anrufen. Unbedingt muss ich ihn anrufen. Aber wie? Von welchem Apparat? Und wann und wo? Etwa vom Dienstzimmer des UvD aus? Hier wird doch überall mitgehört, und das Grenzkommando zeichnet jedes Gespräch auf. Verdammte Scheiße! Verdammt! Verdammt!

Los sag was! Schnulli war aufgesprungen und rüttelte an meiner Schulter. Was soll ich machen? Verdammt! Ich lieb sie doch, aber wenn sie jetzt irgendeine Dummheit gemacht hat – was soll werden? Die Stasi kennt kein Erbarmen. Man wird mir nachweisen, dass ich davon gewusst habe, dass ich sie vielleicht sogar angestiftet habe, dass ich flitzen will – denn darauf läuft es doch immer hinaus, das ist doch das, was sie einem immer nachweisen wollen: Du hast eine Republikflucht vorbereitet, du verrätst deine Kameraden, du bist ein Verbrecher. Mein Gott, Franz, was soll ich tun? Ich liebe sie doch! Verstehst du? Aber ich kann sie nicht fragen, was da war auf der Prager Straße oder über die Freundin und ihren Stiefbruder aus Westberlin. Ich würde meinen Bruder bloßstellen. Kapierst du das? Ilka selber schreibt mir nichts darüber, ihr letzter Brief war voller Gesäusel, tausend Küsse stand drunter, jede Menge allgemeiner Floskeln, sogar vom Wetter in Milkel hat sie geschrieben, und vom Kolchosen-Tratsch. Den ganzen Scheiß! Je länger ich über all das nachdenke, desto übler wird mir. Ich fühle mich ohnmächtig, ganz und gar ausgeliefert. So sag doch was! Franz!

Er war laut geworden. Und ich dachte, dass ich den Schnulli noch nie so viel hintereinander hätte reden hören. Er hatte sich in Rage geredet, musste ziemlich aufgeregt sein.

Auch ich war inzwischen aufgestanden, aber ich hatte ihn, den erhitzten Kerl, mit sanftem Nachdruck wieder zu seinem Sitz geführt, sagte: Mensch, halt doch dein Maul, Schnulli! Was brüllst du hier an der Grenze herum, was spielst du den Verrückten. Noch ist doch nichts passiert. Noch ist gar nichts erwiesen. Vielleicht hat dein Bruder wirklich die Seite vergessen hineinzutun, oder er hat sie wieder herausgenommen, weil er im letzten Moment überlegt hat, wie gefährlich das für dich werden könnte. Kann doch sein, Mensch. Oder nicht? Wenn du hier weiter so brüllst, hört der BGS jedes Wort, die hören alles, was du hier blökst, die brauchen nur 40 Meter von uns entfernt drüben im Wald zu liegen und alles mit einem Richtmikrofon aufzunehmen, was du Affe hier herausschreist. Dann schicken sie das Band ans Grenzkommando und dran bist du, mein Lieber. Beherrsch dich doch! Ich bitte dich! Ich versteh dich ja, ich versteh dich wirklich – doch wart erst einmal ab. Geh meinetwegen morgen zum Spieß und frag ihn, wo deine Seite hingekommen ist, wenn dich das beruhigt, ich würde das allerdings nicht machen, weil die dann erst richtig Verdacht schöpfen. Also abwarten! heißt die Devise. Vielleicht klärt sich alles auf, vielleicht war gar nichts. Und, wenn die Stasi kommen sollte?

Na und? Was kannst du dafür? Nimm einfach Dummpulver. Denk dran, wie sich unsere Fotze Katzschmar verhalten würde. Der würde nicht so verrücktspielen wie du. Der würde sich irgendwas Schlaues ausdenken. Eine List oder so. Also, Schnulli, schlaf erst mal drüber – und jetzt Schnauze …

Außerdem, ich schaute auf die Uhr, müssen wir uns jetzt nicht melden? Es ist 6.30 Uhr! Wenn wir das verpassen, schickt uns der Buddy noch den Holzknie auf den Pelz. Geh also runter an den Anrufmast, ich halt inzwischen den Strich im Auge.

Schnulli schaute mich groß an, er war erstaunt über mich und meine Rede.

Bist du der Boss oder ich? Wer gibt hier die Befehle, he? So ein Neunmalkluger, der Kleine. Noch Tage wie Mist, aber schon klug wie ein Heimi. Und woher weißt du das überhaupt vom BGS?

Schnulli lächelte und er sagte das ohne Zorn und Vorwurf, dann ging er tatsächlich nach unten, um den FP anzurufen. Nach ein paar Minuten kam er wieder hoch, klopfte mir auf die Schulter: Entschuldige! Ich dank dir, Kleiner. Ich werde es so machen.

Als ich ihn dann fragend anschaute, sagte er: Abwarten! meine ich. Abwarten, wie du gesagt hast. Ja, ich werde erst einmal abwarten! Gehen wir bis zum nächsten Mast, wir sollen jetzt links die zwei Senken kontrollieren. Komm!

Also, wir kletterten runter vom Turm und trotteten los. Immer auf dem Kolonnenweg lang. Scheißbetonplatten. Das sind solche mit Löchern drin, für die Griffigkeit der Fahrzeuge, wenn es regnet oder Schnee liegt. Wenn man da eine Weile drauf läuft, tun einem die Rotten weh.

Das Wetter hatte sich aufgeklart. Es schien ein schöner freundlicher Novembertag zu werden. Links vom Wald her wehte eine kleine Brise westwärts, würziger, herber Tannenduft. Ich nahm eine Nase, pumpte die Lungen mit Frischluft randvoll, hörte einen Häher krächzen. Plötzlich sah ich ein Reh. Gott sei Dank flüchtete es in den Wald zurück. Wenn diese Viecher vor lauter Angst zur Minensperre laufen, eine Lücke im Streckmetallzaun finden, reinhopsen und dann auf eine von den kleinen runden „Schuhcremeschachteln" treten, gibt es einen Rums und hoch fliegt das liebe Tierchen – allerdings ohne Beine. Dann haben wir 'nen Zapfen, müssen den LKW anfordern und mit der Bergebrücke rüberturnen, um das arme Tier, das meistens noch lebt, rauszuholen. Wildbraten gibt's trotzdem nicht. Wer nur das ganze Wild frisst? Solche Wildunfälle gibt es schließlich andauernd, manchmal jede Nacht.

Aber mein Reh flüchtete dorthin, wo es hergekommen war. Schnulli hatte es auch gesehen. Wir atmeten durch. Glück gehabt.

Bei den Senken war nichts los. Alles normal. Kein Schwein zu sehen. Weder BGS noch die Bayrische Grenzpolizei. Auch keine Amis, die hier, weil die Fahrstraße drüben bis zum Wald geht, mit ihren kleinen, wendigen M4-Sherman-Panzern ab und zu zum Strich kommen, den Turm drehen, mit der Kanone wackeln, auch aussteigen, die schwarzen Käppis absetzen und zu winken anfangen. Manchmal machen wir uns dann den Spaß, mit dem LMG zu drohen. Das Zweibein wird ausgeklappt und wir lassen den Verschluss schnappen. Natürlich ohne durchzuladen. Das Magazin muss man dabei vorsichtig ausklinken, damit keine Patrone mitgenommen wird. Und natürlich können wir das nur machen, wenn einer von uns LMG-Schütze ist und die schwere Knarre mit rausgeschleppt hat. Vor dem sowjetischen LMG haben die Amis eine Heidenangst. Warum, wissen wir nicht. Sofort springen sie in ihre Panzer und rasen davon.

Heute war, weißt du, wie gesagt, nichts von ihnen zu sehen. Schade. Oder besser: Gut so, denn wir haben keine Lust auf solchen Scheiß. Klar. Erstens haben wir kein LMG, zweitens Schnulli hat den Kopf voll, ihm ist nicht nach Scherzen.

Schnulli ging also zum Mast, um sich zu melden. Er quatschte eine Weile, immer schön die Codierung nutzend, mit dem Führungspunkt. Was der nur zu sabbeln hat? dachte ich, will sich wichtig machen, der Junge, weil er die Hosen voll hat.

In zwei Stunden sollen wir uns wieder melden, sagt Schnulli und zieht den Stecker aus der Dose am Mast, komm, da können wir jetzt unsere Würste braten. Hier ist eine gute Stelle. Es war in der Tat ein geeigneter Platz, gedeckt, an einer Seite von brusthohen Büschen umstanden, kiesiger Untergrund. Du gehst Holz holen, befahl Schnulli, ich bereite hier alles vor. Ich kroch ins Unterholz und suchte nach dürren trockenen Zweigen. Bald kam ich mit zwei Händen voll zurück. Mehr brauchten wir nicht. Ein bisschen Papier zum Anzünden hatten wir am Mann. Los ging's. Ach, das war eine herrliche Bruzzelei. Und wie das duftete. Zischend tropfte das Fett von den Würsten, die wir auf die Reinigungsstäbe unserer MPis gezogen und in zwei Astgabeln übers Feuer gelegt hatten, ab und zu gab es eine kleine Stichflamme, wenn ein größerer Fetttropfen runterlief. Um krebserregende Stoffe machten wir uns damals keine Platte, auch nicht, dass das, was wir hier taten, lt. Grenzordnung streng verboten war. Alle Grenzer machten das. Sogar die Uffze und die Aufklärer. Grillwürste waren einfach Spitze. Die Bruzzelei dauerte nicht lange, höchstens zehn oder fünfzehn Minuten, dann waren die Würste fertig, an den Seiten aufgerissen und mit einer schwarzen Kruste überzogen. Eine Delikatesse für uns. Und sie dufteten zum Gotterbarmen. Wir ließen es uns schmecken, aßen schweigend und mit Appetit. Ich hatte noch eine Banane und eine Tafel Schokolade vom Wochenende. Die teilten wir uns. Nach dem Essen sagte Schnulli: Geh mal ein paar Meter zurück und nimm die Glotze mit, ich hab so ein Gefühl, als ob der BGS jetzt ausgeschlafen hat und drüben rumhockt, ich räum hier alles auf. Ich ging los. Doch noch immer kein BGS zu entdecken. Alles war ruhig. Im Laufen dachte ich noch einmal an Schnulli und das Problem mit seinem Brief. Er war schon ein armes Schwein und es konnte durchaus sein, dass sich die Stasi in den nächsten Tagen in der Kompanie meldete. Dass er in die Mangel genommen wurde. Hoffentlich macht er keine Dummheiten inzwischen, quatscht nicht rum und lässt die Dinge an sich herankommen. Verdammte Scheiße, aber auch …

Unsere Schicht verlief ohne Vorkommnisse, wir rückten ein, machten unseren Kasernenkram wie Waffenreinigen, Stuben- und Revierreinigung, Putz- und Flickstunde, Skatspielen, Tischtennisturniere, Briefe schreiben, Quarzen, Fressen. Die Sender sind voreingestellt, kein Westsender möglich.

Und nun pass auf: Um 18.00 Uhr entsteht im Kellergang der Kompanie Gedränge. Die Soldaten des letzten Diensthalbjahres treffen sich, soweit sie keinen Dienst wie Wache, GUvD oder so haben oder im Urlaub sind, zum gemeinsamen Bandmaßschneiden. Die letzten 150 Diensttage, 150 cm Bandmaß-Länge werden jeden Tag und zwar um Punkt 18.00 Uhr um einen Zentimeter mit einem Schnitt durch Messer oder Schere gekürzt. Befinden sich die Soldaten draußen an der Grenze, dann wird dort geschnitten, jeder an seinem Postenabschnitt, Punkt 18.00 Uhr. So ist es Gesetz. Und so wird es gemacht. Täglich. Jetzt also im Kellergang der Kompanie. Die Unteroffiziere wissen das, auch die Offiziere. Zwar ist es nicht erlaubt, aber man toleriert es, notgedrungen, andernfalls gäbe es einen Aufstand, also keiner von denen lässt sich sehen. Das ist das Beste. Wegsehen. Schweigen. Dulden. Nur unser Zugführer Buddy, wenn der seinen schlechten Tag hat und er bei einem ein Bandmaß findet, zieht er es ein, macht eine dreckige Bemerkung und der jeweilige Heimgänger hat das Nachsehen, muss sich ein neues zulegen. Man nimmt es ihm nicht weiter übel. Buddy ist eben so, ein Arsch – na und.

Einer von den Soldaten im Kellergang schaut jetzt auf die Armbanduhr. Katzschmar hat heute das Sagen: 56-57-58-59-Los! Schnitt! Wie auf Kommando wird der eine Zentimeter vom Bandmaß geschnitten, das jeder Heimgänger stets griffbereit bei sich trägt, dazu erklingt ein donnerndes „Heimgang!“ aus allen Kehlen ... Eine heilige Zeremonie, die auch ich ein halbes Jahr später praktizieren werde.

Am nächsten Tag werde ich aus dem Grenzdienst herausgelöst. Als Kraftfahrer soll ich den Stellvertreter vom Alten, Major Weingärtel, mit einem der Trabant-Kübel ins Grenzkommando nach Meiningen fahren. Da würde ein ganzer Tag draufgehen. Weingärtel muss an einer Besprechung im Stab teilnehmen. Hoffentlich dauert der Scheiß nicht so lange, denke ich, hoffentlich sind wir zeitig genug zurück, damit ich noch ein bisschen abruhen kann, denn am darauffolgenden Tag geht es ja wieder raus an den Strich. Ich nehme mir also Verpflegung und was zu Lesen mit, denn ich weiß, ich werde im Areal des Grenzkommandos stundenlang auf den Major warten müssen. Vielleicht könnte ich dort in die Kantine gehen und einen Kaffee trinken. Auf alle Fälle ist Rumlungern angesagt, Rumlungern und Langeweile. An Schnulli und seine Probleme denke ich vorläufig nicht mehr, und ich ahne natürlich auch nicht, dass der meine Warnungen in den Wind schlagen, zum Spieß laufen und Rabatz machen wird. Der doofe Bauerntrampel, der ...

Ich war also abkommandiert, verstehst du, und ich saß um Punkt sieben Uhr im Auto und wartete, dass der Weingärtel, mit der Dienstkladde unter Arm, „geschniegelt und gebügelt“ erscheinen würde. Ich hatte den Trabbi gestartet, ließ ihn warmlaufen, hatte auch die Benzinheizung eingeschaltet, denn es war arschkalt. Null Grad oder knapp drunter. Der Kübel hat zwar ein Stoffverdeck und Plastikscheiben an den Seiten, aber ein richtiges Auto, in dem man im Winter keine kalten Flossen bekommt, ist er noch lange nicht. Fünf nach sieben trat der Weingärtel aus der Tür und kam federnden Schrittes, wie man sagen könnte, auf mich zu. Schon von Weitem hörte ich seine neuen Stiefel knarren, sie sahen blitzblank aus, gaben ihm Schneid. Er lächelte, grüßte, bog sich herab, zwängte sich neben mich, nahm die Schirmmütze ab und legte sie beinahe zärtlich auf die Kladde auf seinen Knien. Den Mantel und das Koppel hatte er lässig auf die Hintersitze geworfen.

Na, dann wollen wir mal! Zu Befehl, Genosse Major, sagte ich und fuhr los. Die Wache öffnete das Tor und griente unverschämt. Neideten sie mir den Gammeltag mit dem Major? Der Dienstältere machte sogar das berühmte Fingerzeichen. Was soll das? dachte ich und griente zurück. Weingärtel hatte nichts gesehen, er hielt gerade die Augen mit der Hand bedeckt, so als müsse er sich auf irgendwas besinnen. Ich sah die Majorshand von der Seite, er hatte die hellbraunen Lederhandschuhe ausgezogen – es war eine helle feinnervige Hand, schmal, haarlos, eine Frauenhand. Bis nach Meinungen waren es reichlich 30 Kilometer. Ich fuhr und hörte auf das Motorengeräusch, der Motor röhrte in seltener Weise, auch zog er nicht richtig. Lief er etwa nur auf einem Topf? Weingärtel war meine Anspannung aufgefallen. Ist etwas mit dem Wagen? Sie kennen sich doch aus, oder? fragte er und tippte mir vertraulich an die Schulter. Irgendwie zieht er nicht, antwortete ich, in Meinungen muss ich mal nachsehen. Schaffen wir es denn überhaupt bis dorthin? Oder müssen wir unterwegs Halt machen? In einem finsteren Wald, hi, hi – wieder tippte er mich an, diesmal tiefer, unterhalb meines nach vorn ausgestreckten Armes. Ich antwortete nicht. Er kam mir komisch vor, der Genosse Major. Irgendwie witzig, aber von einer seltsamen, abartigen Komik. Und plötzlich besann ich mich: Irgendeiner von den dienstälteren Soldaten, ich glaube, es war sogar unser Tausendsassa, der Katzschmar, hatte mal eine Bemerkung gemacht, der Weingärtel sei ein Linksgestrickter. Ich hatte das vergessen. Man denkt als Soldat ja kaum an seine Vorgesetzten und ich hatte an den Weingärtel noch viel weniger gedacht, wir sahen ihn selten, hatten mit ihm nichts zu tun, er war für die Berufssoldaten, die Grenzaufklärer zuständig, einmal im Vierteljahr führte er mit der Kompanie einen Sportnachmittag durch, meist ein Volleyballturnier. Weingärtel war mir im Prinzip unbekannt. Doch jetzt, seltsamerweise aber erst, als er so witzig redete und mich antippte, fiel mir die Bemerkung vom „Linksgestrickten" ein. Und ich wurde aufmerksamer. War da was dran? Der Major saß neben mir und schaute auf die vorbeiwandernde Landschaft. Er hatte Befehl gegeben, das Autoradio einzuschalten, und unter anhaltendem Knistern und Knattern erklang ein DDR-Schlager nach dem anderen. Das Radio war so eingestellt, dass wir nur zwei Sender empfangen konnten: Radio DDR und den Deutschlandsender. Weingärtel schien vergnügt und er summte, soweit man die Melodien erkennen konnte, ein Liedchen nach dem anderen mit. Ich erinnerte mich: Wir hatten in der Ausbildungskompanie in Rudolstadt einen Soldaten, den nannten wir nach kurzer Zeit „Mary". Das war auch so ein „Hinterlader". Wie der beim Laufen mit dem Arsch wackelte, die Augen aufschlug oder die Hände geziert bewegte, war lächerlich und komisch zugleich. Jeder konnte sehen – das ist so ein „Hundertfünfundsiebziger". Kein Zweifel war möglich. Und wenn er direkt darauf angesprochen wurde, manche von uns taten das: Eh, du bist doch ein Hinterlader, eh! Eh, vor dir kann man sich nicht beim Duschen bücken, eh Süßer! – dann schwieg er, senkte die Augen. Auch seine Rede hatte so einen melodiösen Singsang und er stieß mit der Zunge an, er lispelte und stotterte ein bisschen. Unsere Mary war ein dunkelhaariger hübscher Junge, ich glaube, er stammte aus Jena, indes wirkte er ziemlich mädchenhaft, weich und passiv, seinen wirklichen Namen hab ich vergessen; da seine Oberlippe etwas zu kurz war, schauten die Zähne hervor und es sah immer aus, als ob er verlegen lächelte. Die arme Mary! Er war unseren derben Späßen und dem Spott hilflos ausgeliefert, hatte nichts dagegenzusetzen. Ein paar Mal hab ich sogar Tränen in seinen Augen gesehen oder er saß einsam und abgesondert in einer Ecke, den Kopf nach unten, zu Boden stierend. In seiner Gruppe und in seinem Zug wurde er regelrecht gequält. Die dachten sich immer neue Schikanen aus. Und niemand stand ihm bei. Schon gar keiner von den Unteroffizieren und Offizieren. Die sahen einfach weg. Einmal haben sie ihm in die Stiefel geschissen, eines Nachts ein Gläschen Anchovis ins Bett geschüttet – „jetzt stinkst du wenigstens so, wie es sein muss" – sie sollen ihn sogar am Bett festgebunden und versucht haben mit dem Feldspatenstiel zu vergewaltigen, Gott sei Dank wurden sie gestört. Unsere Mary aber hat zwar gejammert und um Gnade gefleht, aber verraten hat er die Schweine nicht, hat dicht gehalten, keinen Pieps gesagt, vielleicht, weil er dachte, sie würden ihn sonst zu Tode massakrieren. Einer, der mir auf Wache von dieser ganzen Scheiße berichten wollte, ein Baubudenrülps aus Sachsen-Anhalt, einer, der dabei war, der den armen Kerl festgebunden hat, ich glaube aus Dessau kam der, und als der sich großtat, einmal würde es schon noch klappen und man sollte den Süßen doch gleich kastrieren, erlöst wäre er dann, der schwule Sack – da habe ich dem Großmaul das Seitengewehr unters Kinn gehalten und gezischt, wenn er weiterrede, würde ich zustoßen, ein Unfall würde ich sagen, direkt beim Reinigen, gestolpert und ins Messer gefallen, der anhaltinische Dummkopf. Da war er still, hat's Maul gehalten und eine Fresse gezogen. Was aus Mary geworden ist, weiß ich nicht, habe aber gehört, sie hätten ihn nicht an die Grenze versetzt, er wäre in den Norden zum Stab gekommen ... trotzdem, mir hat der Kerl immer leidgetan, musste sich quälen mit seiner Veranlagung, war ein intelligentes Bürschchen, kunstsinnig, konnte fabelhaft Klavier spielen.

Sollten solche gar nicht zur Armee eingezogen werden, sagte ich mir, und überhaupt zur Grenze, wo es zugeht wie im Krieg ...

Plötzlich summte der Major neben mir nicht mehr, nein er sang mit Inbrunst und laut. Es war ein Lied des Sängers Jürgen Walther „*Auch Männer sind schön!*" – es schien, als kenne er den Text auswendig, er trommelte den Rhythmus mit den Fingerspitzen, warf einen Prüfblick zu mir: „ ... Auch Männer sind schön – du müsstest mich nur einmal morgens sehn ..." Ich blickte stur geradeaus, fuhr den Kübel gleichmäßig, ohne ihn zu quälen, aber der röhrte, zog nicht, ja, der läuft tatsächlich nur auf einem Topf! Nur nicht nervös werden, nur jetzt nicht anhalten, dachte ich, und ein bisschen unheimlich war mir doch geworden. Und ich gebe zu, ein wenig Neugier mischte sich in meine Gedanken. Der Major sang und trommelte den Takt. Auf einmal brach er ab. Er blickte mich an. Ich wandte den Kopf und sah, wie in seinen Augen eine Art Vorhang beiseiteging. Sein Blick wurde lüstern und unternehmungslustig. Er beugte sich zu mir, spitzte den Mund, als ob er mich küssen wolle. Mit einer Hand tastete er nach meinem rechten Oberschenkel. Dazu stammelte er irgendwas, das ich nicht verstand. Ich trat auf die Bremse, fuhr an den Straßenrand und drückte, während ich mit der Linken das Lenkrad festhielt, den geilen Major mit der anderen Hand in seinen Sitz. Das tat ich so heftig und instinktiv, dass ihm die Kladde samt Dienstmütze von den Knien glitt und in die Pfütze rutschte, die sich zu seinen Füßen auf der Fußmatte gebildet hatte. Ich ließ den Motor laufen, denn ich wusste nicht, ob die Karre wieder anspringen würde. Weingärtel richtete sich auf, tastete an seiner Uniformjacke nach den Knöpfen, holte die Schirmmütze nach oben und zischte:

Das werden Sie bereuen, Soldat Malef!

Ich schwieg und sah ihn durchdringend an. Aus seinen Augen war alle Lüsternheit verschwunden, dafür sah ich jetzt Bosheit und Heimtücke.

Wenn Sie auch nur ein Wörtchen sagen, stieß er hervor, dann sind Sie dran, dann werden Sie nach Tripstrille versetzt, dann sorge ich dafür, dass Sie nie wieder froh werden. Dann mache ich Sie fertig, Sie und Ihre Familie, verdammter Kerl ... bedenken Sie, einem Major glaubt man alles, einem Soldaten wie Ihnen nichts. Sie sind erledigt.

Ich zwang mich, beherrscht zu bleiben, und mit aller Gelassenheit, der ich in diesem Augenblick fähig war, antwortete ich:

Genosse Major, aber verzeihen Sie, ich weiß gar nicht, wovon Sie sprechen? Ihnen ist schlecht geworden, da habe ich angehalten, und Sie, damit Sie mir nicht auf die Jacke kotzen, in ihren Sitz gedrückt. An Weiteres kann ich mich nicht besinnen ...

Ich war stolz auf mich. Besser hätte sich selbst Katzschmar nicht aus der Affäre ziehen können. Allerdings flatterte mir der Puls, im Genick fühlte ich Schweiß, denn ich glaubte dem Major jedes Wort und alle Drohungen, er hatte die Mittel, einen wie mich eiskalt und vom Schreibtisch aus zu erledigen.

Weingärtel blickte geradeaus. Er antwortete mir nicht direkt, aber ich hörte an seinem Tonfall, dass er ein wenig erleichtert war:

Genosse, fahren Sie jetzt weiter! Indes seine Stimme klang metallisch, kalt und förmlich ... sie verhieß nichts Gutes.

Von diesem Moment an wusste ich, der Major Weingärtel und ich wären die erbittertsten Feinde, und ich sollte das noch zu spüren bekommen. Weingärtel war ein hinterhältiger und abgefeimter Gegner. Er liebte es, Menschen zu quälen, ihnen Angst einzujagen, sich auf diese Weise selber Stärke zu beweisen. Vielleicht für ihn sogar eine Art erotischer Erregung. Im Grunde aber war er feige, ein Schwächling. Mit einer langen Liste von Opfern, großen und kleinen Gewissensbissen. Jederzeit, das war ihm klar, konnte er hochgehen. Und dies war wohl für ihn der eigentliche Reiz und sein Nervenkitzel …

Im Grenzkommando angekommen, trennten wir uns, Weingärtel ging, mit knarrenden Stiefeln, die Schirmmütze verwegen schief, allerdings nur, weil sie durch den Sturz in die Pfütze am Rand beschmutzt war, die Kladde fest unterm Arm ins Stabsgebäude; ich fuhr in die zentrale Werkstatt, um prüfen zu lassen, ob meine Karre tatsächlich Zündschwierigkeiten hatte, ob sie nur auf einem Topf lief, die Zündkerzen verölt waren oder ob es am Unterbrecher lag. Dort begrüßte man mich herablassend kumpelhaft. Ich kam vom Strich, die Werkstattsoldaten waren Stabshengste, jeden Tag pünktlich Feierabend, abends Kino, immer ein Bier, manchmal eine von den zivilangestellten Weibern aus der Küche oder der Bibliothek – die konnten gut reden und beste Laune haben. Na, Kleiner, riefen sie, bist doch noch Zwischenpisser, was hat denn deine Möhre? Zwischenpisser? entgegnete ich, und was seid ihr? Etappenhengste! Faule Säcke, die sich hier ein drittes Ei wachsen lassen. Na, na – du willst was von uns, also sei schön höflich, Kleiner. Gut, o.k. Wir beruhigten uns, rauchten eine. Also, was willste? Ich glaube, sagte ich, der läuft nur auf einem Topf. Guckt mal nach. Bitte.

Es war der Unterbrecher. Sie wechselten auch die Kerzen. Die Karre lief wieder wie geschmiert. Danke. Wie viele Tage noch? fragte ich den Gefreiten. Er griff nach seinem Bandmaß. E 135, rief er und lachte. Seine beiden Gehilfen standen ein wenig hilflos dabei, aber auch sie lachten. Wir gaben uns die Hand. Mach's gut! Lebt wohl! Heimgang!

Ich trödelte noch den halben Vormittag und nachmittags bis drei Uhr auf dem Gelände des Grenzkommandos herum, aß in der Stabskantine zu Mittag. Es gab Gulasch mit Knödel und Böhmisch Kraut. Schmeckte ganz gut, aber bei uns in der Kaserne schmeckte es besser. Unser Bulettenschmied, der Rostocker, dem sie immer zuriefen „Eh, du kennst doch nur Heringshäckerle oder Labskaus!“ war ein guter Koch, auch er machte manchmal solchen böhmischen Gulasch, aber der war besser gewürzt. Meine Oma stammt aus Melnik, sagt er dann und rückt an seiner fettigen Brille.

Ein paar Minuten nach drei kam der Major. Er grüßte kurz, zwängte sich neben mich und sagte zunächst kein einziges Wort. Eine Schweigeschicht, dachte ich, aber mich störte das nicht. Im Gegenteil. Ich schaltete das Radio nicht ein, und als er sagte, er wolle die Nachrichten hören, brummte ich, geht nicht, die Kiste ist kaputt. Seit die die Zündung repariert haben, läuft es nicht mehr. Scheiße. Weingärtel antwortete nichts. Diese wenigen Worte waren denn auch das Einzige, was wir auf der Rückfahrt sprachen. In der Kompanie lief der Major ohne Gruß davon, verschwand in seinem Dienstzimmer, kam wieder heraus, der Alte wollte ihn sprechen. So ein Arsch, dachte ich. Indes das ungute Gefühl blieb und es verschwand auch in den nächsten Tagen nicht. Was würde der Kerl ausbrüten?

Am nächsten Tag zur Postenausgabe war mein Postenführer der Gefreite Katzschmar. Fotze Katzschmar. Wir bekamen das Revier 43, den Wald am Schwarzen Hügel, dieses Abkotzstück verdammt, und ich sah, als uns der Zugführer aufrief und das Revier übergab, wie der Holzknie, neben Buddy stehend, dreckig feixte.

Katzschmar, bei der Waffenausgabe, trat einen Schritt zur Seite, packte den Holzknie am Revers: Das wirste bereuen, Schweinekerl!

Holzknie schüttelte Katzschmar ab. Lassen Sie das, Gefreiter Katzschmar! Was fällt ihnen ein? – Oh, ich dachte, Sie hätten da was vorne, Genosse Oberfeldwebel, einen Fleck, antwortete Katzschmar. Er hatte den Griff gelockert und tat nun so, als wolle er dem Vorgesetzten einen Fussel von der Jacke klauben. Entschuldigung!

Sie blickten sich in die Augen und ich sah, wie Katzschmar Funken sprühte.

Ein paar Minuten später, neben mir, sagte Katzschmar: Das wird er noch bereuen. Einem Heimi wie mir dieses Revier zu geben. Garantiert hat er das dem Buddy eingeredet. Der Dicke hätte mir so ein Scheißrevier von sich aus nie gegeben. Ich wette, der will sich rächen, die Tagesau, wegen dem Frühsport neulich. Aber nicht mit mir, nicht mit mir ...

Die Fahrt über und die erste halbe Stunde draußen im Revier sprach Katzschmar kein Wort mit mir. Er wanderte stumm umher und inspizierte alles, er ging ein paar Meter, stocherte im Unterholz, schaute unter Baumstümpfe und alte Wurzeln, besah den geackerten Kfz-Streifen auf Spuren, nahm schließlich mit dem Glas die weitere Umgebung in Augenschein, horchte mit dem Ohr auf dem Boden, schüttelte den Kopf, lächelte zufrieden. Dann, wir hatten es uns am Waldrand gemütlich gemacht, eine kleine Senke mit Reisig und trockenem Gras ausgepolstert, die Flinten zur Seite gelegt, zum Anrufemast waren es nur ein paar Schritte, da sagte er plötzlich: Jetzt will ich dir mal zeigen, wie man sich am Strich seine Ruhe schafft! Pass auf! Er ging zum Anrufemast, steckte den Hörer in die Dose, nahm Kontakt zum Führungspunkt auf, sprach mit dem Dicken. Da er nicht flüsterte, verstand ich jedes Wort.

Zuerst gab er unser Passwort durch, dann unverschlüsselt: Mit Entschluss – Sind hier jetzt bei 43/12, sagte er, handeln als Aufklärer Richtung Remtshausen, melden uns um 7.40 Uhr von 43/14. Er kam zurück. Ich hatte inzwischen aufgeräumt, die Flinte geschultert, stand abmarschbereit.

Wo willst du hin? fragte er.

Wir müssen doch nach 43/14, antwortete ich.

Rede keinen Quatsch! Wir müssen nirgendwohin.

Aber, du hast doch ...?

So, hab ich? Wir bleiben erstmal hier, die Mulde ist schön und bequem, erinnerst du dich, wir wollen abruhen, hab ich gesagt.

Aber, aber ...? Ich war sprachlos. Wir müssen uns doch von 43/14 melden, und zwar um 7.40 Uhr. Jetzt ist es 7.03 Uhr, da sollten wir losgehen.

Reg dich nicht auf, Kleiner, antwortete Katzschmar und zündete sich eine Zigarette an. Wir werden uns um 7.40 Uhr von 43/14 melden.

Wie willst du das machen? Wenn wir jetzt nicht gleich gehen, schaffen wir das nie.

Wart's nur ab. Ich ruf um 7.40 Uhr an und zwar vom Punkt 43/14, aber, mein Kleiner, ich werde dabei dort an dem Mast stehen, und er zeigte auf den Anrufemast, keine zehn Meter von uns entfernt.

Das ist doch aber falsch ... –

Quatsch nicht, Kleiner. Du bist der Einzige, der das weiß, sonst niemand. Die kriegen doch im FP nicht mit, von wo man anruft. So modern ist unser altes Grenznetz noch nicht. Die müssen sich schon drauf verlassen, dass wir sie nicht verarschen. Aber, mein Kleiner, wir verarschen sie doch. Wir ruhen hier ab, und ich will mit dir gleich noch was proben. Eine Nervenprobe! Was wettest du, wenn ich in der Zeit, in der uns der Dicke auf dem Marsch nach 43/14 glaubt, über die Sperre turne und uns ein Andenken hole?

Was für ein Andenken?

Nun, ich denke an die kleine Aluplatte mit dem Emblem von der Säule dort. Er zeigte mit der Zigarette auf eine schwarz-rot-gelbe Grenzsäule, die etwa 40 Meter entfernt, jenseits der Minensperre, sozusagen direkt auf dem Strich stand. Auf der westwärtigen Seite der bemalten Betonsäule war das Staatsemblem angebracht, grau und aus Aluminium, eine kleine Platte, 15 mal 8 Zentimeter groß.

Das traust du dich nicht, rief ich.

Ach, was, Kleiner, ich schenk sie dir. Also pass hier ein bisschen auf, ich geh mal los. Es kann nichts passieren. Der Dicke denkt, wir sind auf Wanderschaft, und kann uns nicht anrufen, weil wir nicht am Netz sind, und ein Funkgerät haben wir nicht. Also, zu den Brotladen, und keine Angst.

Und wenn doch was passiert?

Was soll passieren? Hier passiert nichts. Der BGS pennt noch, die Amys kauen Haschisch, und die Bayern haben ihre erste Brotzeit.

Ich meine, wenn einer kommt?

Wer soll denn kommen? Ein Flitzer? Nein Kleiner, alles ruhig. Die hätten schon was gemeldet oder der Grenzsignalzaun hätte ausgelöst. Mach dir nicht in die Hosen. Kannst mich ein bisschen sichern, wenn dich das beruhigt. Aber nicht durchladen. Du Pfeife drückst noch ab, weil dir der Finger zittert. Also, bin gleich wieder da …

Er ging los, seine Flinte hatte er mitgenommen, auch das Fernglas und die Feldflasche. Oh, mir war mulmig und einen Moment dachte ich: Wenn der nun abhaut? Und ich hab's zugelassen. Die kriegen mich am Arsch. Ich komm nach Schwedt. Scheiße, worauf habe ich mich eingelassen? Meine Frau fiel mir ein und meine kleine, erst wenige Monate alte Tochter. Aber dann beruhigte ich mich wieder. Der Katzschmar und abhauen, nee, überlegte ich, der macht sowas nicht. Der hat ja hier viel mehr Spaß. Und irgendwie erinnerte ich mich, dass er mal gesagt hatte, er hätte keine Westverwandtschaft, nur einen entfernten Onkel, und dem ginge es sowas von Scheiße, arbeitslos, krank und so und er, Katzschmar, wollte nach dem Wehrdienst in Berlin studieren …

Ich sah, wie Katzschmar mit drei Schritten über den Ackerstreifen war. Die Fußspuren? Ich zuckte vor Schreck zusammen. Aber der hatte an alles gedacht. Mit einem Ast würde er hinterher alles verwischen und keiner konnte sehen, dass einer vor einer halben Stunde hier rübergemacht war. Am Streckmetallzaun zur Sperre angekommen, bog er eine Drahtplatte zur Seite, offenbar musste er die Stelle genau kennen, er kroch hindurch und lief dann wie einer, der auf einer verdreckten Straße nur die sauberen Pflastersteine betritt, quer durch das Minenfeld. Es sah, trotz aller Gefährlichkeit, komisch aus – wie ein Storch auf Froschjagd sah er aus, der Katzschmar. Auch hier musste er sich auskennen, denn er schien genau zu wissen, wo er ungefährdet hintreten konnte. Bald war er auch drüben durch den Zaun gekrochen und machte sich mit dem Seitengewehr am Grenzpfosten zu schaffen. Mir hatte er noch zugewinkt, hatte das Käppi abgenommen und es in der Luft geschwenkt. Doch es schien nicht so glatt zu gehen, die Platte saß fester als gedacht. Ich hörte ihn fluchen und schnaufen, hörte Stahl auf Beton kratzen. Sah ihn an der Säule hantieren. Katzschmar war nur knapp 40 Meter entfernt. Der Wind kam aus dem Westen und trug in der Stille des einsamen Grenzmorgens jeden Laut herüber. Ich sah wie gebannt zu meinem Kameraden. Es schlug mir das Herz zum Halse, ich hielt die MPi umklammert. Hoffentlich geht alles klar, hoffentlich passiert nicht doch noch was. Ich gebe zu, ich schlotterte. Wenn ich jetzt einen Furz lassen müsste, dachte ich, dann ginge der nass in die Hosen. Hoffentlich kommt nicht doch noch irgendwer, dachte ich verzweifelt. Verdammt. Scheiße. Dann sind wir dran wie noch nie …

Plötzlich, wie aus dem Nichts, tauchte drüben, auf Westgebiet, hinter einer Baumgruppe ein grauer Schatten auf. Noch konnte ich nichts Richtiges ausmachen. Zwei Scheinwerfer glimmten wie unheimliche Augen, nicht grell, aber doch deutlich. Ein Motorengeräusch war zu hören, das Knirschen von Rädern auf Kies. Das Fahrzeug kam näher. Es war ein VW-Kübel. Der BGS! Was würde geschehen? Oh, mein Gott, der Katzschmar! Ich lag in meiner Mulde und fühlte mich wie gelähmt. Zwei Mann stiegen aus, gingen auf Katzschmar zu, blieben aber unmittelbar auf der Grenzlinie, zwei Meter hinter ihm stehen. Na, Genosse, was machen wir denn da? Ich konnte ganz deutlich ihre Stimmen hören. Sie sprachen nicht bayrisch, es klang eher wie feinstes niedersächsisches Hochdeutsch. Willst du eine rauchen? Oder etwa uns das Andenken geben, das du da aus dem Beton meißelst? Sollen wir dir helfen?

Katzschmar, noch nicht fertig mit seiner Tat, antwortete nicht. Ich wette, damit hatte er nicht gerechnet. Schließlich, es mochten vielleicht drei oder vier Minuten vergangen sein, hatte er die kleine Metallplatte heraus. Da geschah etwas Unvorhergesehenes. Einer der BGS-Männer zückte einen Fotoapparat, und er sagte auch noch irgendwas, das ich diesmal nicht verstand. Vielleicht: Bitte recht freundlich! Dann flammte ein Blitzlicht auf. Katzschmar wurde fotografiert. Am demolierten Grenzpfahl. Mit dem demontierten Emblem in der Hand. Er nahm zwar noch die Hand vors Gesicht, aber es war schon zu spät. Sie hatten ihn abgelichtet. Es entspann sich ein Disput zwischen den Dreien. Ich konnte nicht alles verstehen, vor allem am Anfang nicht, als sie noch leiser sprachen. Dann aber hörte ich jedes Wort. Katzschmar rief: Gebt den Film raus! Das könnt ihr doch nicht machen! Die Männer antworteten: Und ob wir können, Genosse! Wenn dein Kommandeur oder das Grenzkommando das Bild in den Händen hält, wirst du es schon sehen. Katzschmar: Das war doch nur ein Scherz! Dann log er: Die Tafel sollte sowieso ausgetauscht werden. Der BGS: Das wird sich ja herausstellen.

Katzschmar, genervt: Ihr verdammten Schweine! Auf wessen Seite steht ihr überhaupt? Ich bin ja nicht freiwillig hier. Wir sind Wehrpflichtige und konnten uns nicht raussuchen, wo wir hinkommen, verdammt ...

Der BGS: Was regst du dich auf? Wir stehen auf der Seite der Freiheit. Auf der Seite eines bewaffneten Ostgrenzers stehen wir nicht. Also, wir senden das Bild nach Meiningen zum Grenzkommando! Oder sollen wir es an die „Bild“ geben? Die bringen es in Großaufmachung: „DDR-Grenzer bei der Beseitigung der Grenzanlagen!“ Also, schönen Gruß noch an Major Tschöpel. Der ist doch euer Chef in Hundfeld? Oder willst du gleich mit uns kommen? Für dich wird es ja jetzt nur noch Ärger geben ... Na, wie ist es? Komm! Reich uns die Hand ...

Woher wissen die, dachte ich in meiner Beobachtungskuhle, dass wir aus dem gottverlassenen Hundfeld kommen? Wieso kennen die den Namen von unserem Alten? Eine Beklemmung beschlich mich.

Katzschmar wandte sich ab. Er spuckte verächtlich aus. Die BGS-Leute machten kehrt und gingen zu ihrem Kübel. Er drohte ihnen mit der Faust, fluchte lautstark und in übelster Weise: Ihr elenden Scheißer! Ihr Wichser! BGS-Schweine! Alles nur Getue bei euch, Heuchelei und Bluff, in Wahrheit seid ihr schlimmer als die Roten! Dann warf er die Aluplatte mit dem Emblem in hohem Bogen hinter ihnen her. Ein BGS-Mann kam ein paar Schritte zurück, bückte sich. Danke, Genosse! rief er heiter, ein wirklich schönes Andenken. Werden es mit dem Foto zusammen nach Meiningen schicken. So wird es ein echter Beweis. Mach’s gut, Genosse! Viel Spaß noch. Und schönen Dienst!

Katzschmar kam durch die Sperre ohne Mühe zurück, er hockte sich neben mich und machte ein beschissenes Gesicht. So kannte ich ihn gar nicht. Scheiße! sagte er, schiefgegangen! Ich nickte stumm. Hättest gleich drüben bleiben sollen, sagte ich. Da kommt eine Scheißlawine auf dich zu und auf mich auch. Katzschmar schwieg, dann sagte er, ja, ich weiß, was jetzt alles kommt, aber drüben bleiben geht nicht.

Warum?

Wegen meiner Mutter, verdammt.

Wieso?

Und auf einmal erzählte mir der sonst so schweigsame Katzschmar von sich, von seinem Leben, von seiner Mutter. Sie lebe allein, sagte er mit einem seltsam weichen Ton in der Stimme, nach dem Tod des Vaters vor zehn Jahren lebe seine Mutter allein. Obwohl sie einen Bekannten habe, immerhin sei sie ja erst Mitte vierzig, wolle sie nicht wieder mit einem Mann zusammenziehen. Vor einer festen Bindung scheue sie sich. Zum einen aus Pietät wegen ihres toten Mannes, seines Vaters, zum anderen habe sie Furcht vor dem Risiko einer Trennung, dass sie eben doch nicht zueinander passen würden. So lebte sie eben mit ihm, ihrem Sohn, zusammen in einem Plattenbau in Erfurt. Auf dem Roten Berg! Nein, er könne seine Mutter nicht verlassen, sie brauche ihn, und wenn er jetzt wegen der Scheiße von vorhin womöglich in den Armeeknast nach Schwedt käme, so wäre das schon schlimm genug für sie. Sie würde wieder krank, bekäme ihre Depressionen, verdammt, verdammt … und in ihrer Dienststelle würden sie sie zur Rede stellen, sie müsse Spießruten laufen, schließlich sei sie in der Partei und arbeite beim Rat der Stadt, im Referat Handel und Versorgung. Vielleicht müsse sie sich sogar in einer Parteisitzung rechtfertigen, eine Stellungnahme schreiben, die dann an der Wandzeitung angeheftet würde, lauter Scherereien bekäme sie und alles wegen ihm, ihrem Sohn, und seiner blödsinnigen Unüberlegtheit, sie bekäme keinen Urlaubsplatz vom FDGB und so weiter. Verdammte Scheiße aber auch …

Und, jetzt, stell dir vor: Katzschmar senkte den Kopf, mir schien es, als ob ihm sogar ein paar Tränen gekommen wären.

Wirklich, so hatte ich ihn noch nie erlebt. Wie man sagt: Unter einer harten Schale ein weicher, sensibler Kern. Aber das findet man ja oft, und hier am Strich geschieht es, unter diesen extremen Scheißbedingungen, dass sich herausstellt: Die härtesten Jungs sind zärtlicher, empfindsamer als gedacht. Sie kippen um, einfach so.

Oh Scheiße, sagte Katzschmar leise, wenn die mich nach Schwedt bringen, das überlebt sie nicht. Und ich dann auch nicht … mein Studientraum passé … wieder brach er ab. Ich wollte ihn trösten. Wart nur ab, sagte ich und dachte an Schnulli und seine Briefsache, den ich vor ein paar Tagen auch hatte trösten müssen, vielleicht wird alles halb so schlimm, oder du denkst dir irgendeine Story aus. Du weißt doch, es hat einmal einer gesagt: Je größer die Lüge, desto eher wird sie geglaubt! Oh, ich weiß, sagte Katzschmar, das war der olle Goebbels, und er lachte heiser auf …

Na wenigstens kannst du wieder lachen, sagte ich.

Aber auch ich war voller Sorge, denn man würde auch mich befragen, auch ich bekäme Probleme, ganz bestimmt, auch mit mir würden sich die „Organe" befassen. Warum haben Sie den Gefreiten Katzschmar nicht gehindert? Wozu haben Sie eine Waffe, Genosse? Warum haben Sie nicht sofort Meldung gemacht? Verhindern! Waffe! Meldung! Ja, wenn ich ihn erschossen hätte, vielleicht einen Orden, eine Auszeichnung, eine Beförderung hätten sie mir überreicht. Einen Provokateur erledigt. Bravo, Genosse!

Und wer weiß, dachte ich weiter, während diese Szenarien durch meinen Kopf zogen und ich mit zittrigen Fingern nach meinen Zigaretten suchte, wer weiß, was mir selber noch alles passieren würde? Keiner von uns ist ja sicher hier. Jedermanns Leben kann an diesem Erdenflecken eine ungeahnte beschissene Wendung nehmen. Keiner geht von diesem Nest Hundfeld so, wie er gekommen ist. Jeder wird irgendwie schuldig, verbogen, vom Subjekt zum Objekt. Ja man wird, ohne es zu wollen, vom Täter zum Opfer, wie auch umgekehrt, vom Opfer zum Täter. Jeden Tag kann man in irgendwas reingezogen werden, an jedem Scheißtag an dieser verdammten Scheißgrenze!

Wie um uns abzulenken, sprachen Katzschmar und ich nicht mehr über dieses Vorkommnis mit dem BGS, ja wir redeten wenig, die ganzen sechs Stunden, die unsere Schicht noch dauerte, jeder war mit seinen Gedanken beschäftigt. Nur einmal fing Katzschmar an, unvermittelt zu erzählen. Wir hockten am Rande einer Brombeerhecke, rauchten, die Wolkendecke war aufgerissen, einzelne blaue Himmelsflecke zeigten sich, mir fiel meine Großmutter ein, die gesagt hatte, wenn man um 11.00 Uhr aus dem Himmelsblau eine Hose schneiden könne, dann würde der Tag noch schön, und, ich schaute auf die Uhr, es war gerade elf – da, ohne einen Zusammenhang, sagte Katzschmar plötzlich: Hoff war unser Klassenlehrer, ein blonder Hüne, eine Siegfriedsgestalt, mit blauen, wässrigen, nichtssagenden Augen, einer aufwärts strebenden Nase und ewig in irgendwelchen von seiner Frau gestrickten Pullovern. Ist es nicht komisch, dass solche Reckengestalten meist wehleidig und mutlos sind, während die Kleinen in der Weltgeschichte immer die aggressiveren waren, nimm Napoleon, oder auch Cäsar soll nicht über einsfünfundsechzig groß gewesen sein, unser Hoff aber suchte seine mangelnde Tatkraft an uns gewissermaßen aufzupumpen, er wollte aus uns wahrscheinlich das machen, was er selber nie gewesen war. Sein Geburtsjahrgang 33, rief er aus, wäre der glückliche gewesen, sie hätten keine Waffe mehr in die Hand nehmen müssen, ihnen wäre der Weltkrieg erspart geblieben, dennoch sei er kein Pazifist, sondern ein wehrhafter Sozialist geworden. Ich besinne mich noch an das Schuljahr nach dem August 61. Wir gingen jetzt in die achte Klasse. Hoff hielt uns im Unterricht lange Vorträge. Er ging mit seinen Stelzenbeinen vor der Klasse hin und her, einen Arm auf dem Rücken, den anderen dozierend erhoben. Die böse Bonner Republik, sagte er, wolle uns den Garaus machen, sie hätten unsere Fachleute abgeworben, lockten mit ihrer bunten Marktwirtschaft und falschen Versprechungen, deshalb habe unser Staat die Mauer gebaut und die Westgrenze dichtgemacht. Und es sei nun eine Ehrensache für alle Jungen, sich freiwillig zu verpflichten, ihren Staat zu verteidigen, auch für uns sei das eine Ehrenpflicht – und er zeigte mit der ausgestreckten Klassenlehrerhand auf uns Jungen in der Klasse. Zwar wären wir erst vierzehn Jahre alt, räumte er ein, aber man könne nicht zeitig genug beginnen, wir könnten beispielsweise schon jetzt in der Gesellschaft für Sport und Technik alles erlernen, was später für das Waffenhandwerk oder den Offiziersberuf nötig sei. Hier habe er ein paar Anmeldeformulare ausgelegt. Wir sollten uns eintragen, ganz nach Wunsch in den einzelnen Sparten. Sogar Flieger könnten aus uns werden oder Lastkraftwagenfahrer, Panzerfahrer, Funker und so weiter – alles, was für Jungen interessant und spannend wäre. Die meisten freuten sich und es zeigte sich, dass die Anmeldeformulare gar nicht reichten. Nur ich zögerte und wollte nicht recht mit. Vielleicht lag es daran, dass mein Vater, Weltkriegsteilnehmer und Überlebender von Stalingrad, mir immer eingebläut hatte, Krieg und Waffen wären die schrecklichste Erfindung der Menschen. Er wusste, wovon er redete, denn er war dem Stalingrader Inferno mit Mühe und Not entkommen und hatte anschließend in sowjetischer Kriegsgefangenschaft auch nur geradeso überlebt. Krank und nur Haut und Knochen kam er neunundvierzig im Osten Deutschlands an. Ich denke, sein früher Tod hing mit diesen Jahren zusammen, seine Gesundheit war für immer zerstört. Ich kenne ihn nur als hustenden, abgemagerten, fiebernden Mann. Schließlich füllte ich doch einen Anmeldebogen für die GST aus, man wollte nicht als feige oder als Spielverderber gelten, der der Klasse das gute Ansehen und die Pluspunkte im Schulwettbewerb verdarb. Ich hatte mich zu den Kradfahrern gemeldet. Man gab uns *Simson-Mopeds*, mit denen wir, eine provisorische Fahrerlaubnis in der Tasche, durchs Gelände preschten, aber wir schraubten und bastelten an den Karreten auch herum. Das machte mir den meisten Spaß. Und mit der Zeit begann ich, meinem Vater zum Trotz, das Militärische, das Leben in der Jungengemeinschaft zu lieben. Hoff hatte recht gehabt. Das Ganze hatte etwas Erhabenes, Heldisches, man war irgendwie wer, etwas Besonderes. Und wenn ich mit meinem GST-Moped vor unserem Haus vorfuhr und die Nachbarjungs staunten, dann kribbelte es mir in der Brust, dann schwang ich mein Bein locker über den Sitz, drehte am Gas, dass es knatterte und blaue Abgaswolken mich einhüllten. Und da dachte ich Esel, als ich Jahre später die Einberufung bekam, es würde alles so wie in der GST werden – ein Spaß und viel Freude und Motzerei. Nee, mein Lieber, mein Vater, und nicht der Hoff, hatte am Ende recht behalten: Militär und Kriegsspiele sind die größte Scheiße, die es gibt! Wenn du hier deinen ersten Toten aus der Sperre geholt hast oder einen, dem ein Bein weggerissen wurde, auf die Bergebrücke ziehen musst, und er brüllt wie am Spieß, blutet wie ein Schwein, brüllt nach Vater und Mutter, fleht dich an, ihn zu erschießen, oder selbst ein Reh, was rausgeholt werden muss, so ein armes Vieh, dem die Vorderbeine fehlen, weil es auf eine Mine gesprungen ist, und das noch lebt und die Augen verdreht, oder wenn du zwei Wochen verstärkte Grenzsicherung in den Knochen hast, zwei Wochen ununterbrochen Nachtschicht, und wenn du dann halb erfroren und so nervös bist, dass du auf einen raschelnden Igel schießt, oder deinen Kameraden grundlos anbrüllst, oder wenn du im Schlaf zuckst wie eine Katze, weil deine Nerven im Arsch sind, und wenn du dann siehst, wie die Grenzaufklärer ihre geklauten Westpakete aufmachen, während du am Strich in der Scheiße liegst und die Offiziere Sekt saufen und besoffen in ihre Blumentöpfe pissen, wenn du das hier alles erlebt hast – und du wirst es noch erleben, mein Kleiner, oh, das wirst du, dann weißt du auch, der Olle vom Katzschmar hat recht gehabt: Kriegsspielen ist Scheiße und ich sage, die Grenze ist die größte von allen Katastrophen. Und damit du's weißt, nur deshalb, wegen dieser ganzen Scheiße, hab ich hier bis jetzt den coolen Typen gespielt, die Vorgesetzten verarscht, nicht ernst genommen, ausprobiert, wie weit man gehen kann – nur deshalb! Meinem Vater eingedenk! Nur ihm zuliebe! Obwohl er ja längst tot ist. Vermodert und vergessen von der Welt.

Kapierst du das? Und da ich nicht gleich antwortete, wiederholte er, nur lauter und rüttelte mich an der Schulter: Kapierst du das, du verdammter 300-Tage-Diener! Ich überhörte seine Beschimpfung, nickte, obwohl ich in Wahrheit nicht alles kapiert hatte, nickte, um ihn zu beruhigen.

Klaro! sagte ich und klopfte ihm auf die Schulter.

O. k. nun weißt du's, sagte Katzschmar, ein wenig erschöpft. Er erhob sich, wir trotteten los, denn wir sollten uns an einem befohlenen Punkt in einer halben Stunde melden. Unterwegs redeten wir nichts. Am Punkt 15/43 angekommen, erfuhren wir, nachdem wir uns per Grenznetz gemeldet hatten, dass in diesem Abschnitt der Grenzsignalzaun ausgelöst worden wäre, vermutlich durch Bauern, die, vom Nachbarposten hereingelassen, auf einer Wiese genehmigte Arbeiten durchführten. Wir schauten uns um, sahen aber nichts, weil eine Waldzunge die betreffende Wiese verdeckte. Eilig liefen wir dorthin. Ja, es waren Bauern, die von einer Feldscheune Heu auf einen Erntewagen luden. Diese Feldscheune war, weil ein ideales Versteck, ein streng kontrolliertes Objekt, eigentlich hatte sie schon ein paar Mal abgerissen werden sollen, aber die Genossenschaft, die sie bewirtschaftete, hatte immer wieder durchgesetzt, dass sie erhalten bleiben konnte. Gemächlich schlenderten wir vom Waldrand über die Wiese direkt auf die Bauern zu. Es waren drei, zwei Männer und ein junges Mädchen. Als sie uns sahen, unterbrachen sie ihre Arbeit und zeigten uns gehorsam ihre Ausweispapiere, dazu gehörte auch ein Genehmigungsschein für ihre heutigen Arbeiten. Das war so üblich. Jeden Furz hatten sie anzumelden, wenn sie im Grenzstreifen (das ist das Gebiet vom Signalzaun bis zum Kolonnenweg unmittelbar an der Grenze) irgendwas für ihre Kolchose machen wollten. Eine unerträgliche Bürokratie und ein Aufwand, weshalb die LPGs in diesem Streifen meistens nur Grünland bewirtschafteten, alles andere, etwa Feldwirtschaft, wäre zu aufwendig gewesen, andauernd müssten sie, vor allem im Frühjahr, auf den Acker, Tore auf, Tore zu, immer zwei Grenzer als Aufsicht. Das nervt und das kostet – also nur Wiesen und Weiden, weiter nichts, manchmal auch ein bisschen Waldwirtschaft, wenn's ein Bauernbusch war und nicht dem staatlichen Forst unterstand.

Was habt ihr angestellt? fragte Katzschmar mit strenger Dienstmiene, der Zaun hat ausgelöst. Habt ihr das Blinken nicht gesehen? Tomaten auf den Augen, was? Nee, Genosse Postenführer, sagte der ältere der beiden Männer, da war nichts, ehrlich nicht, und er zeigte zum Tor, das noch offen stand. Die Rundumleuchte blinkte indes tatsächlich nicht, offenbar war sie von allein ausgegangen, vielleicht auch defekt, oder ein Fehlalarm. Das kam häufig vor. Die Anlage stand ja Tag und Nacht im Freien, Temperaturschwankungen, Regen, Nässe ...

Wir schauen mal nach, sagte ich lässig, wie lange habt ihr noch zu tun? Ich wollte, im Gegensatz zu Katzschmar, den Kumpel geben. Der Bauer zuckte mit den Schultern, lachte dankbar über meinen Ton, rückte an seiner Schiebermütze. Vielleicht ne halbe Stunde noch.

Mein Blick fiel auf das Mädchen. Sie trug die unansehnliche Winter-Arbeitskluft der Genossenschaftsbauern, blaue Wattejacke, blaue Arbeitshosen, Filzstiefel und ein grau-rot kariertes Kopftuch. Aber unter dem Kopftuch quollen rotblonde, sich kräuselnde Haare hervor, dazu rote Wangen und ein paar wunderschöne grüne Augen mit langen Wimpern. Sie lächelte mich an, ich sah ein paar Grübchen, den roten Mund, die weißen, aufblitzenden Zähne.

Ich stand und staunte, war fasziniert. Für Soldaten gibt es bekanntlich, ich schrieb es schon, zwei Dinge, die über allem stehen: Das ist das Fressen und dann die Weiber. Kaum sehen wir ein Weib, im Ausgang oder während des Dienstes, im Zug auf der Heimfahrt oder sonstwo, schon verlieren wir die Fassung. Schon stellen wir uns vor, wie es wäre, wenn ... und da macht es häufig keinen Unterschied, ob einer von uns verheiratet ist oder noch ledig. Wir sind ausnahmslos alle geil wie Hundescheiße. Ich sah die Kleine in ihrer Wattejacke vor mir stehen, und da sie mich so keck anlächelte, da sie mir gefiel, stellte ich mir gleich alles Mögliche vor, dachte gleich daran, sie flachzulegen. Meine Frau und meine kleine Tochter waren in diesem Moment weit weg, nicht nur räumlich, sondern auch im Denken. Es war so. Ja – na und? Tatsächlich, so dachte ich damals auf dieser Grenzwiese. Die Geilheit hatte mich ergriffen. Ein Vierteljahr ohne Urlaub, ein Vierteljahr ohne Weib. Ein Mann wie ich, Mitte zwanzig, gesund, gut genährt, ein bisschen nervös, nervös – na und, da fühlt man den Verstand in der Hose wachsen. Katzschmar neben mir war heute nicht in der Stimmung. Klar. Das sah ich. Er spielte den Diensteifrigen, vielleicht auch, weil er dachte, er müsste irgendwas gutmachen, und er war ja von uns beiden der Chef, der Genosse Postenführer, er musste den Befehlenden herauskehren. Klar. Ich erinnerte mich plötzlich an ein Stück Schokolade, dass ich noch am Mann trug, es musste noch in Ordnung sein, hatte es erst heute früh in die Postentasche getan. Es stammte aus der Wochenendversorgung – dem „Ulbricht-Beutel“, wie wir diese Sondertüten nannten. Das holte ich jetzt raus und überreichte es der kleinen Rotblonden. Sogar einen Diener machte ich dazu. Nimm es ruhig, es ist nicht vergiftet, hi, hi – lach. Grenzerschokolade, ganz was Feines. Sie lachte wie ein kleines beschenktes Mädel und nahm das in Silberpapier gewickelte Stück, es war ungefähr eine viertel Tafel, steckte es in ihre Wattejacke.

Dass du es nicht am Busen zerdrückt oder ihm zu warm wird, scherzte ich. Die Kleine schlug die Augen nieder, lächelte. Süß, dachte ich, wirklich süß!

Aber, weißt du, Katzschmar unterbrach meine Schwärmerei, er sagte: Genosse Soldat, Kontrollgang zum Grenzzaun – Marsch! Blöder Hammel! dachte ich, könntest freundlicher sein, bist in meiner Schuld. Schon vergessen? Aber, was soll's, ich trabte los, wandte mich nochmal um. Die Kleine lächelte mir hinterher. Herrlich, wunderbar, dachte ich, und schon geisterten abenteuerliche Pläne durch meinen Kopf.

Es war tatsächlich nur ein kleiner technischer Defekt, Kurzschluss! schnell behoben, Meldung gemacht, schon waren wir fertig. Katzschmar wollte zurück an den Strich, ich nicht, das Mädchen hatte mich verhext. Wie sie hieß, wo sie wohnte, all das wollte ich noch erfahren. Ein paar Worte reden, rumflachsen. Aber mein Postenführer, der auf einmal Dienst nach Vorschrift machte, hatte kein Verständnis für meine Bedürfnisse und Neugier, er schickte die Bauern, nachdem er sie aufgefordert hatte, sich gefälligst zu beeilen, raus aus dem Grenzstreifen, schloss das Tor, und ab ging es wieder an die Front. Ich hatte keine Gelegenheit mit dem Mädchen zu sprechen, Katzschmar wachte darüber. Kontaktaufnahme verboten, das weißt du doch! und so verabschiedeten sich die drei, und ich stand da wie ein Trottel, schaute der Kleinen nach, mit blödem Blick. Wohl drehte sie sich um zu mir, winkte mir sogar. Aber, was nützte mir das jetzt? Scheiße …

Allerdings, so viel sei schon jetzt verraten, ich würde die süße kleine Rotblonde bald wiedertreffen, und die ganze Sache würde am Ende einen Verlauf nehmen, wie ich niemals gedacht hätte.

Die Schicht ging zu Ende, Postenablösung! Wir kehrten in die Kaserne zurück, und die Uhr des Unheils begann zu ticken. Unhörbar, unsichtbar – nur Katzschmar und ich hörten sie ticken. Wir schwiegen beide über die Sache mit dem Grenzpfahl und dem BGS, wenn auch aus nicht ganz gleichen Gründen. Wir warteten und warteten, aber nichts geschah zunächst. Tick, tack, tick, tack! Es gab keine Geheimsitzungen beim Kompaniechef, keine Stasi fuhr auf den Hof, nichts deutete darauf hin, dass der BGS seine Drohung wahrgemacht hätte. Aber Katzschmar war ab diesem Tag ein anderer geworden. Fast erkannte man ihn nicht wieder, so still, so leise, so ernst war er geworden, und die meisten wunderten sich, was wohl passiert wäre, welche Laus dem großen Heimgänger über die Leber gelaufen wäre, aber da nichts durchsickerte, nichts bekannt wurde, fanden sie sich damit ab, fragten nach einer Weile auch nicht mehr, der Alltagstrott in der Kompanie zwang sie auf andere Gleise.

Es kommt mir seltsam vor, dass zu Hause in einem alten antiken Klappschrank ein paar angefangene Texte von mir liegen und mindestens genauso viele oder mehr Zeichnungen, Bleistiftzeichnungen, Kohlezeichnungen, Aquarelle, Skizzen über Skizzen. Mir fällt ein, dass meine Mutter einmal sagte, ich hätte aus meinen zahllosen Talenten nichts gemacht. Gut, sie wollte, ich wäre Maler, Grafiker oder so etwas geworden. Eine Freundin von ihr, seit den Fünfzigern eine bekannte Kunstmalerin, bei der ich als Junge von zehn Jahren Zeichenunterricht bekam, hatte ihr eingeredet, ich hätte Talent, wäre der geborene Zeichner und Maler, sollte Grafik oder zumindest Angewandte Kunst studieren. Ich weiß nicht, warum sie das meiner Mutter einredete, vielleicht, weil sie damit unterstreichen wollte, wie kompetent sie selber wäre, wie sehr sie Talente erkennen könnte. Meine Interessen tendierten aber schon früh in eine andere Richtung. Ich wollte Schriftsteller werden. Ich erinnere mich, wie ich manchen Abend, ja die halbe Nacht, schreibend zubrachte, wie ich Romane entwarf, die dem Stil Alexandre Dumas oder Arthur Conan Doyles nachempfunden waren. Doch dann wurde ich nichts von alledem. Und all diese künstlerischen Interessen schienen wie abgeschnitten. Mit einem Mal waren sie wie Tätigkeiten von einem anderen Stern. Der Beruf kam, die Heirat, und alles begann langsam zu versinken. Nur manchmal erinnerte ich mich noch und es überkamen mich die früheren Anwandlungen – ich schrieb ein paar Gedichte, kleinere Texte, und ich malte und zeichnete. Das waren Inseln in einem Meer aus Banalitäten und Alltäglichkeiten, aber schöne, romantische Inseln, die meine Seele streichelten.

Seit ich hier bin, am Strich, aber auch schon in der Ausbildung in Rudolstadt, seit ich die Uniform trage und dem militärischen Regime unterworfen bin, ist all das wie ausgelöscht. Eine große Leere hat mich ergriffen. Und den anderen geht es genauso, Schnulli, Katzschmar, Otto, Karli ... Und diese Leere wird mir immer spürbarer, je länger wir hier sind.

Zu Anfang übertönte das Neue diese Leere, jeden Tag irgendeine Sache, die wir noch nicht kannten, andauernd wurden wir in irgendetwas hineingestoßen, schwirrten die Befehle und Kommandos, wir verlernten die Selbstständigkeit, wozu selber denken, man bekommt gesagt, was zu tun ist, selbst die primitivsten Sachen, Waschen, Stiefelputzen, Haare kämmen, saubere Wäsche anziehen, neue Kragenbinde ... und auch in der freien Zeit sind wir nicht die eigenen Herren, und der Polituntericht weist uns die Richtung, in die zu denken ist – doch dann, unsere Anpassung und die Gewöhnung sind fortgeschritten, man beherrscht den Alltag ohne Anstrengung, man ist das geworden, was man werden soll – ein funktionierendes Rädchen, dann kommt sie, diese Leere. Wie ein großes schwarzes Nichts breitet sie sich in unseren Seelen aus, wird größer und größer. Wir langweilen uns, keiner kann seine Interessen und Hobbies pflegen, und wir haben auch keine mehr, oder nur verkümmerte. Wie in einem Ameisenstaat rennen wir hin und her, erledigen, was uns aufgetragen, denken nichts, überlegen nichts, stumpf, trübe. Manchmal setze ich mich in der

Stube an den Tisch mit der hellblauen Sprelakartplatte und zeichne mit dem Kugelschreiber nackte Weiber auf alles, was mir die Kameraden hinhalten, auf Kragenbinden, auf Postkarten, selbst auf Eisenbahnkarten, auf Unterhemden, natürlich auf Briefpapier und so weiter. Nackte Weiber zeichnen – das ist alles, was von meinem Zeichentalent übrig geblieben ist, ich kann nur noch nackte Weiber zeichnen, in aufreizenden Stellungen, in Dessous, in Nahtstrümpfen, mit Pumps, scharf sollen sie sein, sagen die Kameraden, die um mich stehen und mit gierigen Augen glotzen, und mancher nimmt solche Zeichnung sogar als Andenken mit nach Hause oder hängt sie in den Spind. Der Unteroffizier beim Stubendurchgang: Schrank auf! Was ist das? Wer hat das gezeichnet? Ach, Soldat Malef? Werfen Sie das in die Heizung. Tage später klopft mir der betreffende Unteroffizier auf die Schulter, flüstert: Könnten Sie mir vielleicht auch mal ... ? Er lächelt verlegen. Natürlich kann ich. So versorge ich bald die halbe Kompanie mit meinen Zeichnungen. Der Weibermaler! heißt es. Doch die Leere bleibt. Sie bleibt in uns hocken wie eine schleichende, zehrende Krankheit. Die Eltern, all die Älteren aus dem früheren Leben sind fest mit ihrem Leben verbunden, Beruf, Familie, Kinder, Alltag, sie sind gefestigt in ihren Interessen, in der Arbeit – hier aber, die Zwanzigjährigen, und mancher ist gar erst achtzehn oder neunzehn, sie haben nur die Bindung an die Eltern, und die bekommt in diesem Alter Risse und schwindet, auch die Bindung an die Geschwister ist eine schwache Bindung, mancher, doch längst nicht jeder, hat eine Freundin oder eine Frau, doch das sind nur Einzelne, und ich, der ich sechsundzwanzig Jahre zähle, bin ein Solitär, wie ein Rentner unter all den Jüngeren – was haben die meisten von uns also außer ihren vergangenen Schwärmereien, den fast vergessenen Hobbies und der gerade beendeten Schule. Nichts. Sie haben nichts.

Der Strich und die halbjährige Vorbereitung darauf hat alles ausgelöscht. Vom früheren unvollkommenen Leben, den zarten ersten Lebensversuchen ist nichts geblieben. Das drei Meter hohe stählerne Kasernentor der Ausbildungskompanie, das hinter uns mit dumpfem Knall zuschlug, hat uns abgeschnitten von allem

Früheren. Uns bleiben nur die Briefe und die seltenen, vierteljährlichen Heimaturlaube. Was wir tatsächlich feststellen, doch wer registriert das schon, wer schaut gern in sich hinein, was wir also an uns bemerken, ist diese entsetzliche Leere und eine wachsende Verrohung, bei manchen auch eine unbestimmte Traurigkeit und Schwermut, die keiner zugeben will, denn sowas gilt als Schwäche. Und Schwäche ist hier eine Sünde. Es zählt das Materielle, es zählt nur das, was nützlich erscheint, der Weg dahin oder gar die Moral – wen interessiert das schon? Und so ertappe ich mich bei dem Gedanken, dass ich in den letzten Nächten überlegt habe, in welches Bett ich umziehen solle, welchen Spind ich übernehmen würde, falls sie den Katzschmar oder den Schnulli abholten. Katzschmars Bett steht am Fenster, natürlich schläft er als Heimgänger unten, der Spind gleich zwei Meter weg, bequemer geht's nicht. Ich denke darüber nach und es fällt mir nicht ein, dabei Gewissensbisse zu bekommen, denn, was zählt, ist das Materielle, die nützlichen Tatsachen. Und ein Bett am Fenster und der Spind gleich in der Nähe sind Vorteile, die nicht zu verachten sind.

Nun pass auf: Ein Ausbildungstag ist angesetzt worden, unsere Kompanie wurde aus dem Grenzregime herausgelöst. Jeder Tropfen Schweiß in der Ausbildung spare einen Tropfen Blut im Gefecht, sagt man uns. Mit Gefecht ist natürlich der Grenzdienst gemeint. Scheißgrenze! Scheißausbildungstag! Schleifertag! Vonwegen Schweiß in der Ausbildung spart Blut im Gefecht! Scheißspruch! Bei jeder Gelegenheit posaunen die Offiziere solche Sprüche. Und die Uffze quatschen es ihnen nach. Am Morgen beim Appell! Einer, es ist natürlich Holzknie, obwohl, der ist Oberfeld, übertreibt, kürzt den Satz und brüllt: Schweiß spart Blut! Ich weiß nicht, ob das Originalzitat von dem preußischen General Clausewitz stammt. Aber es könnte sein. Und ist es nicht putzig, dass sich die Armee dieses sozialistisch sein wollenden Staates auf die alten Preußen beruft? Je preußischer, desto besser, desto militärisch exakter.

Rrrrricht euch! Augen gerrrradeaus! Vorrrrwärts Marrrrsch! Hacken zusammen! Kopf hoch! Wie sehen Sie denn aus, Mensch? Halb angezogen zum Dienst! Halb angezogen! Dabei war nur ein einzelner Knopf nicht zugeknöpft. Kneif den Arsch zusammen, dann haste keine Falten im Gesicht! Der Arsch muss euch kochen! Die Kotze muss euch im Munde stehen, so werdet ihr geschliffen! Kotze! Arsch! Scheiße! Solche Worte, am Ausbildungstag die Worte des Tages.

Undsoweiter, undsoweiter – egal, sind das nicht tolle Worte, herrlichstes preußisches Militärdeutsch? Eine Sprache, so dumm wie ein deutscher Unteroffizier. Überhaupt der deutsche Unteroffizier! Schaut aus dem Fenster und denkt dabei an nichts. Schreibt Blume mit „h".

Und dann die ganze militärische Ausbildung, der sogenannte Drill, ich sage dir, alles nur blödsinnige Schleiferei – das ist doch auch etwas zutiefst Preußisches. Preußischer geht's nimmer. Oh, da können sie preußisch sein, die Genossen Offiziere und die Genossen Unteroffiziere, und sie können brüllen wie sie glauben, dass beim Alten Fritz gebrüllt worden ist ... bis die Gurgel wund ist wie die Hand vom Onanieren.

All das erleben wir, weißt du, an unserem Ausbildungstag, der einmal im Vierteljahr stattfindet. Die Verrohung und die Primitivität erreichen ihren Höhepunkt. Schlimmer als das liebe Vieh werden wir behandelt. Der Soldat muss vor seinem Unteroffizier mehr Angst haben als vor dem Feind! Ja, der Alte Fritz, der hat das erfunden. Wenn der wüsste, dass die Genossen Offiziere und Unteroffiziere bis heute dran glauben und danach handeln.

Jetzt, Achtung – wir müssen heraustreten: In Felddienstuniform Ein-Strich-Kein-Strich, Stahlhelm am Koppel, Teil 1 auf dem Rücken, Teil 2 in der linken Hand, darauf Decke zum Schlauch gerollt in U-Form, Zeltbahn gerollt auf dem Teil 1, darunter an Metallhaken die Gammaplane, der sogenannte Atomanzug, vorne die Gasmaskentasche mit Maske und Filter am Trageriemen, Knarre umgeschnallt, Feldspaten am Gürtel, Gott sei Dank keine scharfe Munition, vielleicht wissen die, dass im Laufe dieses Ausbildungstages unsere Wut so ansteigt, dass scharfe Munition gefährlich wäre – jedenfalls sind wir bepackt bis zum „get no“, genau wie die deutschen Landser in früheren Zeiten. Eine Last von über 40 kg. Der deutsche Landser fällt nicht, er schleppt sich zu Tode. Logisch, dass wir die Schnauze voll haben. Vom ersten Augenblick an. Schon wie wir auf dem Kasernenhof stehen, bepackt und müde, denn der Weckruf kam schon um 4.30 Uhr, und dann die Offiziere sehen, die ohne alles Gepäck, nur mit Koppel und Tragegestell, nicht einmal mit Stahlhelm, leicht und schnüffelnd wie die Jagdhunde umherlaufen. Schnüffelnd, ob sie nicht noch irgendeinen Fehler bei uns finden. Genosse Soldat! Zeigen Sie mal Ihr Teil 1! Absetzen! Aufmachen! Aha, da fehlt doch was? Wo sind die vollständigen Handtücher? Keine Taschentücher? Wieso? Wo wollen Sie hinrotzen, Mann? Wo sind die vorgeschriebenen zwei Paar Socken? Keine Kragenbinden? Wo ist Ihr Kopfschutz? Halbleer, das Teil. Wohl Gewicht sparen, was? Ach nee, aber eine Flasche Vita-Cola, und gleich drei Packungen Zigaretten. Los rauf und in Ordnung bringen! Aber dalli! Wir warten, Genosse! X + 5 sind Sie wieder hier! Und Sie? Was grienen Sie so? Na, das wird Ihnen heute noch vergehen, Genosse. Wo ist Ihre Gamma-Plane? Vergessen? Und die Maske auf der falschen Seite. Lernen Sie das nie? Ab, nach oben, Plane holen! Im Laufschritt, marsch … Klar, da wächst der Unwille und unsere Wut. Wir kochen schon, obwohl wir noch keinen Schritt gelaufen sind.

Dann das Wetter. Ich sage dir, vollkommene Scheiße. Verdammt. Der liebe Gott hat kein Erbarmen mit uns. Er ist auf der Seite der anderen. Es nieselt, dünner, feiner Regen geht nieder, ohne Pause. Luftfeuchtigkeit, weiß nicht, aber bestimmt über 90 Prozent, man kann den Nebel riechen. Und kalt ist es auch, nicht einmal 10° C. Das kann was werden. Wir werfen uns Blicke zu. Wie eine Hammelherde im Pferch vor dem Austrieb, so fühlen wir uns. Einer, ich kann nicht ausmachen wer, hat wahrscheinlich dasselbe gedacht – er blökt wie ein Schaf. Ein Zweiter fällt ein, dann ein Dritter.

Ruhe! Verdammt! Holzknie brüllt. Wollt ihr wohl still sein, ihr, ihr … Einer lacht. Wolltest wohl „Hammel“ sagen? Holzknie macht ein finsteres Gesicht, auch ihn kotzt der Ausbildungstag an. Wir wissen, er wird seine Laune an uns auslassen. Er steht vor uns, leichter bepackt, ohne Teil 1 und 2, ohne Gammaplane und Maske, aber mit Helm und Spaten. Der hat's gut, das Schwein. Ich schaue zu Katzschmar. Sonst hätte er bestimmt gemuckt, heute ist er still, er starrt vor sich hin, nicht links, nicht rechts glotzt er. Arme Sau. Wetten, er hat die Gedanken bei seiner Sache mit dem BGS. Das Unheil tickt, aber niemand weiß, wann es zuschlägt. Auch die anderen Heimis stehen verdrossen und halten die Schnauze. Schnulli, Otto und die anderen. Sie wollen nichts riskieren. Der letzte Urlaub vor dem Heimgang steht an. Zivilklamotten mitbringen. Sowas darf man nicht gefährden.

*Gewehr über! Teil 2 aufnehmen! Ohne Tritt Marsch!*

Die ganze Scheiße nimmt ihren Lauf. Zuerst müssen wir einen Teil unseres Marschgepäcks auf der Ladefläche der LOs deponieren, aber unsere Hoffnungen lösen sich auf, man hat kein Erbarmen, Teil 1 und Gamma-Plane und alles andere bleiben am Mann, nur das Teil 2 dürfen wir ablegen, doch das wiegt nicht viel; dann wieder antreten, ein Fußmarsch zum Ausbildungsgelände schließt sich an. 15 Kilometer. Das Übungsgelände liegt tief im Hinterland, Feldwege, Wald, blanken Acker, unwegsames Gebiet werden wir durchqueren. Bei dem Wetter! Wehe dem, der keine eingelatschten Stiefel oder etwa frische Socken angezogen hat. Qualen ohne Ende, Schmerzen und Blasen erwarten ihn. Luftbereifung! sagen wir zu den flüssigkeitsgefüllten Bläschen an den Fußsohlen. Der Alte lässt sich im Jeep fahren, er zuckelt im Schritttempo hinter uns her, manchmal lässt er anhalten, steigt aus und glotzt durch sein Fernglas, die Zugführer sitzen als Beifahrer im LO. Ich sehe Buddy, wie er fett und lässig auf der rechten Seite sitzt, das Fenster offen, und wie er seinen Zigarettenqualm mit der Hand hinauswedelt, der LO-Fahrer ist Nichtraucher, der wird ihm schon gesagt haben: Genosse Oberleitnant, effnen Sie bitte dos Fanster! Iech vatrog dos Gequorze net! Er stammt aus dem tiefsten Erzgebirge, sein Dialekt hört sich grässlich an. Keiner kann sein Gebergsch richtig nachsprechen.

Nur die Unteroffiziere müssen mit uns latschen, doch die haben ja kein Marschgepäck.

Die Ersten von uns jammern nach fünf, sechs Kilometern. Einer, ein kleiner Blondschopf aus dem ersten Zug, er wird Bischi gerufen, er stammt aus einem thüringischen Nest ganz in der Nähe, hat sich an den Straßenrand gesetzt, die Stiefel ausgezogen, die Fußlappen auseinandergeklappt, Fußlappen! Der Idiot! und betrachtet nun seine roten, entzündeten Ballen. Er könne nicht mehr weiter, sagt er zu seinem Unteroffizier, ein Bauerntrampel aus der Börde. Doch der kennt keine Gnade. Das sieht doch gar nicht schlimm aus, Genosse, keine Blasen, kein Blut. Los aufstehen! Weiter! Und als Bischi mit weinerlichem Gesicht aufgestanden ist und auf den Weg zurückhumpelt, brüllt er:

Schließen Sie auf, Mann! Reißen Sie sich zusammen!

Die Kompanie marschiert inzwischen ohne Halt. Wir haben die Köpfe gedreht und den Vorgang mit Bischi zur Kenntnis genommen, hämisch, mit oder ohne Schadenfreude, gleichgültig, solidarisch, je nachdem, aber ohne Kommentar, schweigend. Plötzlich bekomme ich einen Stoß in den Rücken! Holzknie hat mir einen kurzen Schlag mit dem MPi-Kolben versetzt. Was glotzen Sie zurück, Genosse! Vorn spielt die Militärmusik!

Ich sage nichts, blicke nach vorn, dem Vordermann ins Genick, wie man blicken soll während des Marsches. Wenn ich diesem verdammten Hund doch endlich einmal eins versetzen könnte. Ich tausche mit Karli, der neben mir geht, einen Blick. Er hat Holzknies Attacke gesehen. Aber auch Karli sagt nichts, indes ich sehe, er denkt wie ich. Überhaupt haben wir hier gelernt, uns mit Blicken zu verständigen. Manchmal sehen wir uns an und wissen sofort, was in dem anderen vorgeht. So braucht man sich nicht das Maul zu verbrennen und weiß sich dennoch im Einverständnis.

Der Regen hat aufgehört. Wurde aber auch Zeit. Die Uniformen sind ganz schön nass. Sie sind zwar imprägniert, aber mit den Regentropfen sammelt sich die Kälte. Von innen her dampfen wir, aber außen ist unsere textile Haut kalt und feucht wie eine Froschhaut. Wir stapfen über ein Ackerstück. Es ist frisch gepflügt, schwarz glänzen die Schollen. Die Erde dampft und ist schwer vor Nässe. Was die Bauern dazu sagen werden, wenn eine ganze Kompanie von hundert Mann über ihre Felder trampelt, eine Spur zieht so breit wie ein Feldweg. Der Boden wird sinnlos verdichtet, sie werden neu ackern müssen. Ist das die Achtung, die unsere bewaffneten Organe der Arbeit der Genossenschaftsbauern entgegenbringen? Man sollte es im Polituntericht mal diskutieren. Aber das traut sich keiner, und solche Fragen werden sowieso sofort abgewürgt oder als staatsfeindliche Propaganda abgetan. Die Fahrzeuge fahren natürlich nicht über den Acker, sie würden stecken bleiben. Der Aufwand, um sie herauszuziehen, wäre zu groß. Das scheinen die Offiziere begriffen zu haben, weswegen sie mit den Fahrzeugen auf den Grünstreifen am Rande bleiben. Wir sehen sie langsam dahinholpern. Auch hier bleibt der Jeep vom Alten ab und zu stehen. Wieder steigt er aus und betrachtet unser Marschieren mit dem Fernglas. Ich weiß nicht, ob er dabei schadenfroh grient. Ein Schinder ist er auf alle Fälle. Das hab ich daran gesehen, wie er bei Schleifereien in der Kaserne oder bei Bestrafungen mit einem zufriedenen Lächeln dabeistand und wie seine gelbgrünen Augen vor Freude aufblitzten. Es macht uns Schwierigkeiten, über den Acker zu kommen. Bei manchem bleiben die Stiefel im tiefen, nassen Boden stecken. Es ist eine Sauerei, wir verdrecken uns Strümpfe und Fußlappen, wenn wir wie die Störche auf einem Bein herumhopsen und den versunkenen Stiefel herauszuziehen versuchen. Doch glücklicherweise passiert das nur wenigen, die meisten schaffen die Ackerüberquerung ohne Stiefelverlust. Trotzdem, es hat uns viel Kraft und Anstrengung gekostet, mit dem schweren Scheißmarschgepäck auf dem Rücken. Wir sind durchgeschwitzt und unsere Laune nähert sich dem Nullpunkt.

Nach vier Stunden quälendem Marsch, nur eine kleine Rauchpause von zehn Minuten gab es, kommen wir an unserem Ziel an. Es ist ein Truppengelände mit großen gelben „*Betreten verboten!*“-Schildern. Na, wenigstens eine erfreuliche Sache! sagt Karli neben mir und zeigt auf den Technik-LO mit der Gulaschkanone. Das Fressen ist da! Auch die anderen wenden die Köpfe. Ein *Ah!* und ein *Oh!* Sogar einen Begeisterungspfiff wagt einer. Wie leicht wir Soldaten doch zu beruhigen sind. Du erinnerst dich: Fressen und Weiber!

Offenbar war der Bulettenschmied mit dem Schirrmeister bereits vor unserem Abmarsch losgefahren, denn das schwarze Ofenrohr der Gulasch-Kanone stößt eine kleine graue, sich kräuselnde Rauchsäule aus. Und ein bisschen riecht es schon nach der obligaten Erbsensuppe mit Speck ... Speichel bildet sich auf unseren Zungen.

Es wird eine Pause von einer Dreiviertelstunde befohlen.

*Wegtreten! Ausrüstung ablegen!*

Wir erleichtern uns, legen das Marschgepäck ab, auch die Maske, den Spaten, stellen die Knarren zu Pyramiden. Ein paar von uns schlagen sich in die umstehenden Büsche.

*Pinkeln!* Gottseidank! Das tut gut! hört man sie stöhnen. Einer lässt beim Pinkeln einen Koffer stehen. Du Sau! Wie das stinkt!

*Antreten zum Essensempfang.*

Das hättest du sehen müssen: Wir schnappen uns unsere Kochgeschirre, trotten zur Feldküche, zugweise wird das Essen ausgegeben. Wir stehen in einer langen Reihe, die langsam vorrückt. Karli, was hängst du deinen Rüssel in dein Aluteil? Der Kleine zieht die Nase kraus. Es würgt ihn. Siehst du, sage ich und feixe, jetzt rächt es sich, wenn man es das letzte Mal nicht gründlich gereinigt hat.

Ich muss gleich kotzen, schimpft Karli, richtig schimmliger Bodensatz. Hier schau! Er reicht mir sein Kochgeschirr. Ich sehe hinein. Tatsächlich, am Boden ein schwarzer Schimmelbelag.

Fehlen nur noch die Maden, dann hättest du gleich Fleischbeilage! Ein paar lachen. Was mach ich jetzt? fragt Karli. Rede mal mit Holzknie, ob er dich raustreten und dein Geschirr reinigen lässt. Wasser haben die ja hier bei der Feldküche, sogar heißes. Karli rückt an seinem Käppi, dreht das Koppelschloss in die Mitte und geht zu Holzknie. Ich kann nicht hören, was sie reden, aber ich sehe Holzknie lachen und den Kopf schütteln. Karli kommt zurück. Er hat die Schnauze voll. Er soll das Kochgeschirr benutzen, so wie es ist, in diesem kotzmiserablem Zustand, damit er sich für die Zukunft merkt, das Teil immer gut zu reinigen.

Ich sage, ach Karli, flenn nur nicht, weißt du bei der heutigen Mahlzeit merkst du gar nichts, darfst eben nicht bis zum Grund löffeln, ein bisschen vorsichtig, immer den Löffel nicht bis zum Boden und nicht kratzen, lässt ein paar Zentimeter drin und das kippst du dann weg. Zum Schluss machst du eine gründliche Reinigung wie wir alle und es ist o.k. Karli starrt mich ungläubig an. Schmeckt man da wirklich nichts? Ob sich der Schimmel nicht löst und mit der Suppe vermischt? Aspergillus niger! Schwarzschimmel soll enorm giftig sein.

Mensch, du hast wohl studiert? lache ich.

Nein, will ich erst, aber sowas weiß man eben.

Klar! sage ich, aber du brauchst keine Angst zu haben, wo denkst du hin, sage ich väterlich, der Pilz wird dir nichts tun. Du wirst schon sehen … Wusste gar nicht, dass der kleine Karli so gebildet ist und auch so ängstlich, macht sich ja beinahe in die Hosen.

Endlich sind wir dran. Na gib mal ordentlich was rein! sag ich zum Bulettenschmied. Der blinzelt mich durch seine ewig fettige Brille an. Hier bekommt jeder gleich, Mann, geb sogar den Offizieren keinen Schlag mehr. Doch dann feixt er und verabreicht mir eine viertel Kelle extra. Und die Kelle ist riesengroß, kann einen Kindernachttopf bis zum Rand füllen. Die Suppe blubbert in mein Kochgeschirr, sieht richtig gut aus, gelb, kräftig und dick und sie riecht herrlich, mit daumengroßen Stücken Rauchfleisch drin. Dazu gibt es eine Scheibe frisches Brot und einen Apfel. Wir setzen uns in Gruppen zusammen und löffeln los, gierig und mit Appetit. Ein paar schlingen hastig wie die Tiere, sie kleckern sich den Erbsenbrei auf die Brust. Ein toller Anblick. Es sieht aus wie angetrocknete gelbgrüne Kotze.

Auf einmal, stell dir vor, Blondi kommt vorbei, schüttelt den Kopf. Er ist Unteroffizier im 1. Zug. Angeblich will er Medizin studieren. Er trägt eine auffallende Brille und einen ständigen Pickel auf der Nase. Schnulli, der Karl-May-Kenner ist, sagt, das wäre eine Aleppo-Beule. Na? sagt Blondi, wo habt ihr Essen gelernt? Esst gefälligst anständig, Leute! Wie die Kleinkinder, so was! Er lacht, geht weiter, wir sehen ihm nach – er sieht seltsam aus, der Kerl, mit seinem schmalen langen Kopf und den bernsteinfarbenen Augen wie ein Schäferhund, dazu der federnde Schritt, auch schnüffelt er so; klar, dass wir ihn „Blondi“ nennen …

Aber, nun pass auf: Nach dem Essen sollte die Chose dann erst richtig losgehen: Wir müssen antreten, wieder mit Marschgepäck und dem ganzen anderen Rotz, und werden entsprechend eingeteilt. Unser Zug wird über ein Stück Sturzacker gejagt. Hinlegen! Auf, marsch, marsch! Buddy und Holzknie haben abwechselnd das Kommando übernommen. Der Zugführer ist sowas nicht gewöhnt, er brüllt sich heiser und bleibt am Waldrand stehen. Holzknie macht alleine weiter.

Dann, das Schönste! Wir sollen uns eingraben! Schützenmulden buddeln! Hier mitten auf dem Acker. Mitten hinein in die nasse, schlammige Erde. Eine Riesenscheiße! Aber was sollen wir machen? Wir müssen.

Einer muckt doch auf. Es ist ausgerechnet Otto, unser ruhiger Vati, der sonst kaum das Maul aufbringt. Ihm seien die Sockenhalter geplatzt, brüllt er, egal, und wenn er keinen Urlaub bekäme ... Das ist Schikane! mault er weiter, dafür müssten Sie bestraft werden, Genosse Oberfeldwebel! Schikanen sind nicht erlaubt. Wir können uns auch auf der Wiese eingraben! Ich werde mich beschweren, und vielleicht gibt's dann eine Untersuchung!

Wie reden Sie mit Ihrem Vorgesetzten, Genosse Gefreiter! brüllt Holzknie und läuft rot an, sind Sie übergeschnappt? Sie haben hier nicht das Wort! Verstanden?! Was wollen Sie? Eine Untersuchung? Herkommen! Wiederholen Sie das noch einmal!

Otto springt auf, geht zu Holzknie, legt die Hände an die Hosennaht, steht stramm.

Also, wiederholen Sie Ihre Beschwerde! Los! Holzknie wirkt nicht, als ob er aus der Fassung wäre, er grient unverschämt, wahrscheinlich ist ihm eine neue Gemeinheit eingefallen.

Otto, in strammer Haltung, wiederholt. Er fängt, jetzt einen halben Meter vor Holzknies Antlitz, zu stottern an und er spricht zu leise. Holzknie: Lauter, Genosse Gläser, wir hören nichts! Otto wiederholt noch einmal, er habe gesagt, diese Art der Übung sei Schikane, es gäbe auch andere Möglichkeiten, zum Beispiel auf der Wiese da hinten, und er werde sich beschweren, auch eine Untersuchung solle stattfinden ... Holzknie feixt, hält seine hohlen

Hände hinter die Ohrmuscheln: Wir hören immer noch nichts, Genosse! Wiederholen Sie!

Otto, nun zum dritten Mal, wiederholt seinen Text. Holzknie lässt ihn ausreden, dann brüllt er: *Zug stillgestanden!*

Wir springen aus unseren nassen, schlammigen Schützenmulden.

Zur Rauchpause weggetreten! Achtung: Kommando gilt für Genossen Gläser!

Holzknie wendet sich Otto zu: Wir beide werden jetzt ein bisschen üben. Sie sprachen von Schikane? Nun sollen Sie Grund für diese Behauptung bekommen. Und unvermittelt brüllt er los: Stellung! Vorwärts gleiten, marsch! Auf marsch, marsch! Stellung! Und so weiter.

Otto muss sich immer wieder auf den Acker werfen und vorwärts robben, Holzknie läuft gemächlich, Schritt für Schritt nebenher. Dann plötzlich: Gas! Atomalarm! Wir stehen beisammen und halten den Atem an. Der Otto, das arme Schwein. Jetzt muss er die Gamma-Plane anlegen und die Gasmaske aufsetzen. In wenigen Minuten wird er unter der Plastikhaut wie eine Sau schwitzen, dass ihm das Wasser in der Gasmaske bis zum unteren Rand der Augengläser schwappen wird. Fassungslos sehen wir zu, wie Holzknie, dieser verdammte Schleifer, unseren Kameraden in dieser furchtbaren Ausrüstung über den nassen, schweren Acker jagt. Es ist nur eine Frage der Zeit, dass Otto zusammenbricht. Diese Tortur hält der Stärkste nicht aus. Auf einmal sehen wir Buddy vom Waldrand kommen. Er bleibt bei Holzknie stehen. Wir können nicht hören, was er zu ihm sagt, denn es sind mindestens 50 Meter Entfernung, aber es müssen drastische Worte sein. Holzknie nimmt Haltung an. Wir überlegen: Was ist mit unserem Zugführer los? Er ist doch sonst kein Menschenfreund. Hat Holzknie den Bogen überspannt oder will Buddy bei uns punkten? In vier Wochen findet eine Weihnachtsfeier mit Tanz statt. Will er sich dafür lieb Kind machen, damit wir ihn, wenn wir besoffen sind, nicht anfurzen? Wer weiß. Otto muss sich erheben, langsam, mit weichen Knien wankt er auf die beiden zu. Er sieht mit seiner hellgrauen Maske und dem braunen Plastikanzug wie eine Schauergestalt oder wie ein Raumfahrer vom Mars aus. Aber er bringt vor dem Zugführer immerhin noch eine stramme Haltung zustande, hebt die rechte Hand grüßend zum Kopf. Es fallen ein paar Worte. Er darf wegtreten, tapsig kommt er auf uns zu. Er schnauft wie ein Blasebalg. Dann schält er sich aus dem braunen Atomanzug, reißt sich die Maske vom Kopf, seine Haare stehen wirr in alle Richtungen, der Atem geht ihm wie bei einer Rangierlok, stoßweise sagt er: Das … werde … ich … dem … Schwein … nicht … vergessen! Natürlich meint er Holzknie. Wir nicken und murmeln Zustimmung. Einer sagt: Wart nur ab, Otto, den kriegen wir schon und dann gibt es doppelt und dreifach zurück.

Aber, weißt du, die Übung geht weiter. Wir müssen zurück in unsere Mulden, die bei manchem inzwischen halb abgesoffen sind, denn es hat wieder geregnet. Wir spielen die eingegrabenen Verteidiger, müssen rumballern. Mit Platzpatronen! So eine Scheiße! Ausgerechnet mit Platzern, damit die Knarre wie nichts verdreckt und verrußt. Bei Platzpatronen ist das Waffenreinigen eine große Scheiße. Der Lauf und das Schloss, selbst die Gasdruckzuleitung sind mit Ruß millimeterdick bedeckt, ein öliger schwarzer Film, wie aufgesprühtes Graphit, der sich nur schwer und mit ziemlichem Aufwand entfernen lässt. Deshalb schießen wir nicht gerne mit Platzpatronen, und die Erfahrenen unter uns geben nur ein paar Schuss ab, feuern nicht das ganze Magazin leer. Holzknie weiß das. Er kommt heran. Brüllt mich an!

Warum schießen Sie nicht richtig, Genosse Malef? Wollen sich wohl beim Waffenreinigen Vorteile verschaffen? Aber daraus wird nichts. Geben Sie einmal Ihre Waffe her. Ich weigere mich. Die Waffe gibt man nicht aus der Hand! Sie ist die Braut des Soldaten. Ich weiß, sagt Holzknie und lacht, es ist Ihre Braut, ich will nur sehen, ob sie richtig funktioniert und nicht etwa Ladehemmungen hat. Und, als ich zögere: Na los, geben Sie schon her, Mann! Ich reiche ihm meine Knarre. Er hält sie schräg in die Luft und schießt mein ganzes Magazin leer. Sehen Sie, Genosse, so muss man mit der MPi schießen. Dann wechselt er das Magazin, legt sein eigenes ein und ballert auch das in die Luft. Dazu grient er höhnisch. So ein verdammter Hund. Er gibt mir die Waffe zurück. Ich sage (hätte ich doch nur die Schnauze gehalten): Vielen Dank für die Verdreckung, Genosse Oberfeldwebel!

Was haben Sie gesagt? brüllt Holzknie, ja seid ihr denn heute alle verrückt geworden? Und nach einem Blick auf meine Körperhaltung, ergänzt er: Wie liegen Sie denn überhaupt in Ihrer Mulde, Mann? Ich habe, weil in meiner Mulde das Regenwasser zu einer kleinen Pfütze zusammengelaufen ist, mich ein bisschen auf eine Seite gerollt und den Hintern sozusagen schützend erhoben. Ehe ich antworten kann, stellt mir Holzknie seinen rechten Dreckstiefel auf den Arsch und drückt mich in die kalte Brühe. Dazu sagt er freundlich: Sehen Sie, so, Genosse Soldat, bleiben Sie jetzt liegen. Soll Ihnen im Gefecht der Feind den Steiß wegschießen? Wenn ich doch nur scharfe Mumpeln hätte, überlege ich. Ach was, blöder Gedanke, auch dann hätte ich nichts gesagt und die Schnauze gehalten. So sind wir eben, feig und duckmäuserisch …

Holzknie, der Schinder, geht weg und zu den anderen, die neben mir liegen. Auch dort benimmt er sich in derselben Weise, jagt die Platzer durch die Läufe, schnauzt rum und freut sich, wie wir in der Nässe liegen und die Schnauze voll haben. Das ist seine Art, sich abzureagieren und seinen Unwillen wegen des Ausbildungstages an uns auszulassen.

Am Abend sind wir, in übelster, depressiver Laune, halb erfroren, nass und mit verdreckten Klamotten und kaputter Ausrüstung, von den LKWs in die Kompanie gefahren worden. Einen Rückmarsch hat man uns nicht zugemutet, und ich glaube, ein paar von uns hätten das nicht mehr ausgehalten, sie wären umgekippt oder es hätte doch noch eine Revolte gegeben.

Immer, wenn die Schwingtür aufging, schwappten in die Herrentoilette ein paar Töne aus dem Saal, wo die Orion-Combo aus Meiningen spielte, und mischten sich mit dem leisen Rauschen der Piss-Rinne. Geh zu ihr und lass deinen Drachen steigen, geh zu ihr … rum taff taff, rum taff taff – überlaut schepperte das Schlagzeug und der Spiegel gleich neben dem Eingang erzitterte, sodass das eigene Gesicht, wenn man hineinblickte, unscharf wurde. Wenn die Tür dann mit leisem Knarren in ihre Ausgangsstellung zurückgeschnappt war, erstarb die Musik, sie klang gedämpft wie beim Nachbarn in der Platte und es verstärkte sich wieder die Akustik der Wasserdüsen, die die Rinne versorgten, und man hörte jetzt auch die Toilettenbenutzer, fast allesamt Soldaten unserer Grenzkompanie, wie sie, angedudelt von den Bieren und den Schnäpsen, all den kleinen und großen Pfeffis, Wodkas und Kümmels, ihre Witze erzählten oder irgendwelchen Schnickschnack zum Besten gaben.

Karli stand neben mir an der Rinne, er fuchtelte mit einer Hand, in der er eine Zigarette hielt, und rief: Ach die? Die hab ich vorhin an der Bar gesehen. Die hat andauernd zu dir rübergestarrt, aber du warst ja so beschäftigt mit der langen Schwarzen. Und sie hat sogar nach dir gefragt, wie der mit dem Igelschnitt heißt, fragte sie und sie hat mit dem Finger auf dich gezeigt. Wollt dich schon rufen, aber plötzlich war sie weg, die Kleine. Weiß nicht, wo die hingelaufen ist …

Die Asche kippte von seiner Zigarette und segelte in die Pissrinne. Er blickte ihr nach und kicherte sinnlos.

Was? brüllte ich erregt. Die wollte meinen Namen wissen? Warum hast du ihn ihr nicht gesagt, du Hammel?

Ich wusste doch nicht …

So ein Blödmann, das ist doch die Kleine von der Wiese. Ich hab dir davon erzählt.

Weiß ich doch nicht, wie ernst es dir ist, oh, ah … ha, ha – und Karli prustete los, er bekam einen Lachanfall, krümmte sich. Er war in jenem Stadium der Alkoholisierung, wo einem alles zum Bersten lustig vorkommt, wo alles noch lustiger wird, je lauter man es hinausbrüllt.

Die Weihnachtsfeier mit Tanz unserer Kompanie im Gasthof „Waldeslust“ in Eucha ging nun schon fast drei Stunden, es war ein wildes Vergnügen, ausgelassen, mit Strömen von Alkohol. Unser Polit, Major Bünger, hatte beim Grenzkommando durchgesetzt, dass wir für zwei volle Tage aus der Grenzsicherung herausgelöst wurden. Er wollte vor aller Augen beweisen, die Bevölkerung des Grenzgebietes und die Soldaten gehören zusammen. Unter der Dorfjugend im Umkreis unseres ganzen gottverlassenen Grenzgebietes hatte es sich schnell herumgesprochen, die bekannte Orion-Combo aus Meiningen würde spielen, eine begehrte Kapelle, die es mit den Prozenten Ost/West nicht so genau nahm, die bekannte Ostrocktitel nachspielte und sagenhaft beliebt war, und auch mit uns Soldaten hatten die Jugendlichen kein Problem, im Gegenteil, man kam gut miteinander aus, und die Mädel waren rattenscharf. Was wollte man mehr. Damit es keine Vorkommnisse gab, war eine kleine Truppe von sechs Mann befohlen, die darüber zu wachen hatte, dass nichts passierte. Sie tranken nichts und patroullierten um den Gasthof. Sie hatten sich, bis auf zwei, drei Ausnahmen, freiwillig zu diesem Dienst gemeldet, den Befehl hatte Oberfeldwebel Jürgen Kniewedel, Holzknie, übernommen.

Die Wasserdüsen über der Rinne sprühten, eine hatte ausgesetzt, erst hatte sie das Wasser unregelmäßig abgegeben, dazu ein rotziges Geräusch gemacht, dann ganz aufgehört, irgendwo hinter einer Tür in der Reihe der WC-Kabinen übergab sich einer. Dann flog wieder die Schwingtür auf und die Orion-Combo dröhnte vom Saale her mit einem nachgespielten Song der Beatles *„Lady Madonna"* herein. Das überlaute rhythmische *„dupp-di-dupp-di-dupp-dupp"* störte mich nicht weiter. Ich stand am Waschbecken und schaute in den vibrierenden Spiegel. Ich hatte ein gutes Gefühl, von drei, vier Bieren und einem Wodka in Stimmung gebracht, bleckte ich die Zähne, ließ die Augen rollen, bestaunte mein kantiges Kinn, das, weil ich mich am Morgen nicht rasiert hatte, ungebärdig und abenteuerlich aussah. Ich sehe spitze aus, phänomenal, dachte ich. Wenn man nur dieses Super-Weltgefühl hinüberretten könnte und am nächsten Tag, wenn man wieder in den Spiegel schaut, genauso empfindet. Dann fiel mir die kleine Rotblonde wieder ein. Sie würde mich sicher auch spitze finden, so unüberwindlich wie ich mich jetzt fühlte, alle fänden mich Spitze. Wo sie nur hingerannt ist?

Eh, Rubens, so nannten sie mich manchmal, wenn ich nackte Weiber zeichnete, „Rubens – der Weibermaler", eh Rubens, bist du o.k.? Ich riss mich vom Spiegel los und sah Karli, der hinter mir gestanden und den ich bei meiner Selbstbeschau nicht bemerkt hatte. Karlis Augen blitzten unternehmungslustig. Oder war es bloß die Trunkenheit? Ich überlegte kurz, ob ich Karli erzählen sollte, wie einmalig klasse ich mich fände, doch dann merkte ich, der Kopf und die Zunge würden nicht mitspielen, ich würde weder die richtigen Worte finden noch sie unverknotet aus dem Munde bringen, also ließ ich es und machte nur das bekannte Fingerzeichen, das Karlis Frage beantwortete. Doch der hatte auch so verstanden. Er, der Kleinere, langte hoch und schlug mir auf die Schulter: Richtig klasse siehst du aus, Alter! Spitzenklasse! Dazu griente er und schniefte, indem er sich ein Nasenloch zuhielt, einen grünen Fladen auf die kackebraunen Fußbodenfließen. Ich wusste, was das Kompliment in Wahrheit bedeutete, was mein Freund Karli nämlich sagen wollte, war, dass ich ziemlich „down" aussah, ziemlich besoffen also. Ich ahnte, dass er recht hatte. Ich antwortete, bewusst nuschelnd, in meiner sächsischen Mundart: „Hauptsache ich kriechn noch hoch!" Wir lachten und fielen uns in die Arme. Blondi, der gerade hereinkam und an uns vorbeiging, das letzte Wort gehört, aber nicht verstanden hatte, lächelte irritiert.

Karli flüsterte: Los, lass uns mal rausgehen! Frischluft tanken! Vielleicht sitzt deine Kleine irgendwo im Busch, heult sich die Augen aus und quiekt vor Freude, wenn du vorbeikommst. Lach, lach, sagte ich, wie komisch. Aber der Vorschlag war gut. Wir gingen hinaus.

Nun, stell dir vor: Es war eine außergewöhnlich milde Spätherbstnacht, geringe Luftfeuchte, mit einer leichten Brise und einem Vollmond, der sich ab und zu durch das leichte Gewölk schob. Das Mondlicht war hell genug, dass man auch außer der Reichweite der Kneipenlaternen, die vorn und an den Seiten des Gasthofes angebracht waren, prima sehen konnte. Jeden Busch sah man, die aufgestapelten zahlreichen Holzstöße, die kleinen Trampelpfade, die vom Gasthof weg ins Unterholz führten und von Liebespaaren wie von Pinklern seit Langem wuchsfrei gehalten wurden. Auch die Nebengebäude konnte man gut erkennen, niedrige Schuppen, Garagen mit Wellblechdächern, Schleppdächer, unter denen kleine Arbeitsmaschinen und ein paar Fahrräder standen. Die frische Luft, die vom Wald herüberwehte, reinigte meinen Kopf, ich fühlte mich noch besser und ich glaubte jetzt wieder einen zusammenhängenden Satz sagen zu können, ja mein Gefühl erreichte sogar einen neuen Höhepunkt, sozusagen den klaren und reinen Gipfel jeden Rausches, von da ab, wenn man weitertrinkt, es einen den Berg hinabtreibt, um dann an seinem Fuß gnadenlos zu zerschellen.

Ich legte meinen Arm um Karlis Schultern und wir gingen wie ein altes Paar zur Hinterfront des Gasthofes. Wie wundervoll das Leben doch wäre, dachte ich, trotz der ganzen Scheiße, die wir hier am Strich tagtäglich erlebten; wir lebten, waren in Saft und Kraft, alles würde ein Ende haben, wir kämen nach Hause und mir fiel meine Frau und mein Töchterchen ein. Vielleicht würde ich wieder zu schreiben anfangen oder zu malen, richtige Malerei zu machen, ein wunderbares Leben läge vor mir, ach und eine wohlige Wärme durchströmte mich, eine warme Welle der Rührseligkeit und es hätte nicht viel gefehlt, ich hätte Karli auf die Wangen geküsst. Ich sah die hohen Bäume, das Unterholz, den dunklen Horizont, den Mond, der darüberwanderte, genoss die Stille, nur ab und zu summte wie Fetzen aus Tönen die Musik aus dem Saal an mein Ohr, und es war sogar, als sickerten mir ein paar Worte in den Sinn, die sich wie die Anfänge eines Gedichtes anhörten.

Plötzlich, pass auf! entwand sich Karli meinem Arm und hob die Hand. Die erhobene Hand mit der Handfläche nach vorn. Das Signal, im Grenzdienst erprobt, sofort mucksmäuschenstill zu sein. Stehen zu bleiben. Zur Salzsäule zu erstarren. Nichts zu sagen. Kein Sterbenswort. Doch wir hatten ja gar nichts gesagt. Wir waren ja still und stehen geblieben waren wir auch.

Da gab Karli mir ein Zeichen, nach vorn zu einem der Holzstöße zu schauen. Unwillkürlich duckten wir uns hinter den Stamm einer mächtigen Buche. Jetzt, Wahnsinn, ein Bild für die Götter: Keine zehn Meter vor uns, im Mondlicht gut zu erkennen, sahen wir zwei Gestalten. Die eine lag mit dem Rücken an die Holzscheite gelehnt, die Hosen bis zu den Knöcheln heruntergelassen, die Jacke daneben, silberne Schulterstücke glitzerten hervor, eine

Pelzmütze lag obendrauf, die im Mondlicht leuchtenden weißen Oberschenkel waren weit auseinandergestreckt. Die andere Gestalt war jünger, aber auch die in Uniform, wahrscheinlich ein Soldat, die Bärenfotze einen Meter weg, wie schnell abgeworfen. Er kniete zwischen den Schenkeln des Älteren, und sein Haarschopf bewegte sich über dem Schoß auf und ab. Wir hörten den Liegenden leise stöhnen „Ooohhh, aaahhh, jaaa, guuut, mach weiter …".

Karli zuckte hinter den Stamm der alten Buche zurück. Oh, verdammt! hauchte er mir ins Ohr. So eine Scheiße! Hast du das gesehen? Der Weingärtel liegt da vorn am Brennholzstapel und lässt sich einen blasen.

Wer ist der andere?

Weiß nicht, kann ich nicht erkennen.

Was machen wir??

Scheiße, zischte Karli! Pssst! Vorsicht!

Zu spät. *Wumm!* Eine starke Hand schloss sich um meinen rechten Oberarm und eine Stimme, gepresst, voller Aggressivität, allerdings geflüstert, sagte: Was macht ihr hier, ihr Spanner! Wir fuhren herum. Es war nicht die Patrouille, es war Holzknie solo.

Karli und ich, wir dachten an nichts in dieser Sekunde, wir fühlten nur, wie das Adrenalin in unsere benebelten Hirne schoss. Wir waren aufgepumpt und wie gedopt. Karli schlug als Erster zu. Ich hätte dem Kleinen gar nicht solche Schlagkraft zugetraut. Mit der blanken Faust hatte er dem Oberfeldwebel von der Seite an die Halsschlagader gehauen. Holzknie lies mich los und griff sich an den Hals. Er wankte. Ohne mich zu besinnen, traf ich ihn mit der Faust in den Magen oberhalb des Koppelschlosses. Der Getroffene krümmte sich, verzog das Gesicht zu einer schmerzhaften Grimasse. Karli gab ihm noch eins von hinten ins Genick.

Holzknie sackte mit einem „Uff Fjii" zusammen, aber er gab keinen weiteren Laut von sich. Er lag, ich sage dir, wie ein gefällter Riese, die Augen geschlossen. Karli: Keine Angst, der wird gleich wieder munter oder er tut nur so. Wahrscheinlich stellt er sich tot, die feige Sau. Karlis Stimme zitterte vor Wut. Wir standen auf, klopften uns den Dreck von den Klamotten. Karli bückte sich noch einmal zu dem Liegenden herab:

Halt bloß deine Schnauze, du Sack! Sonst wird öffentlich, wen du hier und warum beschützt hast. Ich wette, der liebe Major würde auch nicht wollen, dass du quatschst. Bye!

Ja, glaub mir, es war so: Wir ließen ihn liegen und gingen zum Haus zurück. Erst liefen wir schweigend, nur weg, nur weg, beim Umdrehen sahen wir die Stelle am Holzstoß leer. Der Genosse Major und sein Bläser hatten sich aus dem Staub gemacht. Kurz vor dem Haus, im Schutze eines Garagendaches beratschlagten wir uns. Natürlich waren wir jetzt stocknüchtern. Ich fühlte mich schwach auf den Beinen. Ob da was nachkommt? fragte ich. Glaub ich nicht, sagte Karli, die sind doch froh, wenn wir die Schnauze halten. Aber warum der Holzknie ...? Er brach seinen Gedanken ab. Ich sagte, na wenigstens hat der mal eine Abreibung gekriegt, hätte sich doch verpissen können, der Arsch, und uns nicht gleich gewalttätig antatschen sollen – trotzdem, mir kommt das Ganze ziemlich seltsam vor. Vielleicht hat der famose Major eine Art Club gegründet, eine warme Bruderschaft? Aber dass der Holzknie zu denen gehören soll? Nein, das fasse ich nicht ... da muss es noch andere Zusammenhänge geben ... irgendwas stinkt hier!

Wir unterbrachen unser Gespräch, weil ein paar aus dem Haus gestolpert kamen. Die waren stockbesoffen, zwei von ihnen stürzten taumelig auf die Schlehdornbüsche neben dem Eingang zu und reiherten ihre Mägen leer. Rrrooaaahh! Uuaarrgg! Die anderen rauchten und erzählten sich irgendwelche Witze. Einer pisste an die Hauswand. Plötzlich erschien ein Mädel, sie sah den Pisser, quiekte, kicherte los und rannte wieder ins Haus ...

Na, gehen wir rein, sagte Karli, mir ist zwar alle Lust vergangen, vielleicht besauf ich mich jetzt erst einmal, du kannst ja weiter nach deiner kleinen Rotblonden suchen. Vielleicht findest du sie doch noch irgendwo. Lauf mal rum. Es gibt hier im Haus noch verschiedene Räume, oben ist ein Kinovorführraum, auch Umkleideräume, Billardzimmer, Fernsehraum, Tischtennisraum, Kulturhausbetrieb – der ganze Scheiß eben, hier gibt's vier Mal im Monat Kino und jeden dritten Sonnabend Familientanz mit Kulturprogramm. Manchmal kommt irgendein Schlagersänger aus Erfurt oder Suhl, aus Berlin ist noch nie einer gekommen. Vielleicht hockt deine Kleine da irgendwo rum und flennt. Womöglich ist sie aber auch nicht alleine, ha, ha, ha, lässt sich trösten, hi, hi, hi – aber beeil dich, in zwei Stunden ist sowieso Abfahrt. Er schaute auf seine Armbanduhr. Na denn, mach's gut! Ich geh an die Bar.

Woher, dachte ich, weiß der das alles, wie die Kneipe hier funktioniert? Dann fiel mir ein, Karli war im Agitpropzirkel der Kompanie, vielleicht hatte die vor der Weihnachtsfeier drüber geredet oder waren mal hergefahren, sich alles anzugucken.

Jaaah, mach's gut, rief ich ihm nach. Aber er war schon drin, hatte nichts mehr gehört. Ich drehte mich auf dem Absatz, wandte der Tür den Rücken zu, wollte mir erst einmal eine „Juwel" anzünden, ehe ich hineinging. Oooh, aaaah, herrlich, die Zigarette tat gut, ich ließ den Rauch bis tief hinunter in die letzten Lungenbläschen gleiten, stieß ihn langsam aus und spürte, wie das Nikotin seine Wirkung verrichtete, die Gefäße verengten sich, eine wohltuende Erregung wurde fühlbar. Quäle nie ein Tier zum Scherz, die Kippe aber bis aufs Herz! Ich rauchte bis zum gelben Filteransatz, warf den Rest weg, trat ihn aus und ging ins Haus. Sofort schwallte mir der Lärm Hunderter Stimmen entgegen, Gläserklirren, Stühlerücken, Lachen, Gebrüll. Die Combo machte gerade eine Pause, die Tanzfläche war leer.

Eh, Rubens! Wo warst du so lange? Malst du uns ein paar? Hier sind genug Kirschen, komm, zeichne gleich eine im Original aufs Tischtuch. Von der Seitengalerie war einer aufgestanden und auf mich zugekommen. Rotes Gesicht, glasiger Blick. In einer Hand ein Bier, halbvoll, ohne Schaum, es schwappte beim Laufen aus dem Glas. Es war HH aus dem ersten Zug. HH hieß mit Namen Heinz, und da er sich als „Heimi" (= Heimgänger) bezeichnete, nannte er sich kurz und prägnant HH, „Heimi-Heinz". Er kam auf mich zu, legte mir vertraulich den Arm um die Schulter, ich roch seinen abgestandenen Atem, ekelhaft, ich wandte den Kopf zur Seite. Er zog mich zu einem Tisch, an dem noch andere aus seinem Zug saßen.

Hallo Rubens! grölten sie. Los, mal uns ein Weib!

Ich hatte keine Lust, wollte unbedingt noch die kleine Rotblonde finden, wollte wieder weg von diesen versoffenen Urmenschen. Widerstrebend setzte ich mich. Na gut, ne Minute bleib ich. Auf einmal kam einer, dessen Stuhl bis jetzt leer gewesen und der draußen im Freien gewesen war. Auch er war ziemlich im Stoff. Das Koppel hatte er vergessen anzulegen, es hing noch über der Stuhllehne, auch die *Bärenfotze* fehlte, sie lag irgendwo auf dem Fensterbrett hinter einer der staubigen, nikotingefärbten Gardinen, natürlich war er auch ohne Mantel draußen gewesen, nur in der Jacke, die offen stand, grotesk ragte die Kragenbinde neben seinem Hals hervor. Er setzte sich nicht, stützte sich stattdessen mit beiden Fäusten auf die Tischplatte, rülpste, und rief: Wisst ihr, wen ich vorm Haus grade getroffen habe?

Den Weihnachtsmann! rief einer und lachte wie toll.

Nee, antwortete er, den Holzknie hab ich gesehen, aber der sah aus, sag ich euch – mit blauen Flecken am Hals, schlich zum Sani-LO, sah aus, als wäre er von irgendwem schwer vermöbelt worden oder als hätte er den Indianertest gemacht, verbeult und verdreckt, jämmerlich.

Indianertest??

Klar, kennste den nicht – alte Indianerin vergewaltigen und Bären zu Boden ringen …

Ach den? Wo der alles verwechselt und den Bären vergewaltigen will.

Genau, den ….

Jedenfalls, ich sage dir, sah ziemlich zugerichtet aus, unser lieber Genosse Oberfeld.

*Ein Anblick, den man gerne sieht!* rief der, welcher die Idee mit dem Weihnachtsmann gehabt hatte. Alle am Tisch lachten. Einer schlug mit der Faust auf den Tisch, dass die Gläser klirrten. Heidewitzka, Herr Kapitän! Holdrioh! Ein Lied wurde angestimmt.

Ich fragte ihn kurz, fuhr der Erste fort und das Lied erstarb, warum er so zum Kotzen aussieht, und wie das gekommen wäre. Da schüttelte Holzknie nur den Kopf und nuschelte mit seiner zerschundenen Visage: Weiß nicht, Mann, es war dunkel, hab die Kerle nicht erkannt! Ging alles so schnell. Scheiße! Muss jetzt zum Sani, Schmerzen wie Sau, verdammt.

Wieder einer vom Tisch: Da haben sich welche echt verdient gemacht. Müssten einen Orden kriegen, die Jungs. Wieder ertönten ein paar Lacher. Einige nickten. Gegröle!

Herr Ober! Noch Bier hierher! Das müssen wir feiern.

Auch ich verzog den Mund, aber in Wahrheit lachte ich nicht, hoffentlich, dachte ich, hoffentlich kommt da nicht doch noch was nach? Wohl war mir jedenfalls nicht.

HH fiel meine Stimmung auf. Er stieß mich an. Eh, Malef, was machst du für ein Gesicht? Du freust dich wohl gar nicht?

Wenn du Scheißer wüsstest, worauf ich mich freue, dachte ich und sagte laut, nee, bin etwas neben der Mütze, tschuldige! ich such hier ne Kleine, muss die was fragen ...

Was fraaagen? HH lachte laut und scheppernd, schlug mir vertraulich auf die Schulter. Ha, ha, ha, schon gut mein Alter, weiß Bescheid. Geh nur – aber komm wieder! Du weißt, du musst uns noch was zeichnen. Was fragen! Er wandte sich an die anderen. Was fragen! Der Malef ist gut, ha, ha ... aber schon hatte er vergessen, was an mir „gut" war, und auch mich selber hatte er ganz und gar vergessen. Das bestellte Bier war gekommen. Einer am Tisch hatte irgendeinen Witz erzählt. Sie hatten ein neues Thema gefunden ...

Ich stand auf und entfernte mich. Ich ging quer über die Tanzfläche. Sie war nicht mehr ganz sauber, Zigarettenkippen, ein schmutziges Taschentuch, eingeschleppter körniger Straßendreck. Von der Decke, wo sie noch in bunter Vielfalt und Wirrwarr hingen, hatte sich eine Luftschlange gelöst, sie kringelte sich, hellblau, in mehrere Teile zerfetzt, in der Mitte der Fläche. Ich schaute mich um, ließ meinen Blick schweifen, ob ich die von mir Gesuchte nicht irgendwo entdecken könnte ... überall lümmelten Gestalten, an den Tischen, an der Bar, liefen hin und her, quatschten, soffen, lachten, grölten, aber meine Rotblonde war nicht zu entdecken. Wo sie nur wäre? Vielleicht ist sie nach Hause gegangen. Vielleicht wegen mir, dachte ich, weil ich sie nicht beachtet hatte. Blödsinn. Wegen mir! Von wegen. Wo hier Dutzende passable Kerle zu kriegen sind. Und die Kleine und ich, wir kannten uns ja kaum und es war unwahrscheinlich, obwohl Karli gesagt hatte, sie hätte sich nach mir erkundigt, trotzdem, ich glaubte nicht daran. Das muss Zufall sein. Sie hatte mich gesehen, gut, o.k., sich vielleicht dunkel erinnert und dann Karli gefragt. Na und? Kein Grund zur Hoffnung. Warum auch? Dann soll es eben nicht sein. Scheiße! Ich fühlte mich plötzlich sehr müde. Der Alkohol, mein angespannter Zustand, die Schlägerei mit Holzknie. Am liebsten hätte ich mich in irgendeine Ecke gehauen und eine Runde gepennt. Aber, nein. Wenigstens oben wollte ich noch nachsehen, in den Klubräumen, dem Kinovorführraum. Eine vage Hoffnung glimmte noch in mir, vielleicht sitzt sie da und wartet auf mich. Doch zugleich dachte ich, Irrsinn! was ich doch für ein romantischer Trottel wäre. Egal, Trottel hin, Trottel her, ich, der Trottel, stieg die schmutzige Treppe nach oben. Es waren Stufen aus Beton, einheitsgrau gestrichen. Wandölfarbe vermutlich! Oben – Wahnsinn – auf dem Gang zwei Pärchen, knutschend. Das zweite war schon weit gekommen, Hände in der Wäsche, Pullis hochgeschoben. Daneben die Tür zum Billardzimmer halb offen. Ich ging hin, überzeugte mich – leer. Hinten, wo der Gang eine Rechtskurve machte, hockten zwei am Boden, die Uniformjacke als Decke, sie umarmten sich, erschraken aber, als ich näher kam, standen auf und flüchteten. Oh, da der Kinovorführraum! Als ich vor der Tür stand, durchrieselte mich ein altes Gefühl aus Jugendtagen, ich dachte an die heruntergekommenen winzigen Kinos zu Hause mit ihren roten Polstersesseln, an das Surren der Vorführapparate, an die zwei Lichtstrahlen, die sich in den dunklen Zuschauerraum fraßen, sah die Leinwand, hell, groß, mir fielen Filme ein wie „Der Graf von Monte Christo“ mit Jean Marais oder „Der Hund von Baskerville“ oder „Die glorreichen Sieben“ mit Yul Brynner und Horst Buchholz und ich dachte, wie ich im Zuschauerraum gesessen und die Hand tastend nach meiner Nachbarin ausgestreckt hatte, sie war eine meiner ersten richtigen Freundinnen, Beate hieß sie, Beate Hesse, ich erinnerte mich, wie sich unsere Hände vereinigt hatten und uns diese Berührung schon fast wie ein Geschlechtsakt vorgekommen war. Sechzehn waren wir! Zehn Jahre her! Verdammt lang her. Verdammt lang.

Jetzt, du glaubst es nicht: Ich öffnete die Tür des Vorführraumes, eine ziemlich schwere graue Eisentür, darauf ein Schild *„Achtung! Vorführraum! Unbefugten Betreten verboten!"* – und ich sah zwei Menschen liegen – *splitternackt*, mit ineinander verschlungenen Gliedern auf einem wirren Haufen aus Uniformteilen, Jeansrock, lila Pulli, Unterwäsche, BH und Schuhen, darunter eine unordentlich ausgebreitete Filzdecke, direkt vor den beiden Vorführapparaten und einem Regal mit fein säuberlich aufgestapelten silbernen Filmrollen – ineinander verschlungen lagen sie, vögelnd. *Rein, raus, rein, raus* – das Mädchen jammerte, stöhnte: *„Ooooh, ooaahhh, aaaah!"* Sie lag auf der Seite, die Beine, leicht angewinkelt, zeigten zu mir, ich konnte ihr Gesicht nicht sehen, nur das lockige, üppige Haar. *Rotblondes kräftiges Haar! Rotblond!* Prächtige rotblonde Löckchen! Haarkringel über Haarkringel! Nach Art dieser Fernsehmoderatorin vom Jugendfernsehen! Name? Wie hieß sie noch? Weiß nicht. Jedenfalls, ich sah die Haare und der Verstand wollte mir stehen bleiben. *Die kleine Rotblonde!!!* Ich stand wie erstarrt, war baff! Oh, diese fleischig vollen Wölbungen von Po und Schenkeln, das rotblonde Haar, eine Flut rotblonder Haare verdeckte das Gesicht des Mannes, des jungen Mannes. Klar! Mir schoss der Gedanke durchs Hirn: Wer waren die beiden? Wer war das Mädchen??? Ob sie es ist??? Wer war der Kerl??

Ich bekam eine Ahnung. Eh, bist du das, Jöpe? fragte ich zögernd. Der Kerl sah aus, als wäre es Katzschmar, FK – Fotze Katzschmar, Jörg-Peter Katzschmar, auch manchmal, wenn auch selten Jöpe genannt. Doch, noch während ich fragte, stürzte eine Panik-Attacke auf mich ein. *Sekundenblitzgedanke!* Wenn die Rotblonde hier auf dem Fußboden meine gesuchte Kleine wäre, und der Kerl wäre tatsächlich Katzschmar, dann hätte das verdammte Schwein den Abstauber gemacht. Denn er kannte sie ja! Unmöglich! Nein! Ich bin bekloppt!

Der Kerl hob leicht den Kopf, schaute sich aber nicht um: Bist du das, Malef? Er hatte mich an der Stimme erkannt – es war natürlich Katzschmar. Aber das Mädchen, nein, das musste eine andere sein. Klar. Ich war nur durch mein verdammtes Suchen wie von einer fixen Idee blockiert.

O.k. ich bin es, Scheiße, ich dachte schon, sagte ich, du hättest hier die Kleine von neulich, du weißt schon, die von der Wiese, in der Mache. Katzschmar überlegte einen winzigen Moment, er deutete sowas wie einen Lacher an, indes er dachte nicht daran, die Stoßzahl zu senken.

Sag Malef Guten Tag!

Aber das Mädchen, weißt du, entweder in gespieltem oder tatsächlichem Zustand sexueller Trance, hatte ihn entweder nicht gehört oder sie wollte nicht antworten. Sie stöhnte stattdessen weiter: *„Ooaahhh – oooaaaahh – aaaah!"*

Malef, darf ich dir – wie heißt du eigentlich?

*„Ooaaahhh – oooaaaahh – meine Freundinnen sagen Chrissy – oooaahhh – aaahhh!"*

Darf ich dir *Chrissy* vorstellen!

O.k. schon gut, Jöpe, hat sich erledigt. Sie ist nicht die, welche ... Sag mal, hast du noch ein paar Glimmstengel? Hab gerade meine letzte „Juwel" niedergemacht.

Bist du bekloppt?? Katzschmar richtete sich halb auf. Er schien leicht gereizt. Sein Fick war unterbrochen. Scheiße! Das Mädchen, die Augen noch geschlossen, stöhnte weiter *„oooaahh – uuuaahh!"* Katzschmar sah mich jetzt böse an: *Kommt hier rein!* Sucht irgend so eine Schlampe, will dann nur Zigaretten! Bist du blöd, Mann? Verfatz dich! Wenn du Zigaretten willst? Dort in der Jacke! Er zeigte auf seine Uniformjacke, die, das Innenfutter nach oben, zwei Meter weg über einer Kiste lag.

Und jetzt, Alter, lass mich das mal hier zu Ende machen, eh. Zu dem Mädchen in tiefem zärtlichen Ton sagte er: Geht's noch, Liebling? Komm! Lass *den* da, der ist gar nicht mehr da! und er streichelte dem Mädchen übers wilde rotblonde Haar.

Es ging noch: *Rein – raus – rein – raus ...*

Ich stand blöd rum. Das mit den Zigaretten hatte ich bloß so gesagt, in Wahrheit brauchte ich gar keine.

Katzschmar und seine – wie hieß sie? Chrissy – machten indes munter weiter, poppten, als wäre ich wirklich und wahrhaftig nicht mehr im Raum. *Wahnsinn!* Was muss das für eine Kirsche sein, dass der große Katzschmar so von der Rolle ist? Fast wäre ich noch geblieben und hätte ein bisschen zugeschaut, aber dann ging ich raus.

*Mach's gut, Jöpe!* sagte ich. Beinahe hätte ich „*Heimgang!*" gesagt. Gott sei Dank konnte ich mich beherrschen. Ich glaube, Katzschmar wäre aufgesprungen und hätte mir ein paar gedrückt, sein Fick und die Kirsche wären ihm egal gewesen. „Heimgang!" von einem wie mir, einem Zwischenpisser – was Schlimmeres konnte es nicht geben ...

Wo sollte ich jetzt noch suchen, um mein Mädchen zu finden? Eine Scheißfeier! Erst das mit Weingärtel und Holzknie, dann die blöden Penner vom ersten Zug, jetzt hier dem Katzschmar die Nummer versaut. Ich ging den Gang weiter, er führte im Obergeschoss sozusagen einmal rundherum. Auf der anderen Seite waren das Fernsehzimmer und zwei kleinere Räume. Hier würde ich niemanden treffen, dachte ich, alles schien ruhig. Oder doch nicht? Hinter der Tür des Fernsehzimmers auf einmal Geräusche. Stimmen. Lachen. Glotzten hier etwa welche Fernsehen? Das wär ja ...?

Im selben Moment, als ich die Klinke berührte, begann unten im Saal die Combo wieder zu spielen. Das Schlagzeug rumpelte, man konnte den Gitarrensound hören, die dumpfen Töne des Basses, dann setzte der Gesang ein. Vorsichtig öffnete ich die Tür, sofort war der Ton des Fernsehers lauter zu vernehmen. Ich sah vom blausilbrigen Licht des Bildschirmes angestrahlt die Gestalt eines Mädchens, das mit angezogenen Knien, die Arme um die Beine geschlungen, in einem der tiefen Fernsehsessel saß. Das Mädchen starrte bewegungslos, es lief eine Reportage, der Sender war kein DDR-Sender, es musste ZDF oder ARD sein. Ich trat auf Zehenspitzen ins Zimmer, lehnte die Tür an und blieb still, ohne einen Laut abzugeben, stehen. Das Mädchen hatte mich noch nicht bemerkt, oder sie verstellte sich und spielte die Aufmerksame. Das konnte ich in diesem Augenblick nicht feststellen. Die Reportage berichtete vom Grenzregime der DDR, zeigte Grenzanlagen, Interviews mit Flüchtlingen und ehemaligen abgehauenen Grenzern, Statistiken, ein Gespräch mit dem Bundesminister für innerdeutsche Beziehungen Egon Franke, einem SPD-Mann –

plötzlich ein aktuelles Beispiel, der Sprecher erzählte von einem Fall – Bilder wurden eingeblendet – aus dem Raum Heldburg, also keine 50 km von uns entfernt. Ein junger Förster aus der Region hatte die Grenzanlagen unverletzt überwunden und war in die Freiheit gelangt. Die Fälle häuften sich, so der Sprecher, dass es der Bevölkerung aus dem unmittelbaren Grenzgebiet immer wieder gelinge, in den Westen zu fliehen, ob es in dem vorgestellten Fall freiwillige oder unfreiwillige Helfer unter den DDR-Grenztruppen gegeben habe, sei zu vermuten, wenn auch nicht bewiesen. So eine Scheiße! Wir hatten bei uns in der Kompanie nichts von dieser angeblich aufsehenerregenden Flucht des Försters aus Heldburg gehört, weder im Lagebericht noch im Polituntericht, wo so etwas als warnendes Beispiel manchmal vorgestellt wurde und selbstverständlich auch nicht in der Presse oder im DDR-Rundfunk oder Fernsehen …

Ich war ziemlich erschrocken und mir schoss durch den Kopf, wie es möglich wäre, dass ausgerechnet heute, wo die Grenzer im Gasthof waren, wo diese Veranstaltung seit Wochen vorbereitet wurde und alles bis ins Kleinste bekannt war, dass man ausgerechnet heute einen Fernseher hiergelassen hatte, mit dem das Westprogramm empfangen werden konnte.

Und dann solche Sendung! Ein Skandal. Ein Fall für den Polit, ein Vorgang für die Stasi. Aber vielleicht wussten sie es schon. Einer pfeift immer. Wer weiß, wer schon hier oben gewesen war und es dann gemeldet hat. Vielleicht ist ein Auto mit den Genossen schon nach hierher unterwegs. In solchen Fällen sind sie ja schnell. Der Gaststättenleiter würde, wenn das rauskam, und es würde auf alle Fälle rauskommen, einen Riesenärger bekommen. Im schlimmsten Fall bekäme er eine Verwarnung, ein Disziplinarverfahren und die Kneipe würde geschlossen, dachte ich. Und wir? Wäre ich nicht auch dran? Wie alle anderen, die vorm Fernseher gesessen haben. Die Augen hätte ich schließen müssen oder den Raum verlassen. Westfernsehen anzuschauen ist verboten! Was für eine Welt?! In jedem Bauernhaus, rings um die Kaserne, schauen sie Westfernsehen. Fast das ganze kleine Land schaltet abends den Westen ein. Nur wir dürfen nicht, weil wir die Uniform tragen, weil wir Soldaten sind. Die Offiziere aber in ihren Privatwohnungen – wetten, dass die sich nicht um dieses Verbot scheren? Wetten, dass der Buddy in seinem Neubaublock hinter der Kaserne jeden Abend den Westen schaut. Warum feixt er manchmal, wenn einer von uns von irgendeiner bekannten Westsendung spricht? Wieso weiß er Bescheid über Sendungen von Kulenkampff bis Rosenthal, wieso kennt er das Aktuelle Sportstudio und die Stahlnetz-Serie?

Heilige Scheiße! Ich breche die Gedanken ab. Warum ängstige ich mich?

*Und ach, was ging mich das überhaupt an!*

Vielleicht wäre alles erfunden, dachte ich. Die ganze Försterstory und seine Flucht – erstunken und erlogen. So was soll ja vorkommen: Die heizen die Stimmung auf, säen Unsicherheit. Wie bei der Sache mit Katzschmar. Und überhaupt, von mir würde sowieso keiner erfahren, dass hier während der Kompaniefeier das Westfernsehen seine Meldungen verbreitetet hatte, und außerdem, ich konnte sowieso nicht richtig hinsehen, hörte kaum zu, kein klarer Gedanke schien mir möglich, *denn* etwas *viel Wichtigeres* beschäftigte mein Hirn:

*Denn*: Vom ersten Augenblick, seit ich den Raum betreten hatte, da wusste ich:

*Die dort sitzt, dieses Mädchen, das ist meine Gesuchte!*

Zwar sah ich sie nur in Seitenansicht, aber alles stimmte, die Größe, das Haar, das Gesichtsprofil. Ich wartete, wagte mich nicht zu bewegen, kaum zu atmen. Das Herz klopfte. Minuten vergingen. Quälende Minuten. Endlich war die Sendung zu Ende. Das Sportstudio begann …

Nun musst du dir vorstellen: Auf einmal sprach mich das Mädchen an: Was stehst du da wie eine Statue neben der Tür? Indes, sie wandte sich nicht um zu mir, sprach die Worte Richtung Bildschirm, unbeweglich im Sessel sitzend, veränderte ihre Körperhaltung nicht, hockte weiter so, die Knie hoch, die Arme darumgeschlungen. Du kannst dir denken, was ich für einen Schreck bekam. Es war wie ein elektrischer Schlag. Und dann sagte sie noch, und ich war sowas von baff, dass mir im wahrsten

Sinne die Spucke wegblieb und ich ein trockenes Gefühl im Hals bekam:

*Ich warte schon den ganzen Abend auf dich! Aber der Herr hatte wohl anderes zu tun. Komm nur her!*

Was sollte ich sagen, sag, was sollte ich machen? Treu und brav ging ich zu ihr hin, wie ein artiger Schüler. Sie hob den Kopf, die rotblonden Locken fielen ihr aus der Stirn, ich sah in ihre Augen, grüne, herrlich grüne Augen. Seltsam fluoreszierend – ich sah den Fernsehbildschirm, vielfach gebrochen, darin. Hexenaugen! dachte ich. Hexenaugen! Und, ihr glaubt es nicht, ich war tatsächlich augenblicklich verhext, stand wie ein Blödmann vor ihr und wusste kein Wort zu sagen. Dabei war sie bestimmt acht Jahre jünger als ich.

Endlich sagte ich etwas. Eine Ewigkeit, hundert Jahre schienen vergangen. Wirklich, du hast auf mich gewartet? Ja, denk dir, antwortete sie, ich warte hier schon seit, sie schaute auf ihre kleine Armbanduhr – seit halb zehn Uhr! Seit halb zehn! Toll, was? Nachdem ich einen Kumpel von dir, so ein Kleiner – sie machte mit der Hand ein Zeichen, was aber höchstens für einen Zwerg gereicht hätte – nachdem ich den nach deinem Namen fragte, er mir aber die Antwort verweigerte – warum? Weiß der Kuckuck! – bin ich hier nach oben gegangen. Die Besoffenen da unten ödeten mich an. Warum ihr Soldaten immer nur das Saufen kennt? Oh, wir kennen auch noch was anderes, dachte ich – sie sprach weiter: Oh ja, sie öden mich an, deine Kumpels, andauernd wird man angequatscht, angetatscht, auf die Tanzfläche gezerrt, an die Bar eingeladen. Widerlich. *Will ich nicht.* Erst waren wir hier im Fernsehraum eine kleine Truppe von sechs, sieben Leuten, wir haben gequatscht und ferngesehen, dann, nach und nach, sind sie alle verschwunden – und ich bin übrig geblieben. Ich wusste, dass du mich suchen würdest und dass du am Ende hier auftauchst. Wusste ich, ja, wirklich. Deshalb wartete ich – und siehe, ich habe recht behalten.

Ja, du hast recht behalten, antwortete ich ziemlich einfallslos – immer noch kam ich mir geistig wie verblödet vor. War es der Alkohol? War ich vor diesem Mädchen gehemmt? Warum? Keine Ahnung.

Endlich riss ich mich zusammen, verneigte mich höflich, machte eine Art Diener: Ich heiße Franz Malef, manche nennen mich hier „Rubens". Ich komme aus Dresden, und ich bin ein Großvater.

Großvater – wieso? *Großvater!* Ha, ha – das stimmt. Sie lachte.

Weil ich im nächsten Jahr schon siebenundzwanzig werde.

Siebenundzwanzig. Na und? Wieso sagen die „Rubens" zu dir?

Ooch, das ist ... das ist, weil ... weil ich ganz gut zeichnen kann.

*Zeichnen??* Was zeichnest du?

Ach, alles Mögliche, am liebsten aber Mädchen – *nackte Mädchen. Zack! Raus war's!* Und alle wollen von mir nur noch solche Zeichnungen, die ganze Kompanie. Überall hängen meine Bilder. Es kotzt mich an, lieber würde ich Landschaften, Stillleben, Tiere, Porträts und so was zeichnen, aber jetzt kann ich nicht mehr aufhören mit dem Weiberzeichnen ... *Weibermaler!* sagen sie deshalb. Die meisten sagen aber *„Rubens"*, natürlich wissen nicht viele, wer Peter Paul Rubens war. Bildungsniveau – wo, wo. Klaro.

*Oho!* machte sie und pfiff durch die Zähne. Würdest du mich auch mal zeichnen?

Scheiße! dachte ich, erwischt! und antwortete nicht. Wahrscheinlich bin ich sogar rot geworden – ich Trottel, ja ich bin ein Trottel. Die Ehe, weißt du, lässt einen zum Trottel werden, dachte ich. Überhaupt – *Ehe! Ehe!!!* Dass ich verheiratet bin, sag ich ihr nicht. Auf keinen Fall.

Also: *Vorsicht! Maul halten!*

Unvermittelt sprang sie auf, stellte sich vor mich hin und sie war mindestens einen Kopf kleiner. Mit blitzenden Augen machte sie eine Art militärischer Meldung, hielt die Fingerspitzen der rechten Hand an die Schläfe, lachte mir ins Gesicht, sagte:

Ich melde! Ich heiße Julia Pinter. Ich bin 18 Jahre alt und von Beruf Agrotechnikerin. Im Sommer mit der Lehre fertig geworden, jetzt schon sowas wie Brigadier. Jawohl! Ich erwarte Ihre Befehle!

Oh, o.k. es konnte ja nicht anders sein, sagte ich und musste nun auch lachen, neulich auf der Wiese, da sah es nicht so aus, als wärest du eine Aushilfe aus der Stadt. Im Gegenteil.

Und? fragte ich, was willst du weiter machen? Studieren? Auswandern? Du wirst doch nicht hier in dieser Einöde bleiben wollen?

Auswandern? Ein Schatten huschte über ihr Gesicht, so als ob sie durch meine Frage an etwas Unangenehmes, Schwieriges, einen dunklen Gedanken erinnert würde.

Nein, sagte sie schnell, oder besser: Ja – ich … ich werde bestimmt studieren. Ganz bestimmt. *Irgendwas, irgendwann, irgendwo* – aber das weiß ich noch nicht. Ich bin doch erst achtzehn. Sie machte eine Pause. Kicherte leise in sich hinein.

Vielleicht an der Sorbonne?! rief sie plötzlich, als sei ihr das gerade eingefallen. Ja, ha, ha – ja, in Paris, das wär mein Traum. Dort würde ich zu gerne studieren. Ha, ha, ha … an der Seine, jaaa. Sie lachte laut auf. Aber mir schien es, als ob sie ihre Idee, kaum herausposaunt, sofort unpassend fände, ja, als ob sie sogar darüber erschrocken wäre.

Du, hör mal Malef, sprach sie denn auch ein bisschen hastig weiter und machte eine Art übermütigen Tanzschritt – jetzt hab ich auf einmal einen *Riesendurst* – wart, halt … hier stand doch noch eine Flasche Wein? Die haben die anderen stehen lassen. Los, die trinken wir jetzt. O.k.? … Wo ist sie nur?

Ah, dort … Sie lief zum Fenster, wo die Flasche stand. Es war einheimische Dutzendware. Irgendein Riesling von der Unstrut. Nichts Besonderes. Gläser fanden sich im Wandschrank.

Prosit! Zum Wohl! Wir tranken, ein Glas, dann noch eines, ein drittes – alles ziemlich rasch hintereinander; plötzlich aber empfand ich nach dem Trinken – wir hielten die Gläser noch in den Händen, saßen an einem kleinen Klubtischchen mit bunter Mosaikmusterplatte – ein Gefühl der Schüchternheit, der grundlosen Verlegenheit, der Unschlüssigkeit …

Weißt du, ich spürte irgendwie, dass es Julia genauso ging. Und wir wussten auf einmal nicht, was nun passieren müsste, zwar fühlten wir, jetzt sei etwas Außerordentliches im Anmarsch, ein Kuss, eine Umarmung, ein Fick, aber wir saßen mit einer inneren Blockade und konnten nicht tun, was wir doch beide tun wollten. Blöd, sag ich dir, kam ich mir vor. Saublöd!

Ich schaute dem Mädchen in ihre grünen Hexenaugen, es funkelte und irrlichterte darin wie in einem Kraftwerk, sie saß wie eine Katze, zum Sprung bereit, voller Spannung, zugleich aber wartend und wägend, ob der Zeitpunkt der richtige wäre. Es war so viel Katzenhaftes an ihr, dass ich sogar glaubte, sie schnurren zu hören. Und man weiß ja, dass Katzen nicht nur voller Behagen schnurren, sondern dass ihr Schnurren vor allem dem Stressabbau dient, zur Bekämpfung von Angst und Unruhe. So saßen wir, lauernd, mutig und feige zugleich, wie Raubtiere, und ich glaubte, Minuten wären vergangen, dabei sind es nur Sekunden gewesen. Endlich, und meist ergibt sich aus Kleinigkeiten, aus Banalitäten wie einer Bewegung, einem Blick, einer Geste die entscheidende Wende, hob sie den Arm. Das war wie ein Signal. Ich sprang auf, riss das Tischchen um, das klirrend und polternd zur Seite fiel, zwang das Mädchen hoch, nahm sie, gewalttätig fast, in meine Arme. *Hachh-aahh!* Es war wie eine Erlösung. Obwohl noch nichts geschehen, was man als Geschlechtsakt, als Kopulation bezeichnen könnte, atmeten wir heftig, schnauften, schnieften, krallten uns ineinander, hielten uns so fest, als müsste jeder den anderen vor Schlimmem bewahren, als ginge es ums Auseinanderrennen, um Trennung, um Flucht und große Gefahr. *Festhalten, nur festhalten!* Weiter dachte ich nichts, und auch Julia, das fühlte ich, dachte an nichts anderes als an dieses Augenblickliche, das *Sekundenjetzt. Besitznahme! Ergreifen!* Jaaa, wir ergriffen uns! Welche Bedeutung Worte auf einmal haben. *Mein – mein – mein!* Unsere Erstarrung indes dauerte nur wenige Sekunden, *zehn Lidschläge* lang, doch ich hatte wieder das Gefühl, wir hätten den halben Tag so ineinander verkrallt gestanden. Dann, ohne ein Wort, rissen wir uns die Klamotten vom Leib. Zug um Zug. Einmal sie, einmal ich. Im Wechsel! *Ratsch!* Knöpfe rissen ab, Reißverschlüsse zerfetzten. Ihre Strumpfhose hing in Fetzen. Meine Kragenbinde segelte wie ein Papierschnipsel irgendwohin. Plötzlich. Ein Schuh flog wie ein glitzerndes Geschoss in eine Ecke. Sie hatte wegen des Tanzens kleine silberne mit einem mittelhohen Absatz getragen. Der zweite schoss hinterher. Sie schleuderte ihn vom Fuß, elegant, wild, wie ein Showgirl beim Strip. Ehe wir uns versahen, standen wir nackt voreinander, die Haut glänzend, dampfend vor Schweiß und Gier, und wir dachten nicht daran, dass jeden Moment einer hereinkommen könnte, vielleicht sogar die Patrouille, welche ihre Kontrollgänge auch durch alle Räume des Gasthofes und durch die Nebengebäude machte – wir wollten weiter nichts als ficken, ficken, uns besinnungslos wälzen, *rein – raus – rein – raus*, nichts anderes, wie ich es vor ein paar Minuten im Kinovorführraum bei Katzschmar gesehen hatte.

Nun stell dir vor: Das Mädchen trat ganz nah an mich heran, kniete nieder, ich flüsterte:

Lege deine Hand um meine Hoden und ziehe ganz zart an ihnen – *ein unerwartetes, saugeiles Gefühl.* Und: Lass deine Zunge um die Spitze meines Penis kreisen und nimm ihn dann ohne Vorwarnung in den Mund, lutsch ihn mir, und wenn dann der Speichel auf deinen Lippen glänzt und zugleich auf meiner Eichel … noch nie hatte ich zu einem Mädchen solche Worte gesagt, auch zu meiner Frau nicht, selbst nicht, als wir, noch Studenten, uns in den verrücktesten Situationen geliebt hatten, ich wusste nicht, was in mich gefahren war – eine Art übermütiger Lust vielleicht, ein besinnungsloser Wahnsinn, ich war nicht fähig, mich zu kontrollieren, hatte jedes Zeit- und Realitätsgefühl verloren. Und das Mädchen tat genau das, was ich gesagt hatte, sie bearbeitete meinen Penis zärtlich und wild und sie geriet dabei in eine Art Raserei. Schließlich warfen wir uns auf den Fußboden, schmutziges dunkelblaues Linoleum, das nach Bohnerwachs roch, und wir ritten, *raus – rein – raus – rein,* mal der eine, mal der andere obenauf, bis zum flammenden Horizont des Vergehens und zurück …

Die Zeit verging. Es war Weihnachtszeit. Ich hatte den ersten Urlaub bekommen, eine Woche, die Wochenenden wurden nicht mitgezählt. Es gab zwei Urlaubswellen. Im Sommer und zur Weihnachtszeit. Im Sommer ging es weniger streng zu. Zu Weihnachten passte der Spieß mehr auf. Die Verheirateten durften über die Weihnachtszeit in Urlaub fahren – und da die Verheirateten nur wenige waren, hatten sie meistens Glück und kamen ausnahmslos alle weg, die Unverheirateten fuhren zu Silvester. Da die Unverheirateten aber in deutlicher Mehrheit waren, mussten Ausnahmen gemacht und das Ganze auf zwei oder mehr Etappen verteilt werden. Nicht jeder Unverheiratete kam deshalb über Silvester nach Hause, manche mussten warten, andere fuhren eher. Der Spieß regelte das Urlaubsregime nach seiner Willkür. Aufmucken hatte keinen Zweck, man musste sich fügen und froh sein, überhaupt nach Hause zu kommen.

Der LO fuhr die Urlauber zur nächsten Bahnstation, die in unserem Falle Römhild war, von da ab nahm ein jeder die Zugverbindung, die er nötig hatte, natürlich mit ein paar Mal Umsteigen. Manche, die in der Nähe wohnten, wurden auch von ihren Verwandten mit dem Auto abgeholt. Da sah man dann die Trabbis, Wartburgs, Dacias, Schigulis vor dem Bahnhof stehen.

Ich saß ab Erfurt im Schnellzug, der über Leipzig nach Dresden fuhr.

Ich hockte in einem Sechserabteil, den Mantel am Haken, den Koffer im Gepäcknetz. Ich war der einzige Soldat, der einzige Uniformierte im Abteil.

Ich wollte versuchen zu schlafen und mich im Einschlafen an die letzten Wochen erinnern. Ich vergrub mein Gesicht in den Falten des Mantels, schloss die Augen, hörte das Rollen und Rattern der Zugräder, das Tatam, Tatam der Schienenstöße ...

Das erste, was aus meiner Erinnerung aufstieg, war das Gesicht des Mädchens Julia.

Ich hielt es in meinen Händen. Sie hatte geweint, ganz tränennass war ihr Gesicht. Es war zwei Tage nach der Kompaniefeier. Ein Wochenende. Wir hatten dienstfrei, indes keinen Ausgang. Das Wetter war schlecht, ein verdammtes Scheißwetter – nass, kalt windig, grau der Himmel ohne eine Wolkenlücke. Ich lag auf meinem Bett, in Stiefeln, bis heute weiß ich nicht, warum ich mir die Stiefel nicht ausgezogen hatte. Ich lag und las ein Buch, William Prescott „Die Eroberung Perus“ – eine ergreifende historische Studie über die Vernichtung des Inkastaates durch Francesco Pizarro. Plötzlich laute Schritte auf dem Gang. Der UvD kommt ins

Zimmer gestürzt, wir erschraken, denn, wenn der UvD so mir nichts dir nichts hereinkommt, ist immer etwas Unangenehmes die Folge; die meisten hatten wie ich gelesen, drei Mann waren beim Skatspiel, einer schlief und schnarchte.

Malef! Mitkommen! ruft der UvD und sein Grienen verrät mir, es kann sich nur um etwas Skurriles, Besonderes handeln, etwas, das nichts mit dem Dienst zu tun hat. Ich lege mein Buch zur Seite, gleite aus dem Bett, ziehe die Jacke über, setze das Käppi auf.

Was is'n? frage ich. Doch der UvD will vor den anderen nichts sagen. Ich staune, Diskretion gehört sonst nicht zu seinen Tugenden. Draußen auf dem Gang sagt er zu mir: Da ist eine Kirsche am Tor, die will dich sprechen. *Kirsche!* Ich zucke zusammen und weiß sofort, wer da wartet. Ich hab den Hauptmann gefragt, sagt der UvD. Mit Hauptmann meint er den OvD, Hauptmann Kirchner, Zugführer des ersten Zuges. Er hat nichts dagegen. Du darfst mit der Kleinen eine Stunde spazieren gehen, aber immer in Reichweite bleiben. In Reichweite? Ja, bis zu den Häusern unten im Dorf, weiter nicht. In Ordnung. Ich laufe hinter dem UvD durch die Kompaniegänge und mir klopft das Herz. Es kann nur Julia sein.

Und es war Julia. Sie wollte mir in die Arme fallen. Ich wehrte ab und flüsterte: Die können uns sehen, aus den Fenstern und auch von der Wache. Und tatsächlich, die beiden Wachsoldaten machten lange Hälse und auch in den Fenstern des zweiten und dritten Zuges, die zur Straße lagen, drückten sich ein paar die Nasen an den Scheiben platt. Komm, wir gehen die Straße hinab, schlug ich vor, nach der nächsten Biegung, dort, wo die Linden stehen, sieht uns keiner mehr. Wir gingen nebeneinanderher, steif, die Köpfe gesenkt, ein halber Meter war zwischen uns, *da treibt's ne Sau durch!* nicht einmal die Hände reichten wir uns. Ich wollte, dass man uns für schüchtern hielt, ein Paar, das noch keines ist und sich nichts traut. Eine Vorsichtsmaßnahme, denn ich wollte unbedingt vermeiden, dass man uns als Liebespaar ansah, eine Freundschaft o.k., entstanden zur Kompaniefeier, eine harmlose Sache, warum nicht – als mehr sollte es nicht erscheinen. Schließlich war bekannt, dass ich verheiratet war. Irgendein übereifriger

Knaller könnte einen Brief zu mir nach Hause schreiben. *Voller Sorge teilen wir Ihnen mit* ... Unser Polit zum Beispiel, der Hauptmann Bünger, dieser Sozialromantiker, hätte sowas drauf, ein weicher Typ, mit Frauenhänden, der immer nur Schallplatten von Christian Sinding anhörte, das *Frühlingsrauschen,* usw. und der andauernd palaverte, eine intakte Ehe sei die solideste Basis für jeden Grenzsoldaten. Dabei war er, wie jeder wusste, selber schon das dritte Mal verheiratet.

So gingen wir, das Mädchen Julia und ich, die 200 Meter bis zu den Linden, das Wetter kannte keine Gnade, es nieselte, war kalt und ungemütlich. Hätte ich nur eine Plane mitgenommen. Doch Julia hatte einen Schirm, den sie nun, kurz vor den Bäumen, aufspannte. Bei den Linden angekommen und jetzt geschützt vor jeder Beobachtung, fielen wir uns in die Arme. Gestammelte Worte, Wortfetzen, tiefes Atmen, Küsse, Küsse – am liebsten gleich hier, gegen den Baumstamm gedrückt, im Stehen, hätten wir es wieder tun wollen, schon waren unsere Hände unterwegs, aber dann, nein, immerhin auf einer Straße, wo irgendein Bauer oder auch ein Militärfahrzeug vorbeikommen könnte, da ließen wir es. Es siegten die Reste von Vernunft oder die Furcht. Warum, dachte ich, fürchten sich Liebende in der Öffentlichkeit? Warum suchen sie den verborgenen Ort, die Heimlichkeit, die Dunkelheit? Warum? Ein Urprinzip? Jedenfalls, unsere Hände erstarben auf halbem Weg, schließlich vereinigten sie sich doch, die Hände, drückten sich, wurden heiß, schwitzten. Wir flüsterten dies und das, wie es uns in den letzten zwei Tagen ergangen wäre, wie wir ununterbrochen aneinander gedacht hätten, wie kein anderer Gedanke Platz gehabt hätte – dann plötzlich senkte Julia den Kopf und fing zu schluchzen an. Ich strich ihr mit meiner Hand über das rote Haar. Sie hatte kräftiges brandrotes Haar, das sich im Nacken in kleinen Feuerlöckchen kräuselte. Sie duftete nach jungem Mädchen, diesem einzigartigen Geruch nach Milch, süßem Schweiß und Jasmin. Ich wollte ihren Hals küssen, aber das Mädchen erzitterte plötzlich. Sie schluchzte. Was denn wäre? flüsterte ich. Sie schwieg, schüttelte den Kopf und schmiegte sich an meine Brust. Wenn wir doch nur irgendwo hingehen könnten, dachte ich, diese Nässe und die Kälte tötete einem jeden Nerv. Da fiel mir ein kleiner schwarzer Schuppen ein, der gleich neben den ersten Häusern, etwas versteckt hinter einem Holzstapel und abseits der Straße lag. Wir gingen dorthin, unverschlossen, die Tür stand offen, drinnen Gerümpel, ein Stapel Stroh, Werkzeuge, alles durcheinander. Es roch nach verfaultem Stroh, Maschinenöl, Mäusedreck und etwas anderem, das ich nicht kannte. Ich zog das Mädchen hinter mir ins Halbdunkle, wir setzten uns ins Stroh. Julia weinte immer noch. Schließlich, nach ein paar Minuten, leise und zögernd, immer wieder von ihrem Schluchzen unterbrochen, sagte sie: Das überlebe ich nicht. Nein, daran gehe ich zugrunde. Ich streichelte sie und fragte: Was ist denn nur los, Julia? Erst schüttelte sie wieder den Kopf, dann antwortete sie, sie liebe mich über alles, ich sei ihre erste richtige Liebe, aber diese Liebe sei aussichtslos und ohne Perspektive, ich wäre ja verheiratet, und da sei nichts zu machen, nichts, gar nichts zu machen, außer ... sie hob den Kopf, schien eine Idee zu haben. Ich antwortete nichts, küsste und streichelte sie. Darauf sie: Man müsste ein neues Leben anfangen, ein ganz neues, völlig anderes Leben. Ob ich mir vorstellen könne, mit ihr ganz neu anzufangen? An einem anderen, fremden Ort. Ja, sagte ich, das könne ich mir vorstellen. Aber als ich das sagte, wusste ich, ich hatte das nur gesagt, um Julia zu beruhigen. In Wirklichkeit konnte ich es mir nicht vorstellen. Meine Tochter, ein paar Monate alt, und meine Frau zu verlassen, nein, dachte ich, daraus werde nichts. Doch ich schwieg und behielt diese Gedanken für mich. Leichtfertig wie ich war, glaubte ich, die Dinge würden sich schon einrenken, irgendwie würde alles gut, der Augenblick war wichtig, der schöne Augenblick. *Nur den Augenblick genießen! Carpe diem!* Fast der einzige lateinische Spruch, den ich von der Schulzeit noch kannte. Julia war an mich herangerückt und begann mich wie eine Wilde abzuküssen. Sie hatte meinen Kopf zwischen ihre Hände genommen und küsste mich. Wieder und wieder stammelte sie: Wir müssen ganz neu anfangen. Alles Bisherige hinter uns lassen. Bitte, bitte, versteh mich doch, noch nie habe ich einen Menschen so geliebt wie dich, noch nie, noch niemals ...

Ich schrak aus meinen Erinnerungen auf, ein *Quietschen*, ein lang gezogenes Quietschen, erklang, der Zug hatte auf freier Strecke angehalten. Einer im Abteil war aufgestanden und blickte aus dem Fenster. Es ist nichts zu sehen, sagte er. Ich stand auf und trat auf den Gang, blickte hinaus ins offene Gelände. Hügelige Landschaft, Wiesen, kleine Waldflecken, ein paar Häuser, ein Bauerngehöft. Der Zug hielt an einer Schranke. Zwei PKWs Typ Lada standen am Straßenrand. Die Warnblinker waren eingeschaltet. Plötzlich kamen von rechts vier Männer ins Bild. Sie schienen vom Zug zu kommen. Die vier führten einen fünften quer über die Wiese, die zwischen dem Zug und der Straße lag. Dieser Fünfte trug Uniform, es war ein Grenzsoldat wie ich, ein Gefreiter, mit den grünen Balken des Postenführers. Dem Gefreiten, das sah ich jetzt, hatte man Handschellen angelegt, die Arme auf den Rücken gedreht. Koppel und Pelzmütze hatte man ihm abgenommen. Seinen Koffer trug einer der Männer. Die vier Mann hatten ihn in die Mitte genommen, links und rechts einer, einer vor ihm, einer hinter ihm. Wie ein Schwerverbrecher wird er weggeführt, dachte ich. Ich wusste nicht warum, aber mir wurde plötzlich speiübel. Ich kannte den Soldaten nicht, er stammte nicht aus unserer Kompanie, und ich wusste auch nicht, ob er in Erfurt schon im Zug gesessen hatte oder ob er wie ich zugestiegen war. Und natürlich wusste ich auch nicht, warum er hier mitten auf offener Strecke aus dem Zug weg verhaftet worden war. Neben mir an den Gangfenstern hatten diesen Vorgang auch andere gesehen. Man tuschelte. Ein paar laut gesprochene Kommentare hörte ich. Vielleicht wollte der abhauen? Oder er hat einen durchgelassen. Armes Schwein. Der wird sein Leben nicht wieder froh. Ich ging wieder in mein Abteil, dort hatte es sich inzwischen herumgesprochen, warum der Zug angehalten hatte. Die Kommentare vom Gang wiederholten sich. Man betrachtete mich auf einmal mit sonderbar misstrauischen und neugierigen Augen. Aber man fragte mich nichts. Ich vergrub mich in die Falten meines Mantels, das Bild des verhafteten Gefreiten verfolgte mich die ganze Fahrt, und noch als wir in den Bahnhof von Dresden eingefahren waren, ich in der Waggontür stehend meine Frau mit den Augen suchte, selbst da sah ich vor meinem inneren

Auge die dramatische Szene und ich spürte, wie ein großer Schrecken in mir hocken geblieben war.

Endlich entdeckte ich unter den Wartenden auf dem Bahnsteig Lindas Gesicht. Es leuchtete mir hell und schmal entgegen. Sie sah blass und abgearbeitet aus. Inmitten des Bahnhofsgedröhns, der Zugsignale, der Pfiffe, des Staubs, des Diesel- und Kohlegestanks, allein unter all den hastenden, drängelnden, wartenden Menschen stand sie, ich hatte sie vier Monate nicht gesehen, und Julia, an die ich eben noch im Zug gedacht hatte, schien auf einmal vergessen. Ich drängte mich aus dem Waggon, der unbequeme lange Armeewintermantel, die graue Pelzmütze, die Uniform, das vorgeschriebene Lederkoppel, selbst die schwarzen Stiefeletten, alles behinderte mich. Ich kam mir wie ein alberner Kleiderständer vor. Mit Mühe schob ich mich, den Koffer voran, auf den Bahnsteig. Linda kam mir durch den Menschenwald entgegen, zögernd, den Schritt verhaltend, auf einmal fremd, erst im letzten Moment lächelte sie, und eine Spur schlechten Gewissens kräuselte in mir hoch. Doch dann in meinen Armen löste sich ihre vermeintliche Scheu und ich spürte, wie sie sich hingab, wie sie sich an mich schmiegte. Sie flüsterte: Du warst soo lange weg! Komm, lass uns gleich nach Hause gehen. In der Straßenbahn dann fühlte ich mich wieder unwohl. Die Leute starrten mich an. Es gab sie nicht, die innige Verbindung von Volk und seinen Soldaten, eine Propagandalüge, es blieb der Abstand, das Fremde, die Abscheu, die in den Deutschen seit dem Kriegsende gegen alle Uniformen steckte – jedenfalls empfand ich es in diesem Augenblick so. Es drückte und beengte mich die Uniform, es zwängte mir die Schirmmütze den Kopf, es hing der Soldatenmantel bleischwer auf meinen Schultern. Ich schämte mich, fühlte mich wie ein Ausstellungsstück, beäugt, abgeschätzt, fremd. Linda sah meinen Gesichtsausdruck, sie schien zu erraten, was mich befallen hatte, sie sagte: Zu Hause schlüpfst du gleich in bequeme Klamotten, duschst dich, machst es dir gemütlich … die Kleine wird sich fürchten, wenn sie dich so sieht, ich hab ihr immer von dir erzählt, aber sie kennt ihren Papa ja nicht, er ist ein fremder Mann für sie. Sechs Wochen erst war sie alt, als sie dich … Ach, wie schlimm das alles ist …

Hast du sie etwa alleine gelassen, während du mich …? fragte ich. Nein, nein, Frau Stöcker (das war die Nachbarin) passt die paar Minuten auf sie auf.

Die paar Minuten! Pah! Und was, wenn der Zug Verspätung gehabt hätte? Hättest sie doch mitbringen können.

Was, hier auf den Bahnhof, in dieses Gewühl und den Dreck, unter all diese Leute?

Unser Gespräch brach ab. Haltstelle. Wir mussten aussteigen. Nehmen wir den Bus oder laufen wir den Berg hinauf? Wir wohnten damals etwas außerhalb, am Rande der Stadt auf einem Hügel, zu dem eine Buslinie hinauffuhr. Zu Fuß waren es ungefähr fünfzehn Minuten.

Ach, wir laufen.

Komm, den Koffer nehmen wir zusammen, und Linda fasste nach dem Griff.

So schritten wir, den Koffer in der Mitte, auf dem Fußweg dahin. Unterwegs wollte kein richtiges Gespräch zustande kommen, wir liefen wortkarg auf dem asphaltierten, von Frostaufbrüchen löchrigen Weg. Als ich fortmusste, sagte ich, waren hier noch nicht so viele Löcher. Weiß nicht, antwortete Linda ausweichend, vielleicht. Ab und zu erzählte sie von der Kleinen, welche Fortschritte es gab, nachts schreit sie schon kaum noch, sie hat schon den vierten Zahn bekommen … ich brummte: Ah – ach so – na, fein.

Die Nachbarin empfing uns auf der Treppe. Oh, der Genosse Soldat! rief sie und stemmte die Fäuste in die Hüfte. Wie lange dürfen Sie denn bleiben? Vier Tage, das Wochenende nicht mitgerechnet. So kurz nur? Ich nickte. Na dann! Sie verschwand in ihrer Wohnung. Linda folgte ihr, sie holte die Kleine. Na, da bist du ja! Der Papa ist gekommen, hörte ich sie noch rufen. Dann schloss die Nachbarin die Tür. Ich trat inzwischen in unsere Wohnung, setzte den Koffer ab, warf die Mütze auf die Ablage, schnallte das Koppel ab, zog den langen, schweren Mantel aus. Es roch fremdartig, ich hatte vergessen, wie es in unserer Wohnung gerochen hatte. Es war ein süßlicher Geruch. Irgendwie nach gekochter Milch. Das ist also der Babygeruch, dachte ich. Doch meine Augen irrten suchend umher. Ich weiß nicht warum, aber ich hatte die wahnwitzige Idee, hier in unserer Wohnung auf Hinweise von Männerbesuchen zu stoßen. Heute kommt mir das albern vor und ich vermute, dass dies damals mit meinen eigenen Verfehlungen zu tun hatte, „was ich denk und tu, trau ich auch anderen zu!". Ich schaute mich um, ging sogar ins Schlafzimmer, ins Bad, in die Küche, doch ich fand kein Indiz, das auf Herrenbesuche hätte schließen lassen, alles sah so aus, wie es immer ausgesehen und wie ich es im Gedächtnis verwahrt hatte, vielleicht eine Spur sauberer, aufgeräumter, ordentlicher, so wie wenn eine Frau ihren Haushalt ungestört verrichtet.

Ich kam nicht dazu, meinen Kontrollgang auszuweiten, denn die Flurtür schlug zu, im gleichen Moment hörte ich Kindergebrabbel, ein kurzes Aufkreischen. Linda war mit der Kleinen von der Nachbarin gekommen. Wahrscheinlich hatte sie dem Kind die „Pferdedecke", meinen Militärmantel, gezeigt. Vor diesem Monstrum musste die Kleine ja Angst kriegen. Vielleicht roch das gute Stück auch abstoßend und fremd. Ich weiß es nicht. Jedenfalls, ich stand noch in der Küche, hatte nach einer Flasche Bier gesucht und war im Wandschrank fündig geworden, als Linda mit dem Mädchen auf dem Arm in der Tür stand.

Ein fremdes Kind! schoss es mir durch den Kopf.

Die Kleine hatte sich in den zwölf Wochen, seit ich sie nicht mehr gesehen, ziemlich verändert. Ich erkannte sie nicht und sie erkannte auch ihren Vater nicht. Sie fing an zu weinen.

Vielleicht lag es an der Uniform, der ich mich immer noch nicht entledigt hatte, an dieser Strenge, dem Fremden, das sie einem verleiht, vielleicht auch an meinem Gesicht, den kurz geschnittenen Haaren, die meinen Schädel eckig und kantig aussehen ließen, dem abgenommenen Bart und meinem dadurch stark hervortretenden Kinn. Als ich einen Schritt auf die Kleine zuging, schrie sie noch mehr, und ich gab es auf, zog mich zum Fenster zurück. Linda streichelte das Kind, redete ihm gut zu. Das ist doch dein Papa, Betty, du brauchst nicht zu weinen. Er ist ganz lieb und tut niemandem etwas. Oh, er tut niemandem etwas! dachte ich und schlagartig fiel mir die Scheißgrenze wieder ein. Niemandem etwas tun! Oh, Scheiße!

Wie doch harmlos gesprochene Worte ihren Sinn verändern können.

Linda streckte eine Hand nach mir aus. Sie wollte mich streicheln, nahm dann das Händchen des Kindes und berührte damit mein Gesicht. Schau, wie lieb der Papa ist. Einen Augenblick war die Kleine ruhig, sie schaute mit großen, erschrockenen Augen auf mich, Tränenspuren auf den Bäckchen, mit hellblauen Augen sah sie mich an.

Mit hellblauen Augen?

Ich selber hatte braune, Linda hatte auch braune Augen. Wieso hat das Kind blaue Augen? dachte ich auf einmal. Kann es das geben? Angeblich soll doch Braun dominant sein. In den ersten Wochen vor meinem Eintritt in die Armee hatte ich nicht auf die Augenfarbe meiner Tochter geachtet. Angeblich sollen alle Babies ja sowieso in den ersten Wochen wie die Robben blaue Augen haben. Ich weiß nicht, ob das stimmt. Auf alle Fälle fiel mir dieser Unterschied erst jetzt auf. Vielleicht habe ich dabei den Ausdruck meines Gesichts verändert. Vielleicht runzelte ich die Augenbrauen, vielleicht blitzten meine Augen in Eifersucht und Misstrauen auf? Das Kind jedenfalls zog erschreckt die Hand zurück und fing wieder zu weinen an. Ein Gefühl von Ratlosigkeit und Panik befiel mich. Ich wusste nicht, was ich tun sollte, und irgendwo keimte in mir auch Unwille und Ärger auf. Linda schien das zu bemerken. Sie nahm das Kind, ging hinaus, um es im Wohnzimmer in das Laufgitter zu legen. Dann kam sie zurück in die Küche.

Wir umarmten uns schweigend, küssten uns. Leise sagte Linda, das mit der Kleinen werde schon noch, ich müsse Geduld mit dem Kind haben, müsse verstehen, dass ich für sie wie ein Fremder sei und außerdem, sie fürchte sich vor Männern, vor den lauten, dunklen Stimmen, den heftigen Gesten. Sie wechselte das Thema, fragte, was ich essen wollte, und wieder schlang sie mir die Arme um den Nacken: Morgen Abend sind wir bei Frank und Julia eingeladen. Die freuen sich schon … Unwillkürlich zuckte ich zusammen. Julia! Oh Gott, Julia! Sofort schossen mir die Bilder an meine Grenzerliebe Julia in den Kopf. Ich sah sie vor mir, mit ihrer rötlichen Lockenhaarpracht. Sah uns in dem staubigen Nebenraum des Gasthofes, spürte ihre Küsse, ihre Hände. Ich kniff mit aller Gewalt die Augen zu. Die Bilder verschwanden. Natürlich war hier eine andere Julia gemeint. Julia Degenhardt, die Frau meines Freundes Frank Degenhardt. Hast du was? hörte ich Linda fragen. Nein, nein, antwortete ich, es ist nichts. Schnitzel würde ich gern essen, sagte ich schnell, mit knuspriger Panade, und ein Glas Rotwein danach. Balkanfeuer! Linda warf mit einen langen Blick zu, ehe sie an den Kühlschrank trat, den Herd einschaltete und mit der Essensbereitung begann.

Rotwein! Das war das Signalwort. Wir wussten, was Rotweintrinken bedeutete … manchmal hatte ich nach solchen Rotweinabenden gedacht, die Bulgaren, die Ungarn, die Rumänen, die mussten irgendwas in ihre Rotweine mischen, irgendein Aphrodisiakum, die Wirkung war immer gleich …

Am nächsten Abend, dem Abend Nummer zwo meines ersten Grenzdiensturlaubes, fuhren wir mit der Straßenbahn in den Stadtteil Klotzsche. Dort wohnten Frank und Julia. Die Fahrt dauerte eine knappe Dreiviertelstunde. Am Pirnaischen Platz mussten wir in die Linie 8 umsteigen. Unterwegs flüsterte Linda mir kichernd ins Ohr: Bestimmt gibt's Hemus. Du wirst sehen. Und dann als Überraschung später noch Bols-Apricot-Brandy aus dem Intershop. Und ich flüsterte zurück: Und sicher gibt's auch Hackfleischbällchen mit eingelegtem Schafskäse, diesem salzigen weißen Käse, den sie aus ihrem letzten Urlaub in Bulgarien mitgebracht haben. Als wir dann vor dem Haus standen, in dem die Degenhardts wohnten, schaute ich nach oben in den zweiten Stock. Unverkennbar, das war ganz sicher ihr Balkon.

Wieder dachte ich an Julia, diesmal an die Frau meines Freundes. July, wie sie sich selber nannte, war keine Schönheit, eher so Durchschnitt, besserer oder gehobener Durchschnitt natürlich. Konfektionsgröße 44, mit Tendenz zu 46 oder mehr. Haarfarbe aschblond. Aufregende Beine, was sie wusste und weswegen sie auch immer Stöckelschuhe und kurze Röcke bevorzugte. Sie war zwei Jahre älter als Frank. Der war so alt wie ich. Wir sind bis zur achten Klasse in die gleiche Schule gegangen, die Junghannsschule in Gruna, ich war dann auf die erweiterte Oberschule gekommen,

Frank ist bis zur 10. Klasse dort geblieben. Danach, ich studierte in Leipzig, Frank lernte im Dresdner Röntgenwerk, verloren wir uns aus den Augen, trafen uns vier Jahre später durch Zufall wieder. Das war im vorletzten Jahr. Dann musste ich an die Grenze. Frank hatte gleich nach der Lehre bei den Motschützen irgendwo in Mecklenburg gedient, war sogar zum Unteroffizier befördert worden. Wegen außerordentlicher Leistungen! Ha, ha – wer weiß, wie er es angestellt hatte, der alte Fuchs … dann hatte er geheiratet.

July hatte ich erst bei der Wiederbegegnung mit Frank kennengelernt. Darf ich dir meine Neuerwerbung vorstellen, hatte Frank gesagt. Und July hatte gelacht und ihre prachtvollen Zähne gezeigt. Ein Pferdegebiss, kommentierte meine Frau später auf dem Nachhauseweg. Bist du eifersüchtig? Was, auf das Gebiss? Nein, auf dieses Weib. Bist du verrückt, ich gönn sie deinem Frank von ganzem Herzen.

Wir stiegen die Treppe hinauf. Die Stufen grauer Beton, die Wände, mit gelbroter Einheitstapete beklebt, waren nicht sehr eben, hier und da sah man kleine Steinchen die Tapeten buckeln, das Treppengeländer aus Stahlstäben von dunklerem Grau, die Griffleiste mit schwarzem Plastik überzogen. Funkelnde Messingschilder gab es an den Wohnungstüren, wo wir vorbeikamen, nur zwei, die meisten Namensschilder bestanden aus weißer Emaille. Frank hatte eines aus bunter Keramik. Sicher handgemacht, flüsterte Linda. Ich starrte noch darauf, als die Tür längst geöffnet war. Das hat July fabriziert, rief Frank. Die hat so einen Keramik-Klitsch. Sie leitet einen Zirkel im Wohngebiet. Kannst dir ja auch so ein Schild machen lassen, oder Töpfe oder Tassen oder Teller oder Krüge … July drängte Frank von der Tür.

Kommt doch erst mal rein.

Wir waren noch nicht in Franks neuer AWG-Wohnung gewesen. Sie wohnten erst seit ein paar Monaten hier. Vorher hatten sie in einer kleinen dunklen Hinterhauswohnung in der nördlichen Neustadt gehaust. Guckt euch ruhig um, sagte Frank und spielte den stolzen Führer. Hier das Wohnzimmer. Ich sah ein Zimmer, wie ich es aus anderen AWG-Wohnungen kannte: Schrankwand, Nussbaumfurnier an den Türen, Seitenwände weiß, nichts Ungewöhnliches, sondern das, was man in jeder zweiten dieser Wohnungen sehen konnte, ein paar Bücher in den freien Fächern, „Der stille Don", „Ole Bienkopp", zwei, drei Bücher bekannter DDR-Autoren, Dieter Noll, Erik Neutzsch, drei Bände Aitmatow, „Abschied von Gülsary", „Frühe Kraniche", vom dritten Band konnte ich den Titel nicht entziffern, und natürlich jede Menge Keramik, überall Keramiknäpfe, Keramikschüsselchen, Keramikbecher, kleine Keramikkrüge, Keramik ohne Ende, Keramik in allerlei Farben, glasiert und naturbelassen; dann eine Couch, auch die wie überall, billardgrün bespannt, mit verstellbarer Rückenlehne und Metallfüßen, ein quadratischer Tisch, ebenfalls Nussbaumdekor, mit einer Tischplatte zum Hochkurbeln, über dem Tisch eine dreiteilige Lampe, die Schirme aus Glas, zylindrisch, Kristalldekor. Dafür keine Lampe an der Decke in Zimmermitte, sondern neben einem alten abgeschabten roten Sessel eine Stehlampe mit einem gelben Stoffschirm und einem Messingfuß. Die Lampe kannte ich, die hatte Frank schon in seiner kleinen Neustadt-Behausung besessen, angeblich ein Geschenk einer verstorbenen Tante aus dem Westen. In der Zimmermitte aber, halb unter dem Tisch, der von vier Polsterstühlen umstanden wurde, etwa ein Drittel des Fußbodens bedeckend, ein Teppich – DDR-Malimo – mit nachgestalteten arabischen Mustern und Symbolen. Braun und gelb und schwarz. Das war alles. An den Wänden ein paar Reproduktionen in einfachen Holzrahmen. Dresdner Stadtansichten und Rembrandts „Der Mann mit dem Goldhelm". Gleich neben der Tür ein Silberteller in Augenhöhe: Erster Platz in der Jugendolympiade der Wintersportler 1966. Frank hatte die Medaille seinerzeit im Abfahrtslauf gewonnen. Da war er sechzehn Jahre alt gewesen. Ich zeigte sie Linda. Sieh, bei wem wir zu Gast sind. Ehemaliger Leistungssportler! Frank lachte verlegen. So schlimm war's wohl nicht. Könnt euch ruhig auch Schlafzimmer und Bad ansehen. Er führte uns weiter. Doch, die anderen Räume boten ebenso wenig Überraschendes. Sahen aus wie überall. Hast du eine AWG-Wohnung gesehen, hast du alle gesehen.

July hatte inzwischen ein paar Knabbereien auf den Tisch gestellt, die Flasche Hemus entkorkt – es war tatsächlich Hemus!

Ich stieß Linda an. Wir mussten lachen.

Was habt ihr denn? – Ach nichts.

Wo ist denn euer Kleiner?

Ach, Ralphi schläft schon. Aha, deswegen durften wir nicht ins Kinderzimmer. Keine Angst, wir brüllen nur ganz leise, wir lassen ihn schlafen. Wie alt ist er jetzt? Drei Jahre.

Wir setzten uns. Stießen an. Auf alte Freundschaft! Prost!

Nun erzähl mal, Franz, sagte Frank und drehte an seinem Glas, wie ist es so an der Grenze? Wirklich so schlimm wie man immer hört? Alle drei Augenpaare, auch das von Linda, waren auf mich gerichtet. Ach wisst ihr, sagte ich, was soll ich darauf sagen, natürlich ist es schlimm, aber die Tragödie ist von anderer Art, als man denkt. Es ist weniger eine körperliche Strapaze, so wie du sie, Frank, vielleicht bei den Motschützen kennengelernt hast, es ist vielmehr ein permanenter Albdruck, man hat das Gefühl, über einem schwebe ständig das Schicksal, das Unheil und jeden Augenblick kann es losbrechen. Aber leider, ihr Lieben, so gerne ich es möchte, mich einmal richtig auszuquatschen, ich kann nicht, ich darf nicht: wenn das Kleinste bekannt würde, ich hätte ausgespielt, ich könnte mir tatsächlich den Strick nehmen. Und dieses ewige Schweigenmüssen ist eine weitere schlimme Bürde, eine von diesen Quälereien, die auf uns lasten. So viel kann ich sagen: Vielleicht kommt einmal eine Zeit, wo ich mit diesem Schweigen aufhören darf. Wo ich diesen Ballast loswerden kann. Jetzt aber, hier und heute – bitte, versteht mich … Nicht einmal meiner Frau sag ich was.

Linda lächelte verlegen. Ja, da ist er eisern. Sie ließ ein kurzes Lachen hören. Nicht mal ich erfahre das Kleinste. Selbst wenn er dort eine Freundin hätte, ich wüsste nichts davon. Fällt nämlich alles unter die militärische Geheimhaltung. Wieder lachte sie kurz auf, spielte mit ihrem Weinglas.

Lindas Anspielung gab mir einen Stich. Was bedeutete das? Sie konnte doch nicht das Geringste von mir und Julia wissen. Trotzdem, ich war einen Moment verunsichert. Sollte ich irgendwas übersehen haben? Plötzlich fiel mir das kleine Kettchen ein, das Julia mir geschenkt hatte. Ich hatte es im elektrischen Rasierapparat versteckt, in der schwarzen Ledertasche, im Seitenfach, wo die kleinen Pinsel für die Reinigung stecken. Ob sie das Kettchen beim Auspacken meiner Sachen gefunden hat? Vielleicht ist es rausgerutscht, auf den Fußboden gefallen, sie hat sich gebückt – und „bums“, schon wusste sie Bescheid. Was bin ich doch für ein blöder Idiot. Wie konnte ich das Kettchen nur mit hierherschleppen, warum hab ich es nicht einfach in der Kaserne gelassen. Scheiße! Aber vielleicht, dachte ich weiter, hat sie es gar nicht gefunden, ja, so wird es sein, ihre Anspielung war der reine Zufall. Nein, bestimmt, sie weiß nichts. Ich warf ihr einen Seitenblick zu. Meine Frau Linda saß ganz normal da, kein bisschen in Lauerstellung. Ihre Mundwinkel zuckten ein wenig, wahrscheinlich freute sie sich, mich in Verlegenheit gebracht zu haben. Ja, dachte ich, sie hat das nur so gesagt. Zum Scherz. Also, keine Gefahr. Alles in Ordnung. Schließlich streichelte ich Linda die Wange und sagte: Schon gut, Liebes, übertreib nur nicht … wen sollte ich dort in dieser Hundetürkei schon kennenlernen; außer ein paar Bauern, die im Grenzstreifen ihr Heu machen, gibt es da niemanden Interessantes. Vielleicht die Kumpel von der Nachbarkompanie beim Schichtwechsel. Und Frauen gibt's bei uns schon gar keine. Höchstens die Alte vom Spieß kommt manchmal aus ihrer Wohnung herüber auf den Kasernenhof. Aber, wenn du die sehen würdest, oh Gott. Drei Zentner ohne Knochen. Oder dann die Christel von der Post mit ihrem Fahrrad, die jeden Tag die Zeitungen und die Briefe bringt … auch die so ein Superweib. Wiegt sicher nicht viel weniger. Aber sonst?

Ach komm, Franz, meldete sich nun mein Freund Frank, uns kannst du doch als deinesgleichen betrachten. Wir halten doch dicht. Wirklich. Wir pfeifen nichts weg. Und sei es noch so abstrus. Hab ich dich schon jemals verpfiffen? Erinnere dich an unsere Sturm- und Drangzeit. Also, sag schon was, komm los, lass ein paar gruslige Details hören. Wir sind ganz heiß drauf. Na los, bitte …

Darauf ich: Nein, nein, bitte versteht mich. Ich kann nicht, ich kann euch keine Einzelheiten sagen. Nur so Allgemeines wie vorhin, von unseren Stimmungen und so was, Seelenkleister eben, doch das wird euch nicht interessieren … und dass die meisten von uns die Schnauze voll haben, brauch ich sicher nicht zu sagen, also bitte, reden wir von was anderem.

Doch Frank tat, als ob er nichts gehört hätte. Er fragte: Was sind die meisten? Wie viele sind es denn? Ich ließ mich darauf ein, antwortete eigentlich nur, um etwas zu sagen und das Thema dann endgültig zu beerdigen: Nun ja, von zehn Mann haben vielleicht acht die Schnauze voll, machen nur widerwillig mit, murren im Stillen oder manchmal auch laut, je nachdem, wie es gerade geht, einer von den Zehnen ist Militärfanatiker, den fasziniert die Technik, die Maschinenpistole und so weiter, der möchte am liebsten andauernd rumballern, und der Letzte ist aus Überzeugung für den ganzen Scheiß, meist sogar ein Genosse oder ehemaliger Jugendfunktionär. So einer versucht manchmal uns aufzuklären oder zu agitieren. Ob im Auftrag oder freiwillig, ich weiß nicht. So ungefähr sieht es jedenfalls bei uns aus, und ich denke auch in den anderen Einheiten, entlang der ganzen Grenze wird es dasselbe sein ... bei denen drüben aber sieht es anders aus. Das sind alles Berufssoldaten, der ganze BGS besteht aus Beamten in Uniform. Die kriegen richtig Geld dafür ...

Frank hatte aufmerksam zugehört. Plötzlich hob er das Glas. Prosit! Lasst uns trinken. Wir stießen an. Auch die Frauen hoben ihre Gläser. Wir haben noch eine Flasche in Reserve.

Während meiner Rede hatte ich meine Augen zwischen Linda und Julie hin- und hergehen lassen, eigentlich wollte ich nur sehen, ob sie interessiert wären, ob ich nicht einen Vorwand fände, von etwas anderem anzufangen. Aber solche Blicke spüren die Frauen, auch, wenn sie gar nicht hinsehen. Sie fühlen sich taxiert und beachtet und reagieren entsprechend. Die nächsten Minuten waren sie besonders nett, quirlig, gesprächig, heiter, fraulich, verjüngt, sie lächelten, kicherten, machten witzige Anmerkungen, stützten ihre Köpfe in die Hände, wechselten die Sitzhaltung, schlugen die Beine übereinander, ließen ihre Brüste sehen, indem sie sich zurückbogen. Ich konnte nicht hindern, dass ich mich darüber heimlich freute, dass ich mich in meiner Männlichkeit gestreichelt fühlte, ja einen winzigen Moment dachte ich sogar an Gruppensex, Julia gefiel mir und meine Linda würde auch Frank gefallen, dachte, dass sowas unter befreundeten Ehepaaren sicher ab und zu vorkäme, und mir fielen verkappte Annoncen ein, von denen ich gehört hatte, doch Frank verscheuchte meine Gedanken, indem er mich in ein Gespräch über Politik zog. Was ich von den Vorgängen in Chile dächte, wollte er wissen, von der Ermordung Allendes und dem ganzen Putsch, von der Rolle der USA, und ob wir an der Grenze auch über solche internationalen Konflikte Bescheid wüssten, ob man uns Instruktionen gäbe, ob die Grenzsicherung verstärkt würde und so weiter. Ich hasste solche Gespräche und antwortete einsilbig und ausweichend. Womöglich wollte er auf Umwegen doch noch etwas über die Grenze erfahren. Ich würde ihm nicht den Gefallen tun. Einen Moment dachte ich, was für ein Typ mein Freund doch wäre, wieso er auf einmal solche Themen diskutierte, ob er etwa in der Partei wäre? Wie er sich doch gewandelt hätte, dachte ich. Seit wann hätte er solches Interesse an Politik. Früher hatte ihn Politik kaum interessiert, da ging es ihm um Weiber, ums Geldverdienen, wie man zu einem ordentlichen Auto käme, wie man dieses gegen jenes tauschen könnte und lauter solche Sachen. Also fragte ich ihn nach seinem Betrieb, nach seinem Bulgarienurlaub, wollte das Politikthema abschütteln. Doch mein Freund Frank schien nun seinerseits keine Lust zu haben, nur bruchstückweise erzählte er, mit Unterbrechungen, ich erfuhr praktisch nichts. Lass dir doch nicht alles aus der Nase ziehen. Und du? Du erzählst ja von deiner Grenze auch nichts. Das ist aber nicht vergleichbar. Und das weißt du auch. Deine Retourkutsche ist ekelhaft. Ich spürte, wie Ärger in mir hochstieg.

Und nun, weißt du, auf einmal besann sich mein Freund, er lächelte geheimnisvoll, schaute auf die Uhr, sagte, ach was, ehe wir uns hier mit Konversation herumquälen, und keinem macht es Spaß, ehe wir uns noch streiten, im Fernsehen kommt in zehn Minuten ein französischer Krimi. Die sind immer ganz gut. „Lautlos wie die Nacht" heißt er. Mit Alain Delon und Jean Gabin. Ich hab ihn schon mal im Kino gesehen. Du auch? Ich schüttelte den Kopf. Die Frauen kannten ihn auch nicht. O.k., dann los. Also schaltete Frank den Fernseher ein. Wir erwischten den Rest der Nachrichtensendung. Der bekannte Sprecher Klaus Feldmann redete gerade mit todernster Miene von den Ernteergebnissen in der Republik aus dem vergangenen Spätsommer, was die Genossenschaftsbauern für prachtvolle Ernten eingebracht hätten, er sagte das mit gleicher Wichtigkeit, wie er vorher von weltpolitischen Ereignissen gesprochen hatte. Und obwohl die Ernte vier Monate zurück lag, rollten Mähdrescher panzergleich in Kolonne durchs Bild, riesige Felder nach sowjetischem Vorbild, wo man nicht von einem Ende zum anderen sehen konnte, wurden gezeigt. Ein LPG-Vorsitzender wurde interviewt. Er dankte der Partei- und Staatsführung. Nur durch die kluge Politik der Partei könnten sie solche Erfolge vorweisen, hätten sie die Erträge gesteigert. Zwei Bäuerinnen sprachen über ihren Alltag. Sie lächelten ins Bild, mir schien es als seien sie vorher beim Friseur gewesen. Mich ödete dieses Gelaber an, ich wandte mich ab, griff nach meinem Weinglas. Endlich kam das Wetter, ausführlich und umständlich wie immer. Der Winter bliebe mild, wurde gesagt, kein Schnee in Sicht. Deutlich war die Deutsche Grenze auf der Wetterkarte zu sehen. Ich suchte unseren Abschnitt. Da unten, rief ich, dieser kleine Zipfel dort in der Ecke, in der Nähe von Römhild, da hocken jetzt, während wir hier Wein trinken und Fernsehen schauen, meine Kumpels und trotzen dem Matsch und dem Scheißwetter, fluchen und warten, dass die Schicht zu Ende geht.

Mein Freund Frank schaute stirnrunzelnd zu mir, sagte aber nichts. Die Frauen knabberten Salzgebäck, tuschelten, hatten sich aus der Bols-Flasche nachgegossen, kicherten. Frank sagte: Müsst sie aber nicht gleich leer machen, das teure Zeug. July streckte ihm die Zunge raus, fragte: Wann geht denn nun der Film los? Linda, schnell: July will den Delon sehen.

Sie sagte nicht, dass sie ihn auch gerne sehen wollte, obwohl ich wusste, dass es so war. Typisch meine Frau Linda! dachte ich. Ja, das wäre ein Mann! redete jetzt Julia weiter. Da könnten wir Kerlchen uns verstecken ... Oh, ihr Helden.

Prosit! rief Frank und lachte, aber wir haben aber auch unsere Stärken. Und das Größte ist, wir sind hier, aber Alain Delon ist für euch unerreichbar in Frankreich, ha, ha ... nicht mal eine Autogrammkarte ist da drin. Was wettest du, rief Linda plötzlich, ich krieg ein Autogramm von ihm. Ich schaute zu Linda und sah in ihren Augen dieses abenteuerliche Glühen. Vielleicht vom Alkohol, dachte ich, aber andererseits, wenn sie sich sowas vornahm, würde sie das auch schaffen. Ich kannte meine Frau. Frank saß unbeweglich, mir schien, als nage irgendwas in ihm. Gut, rief er plötzlich, wetten wir! Ich sage, du schaffst es nicht. Linda reckte den Kopf. Und ich sage, lachte sie: Ich schaff das doch … im selben Moment zuckte mir durch den Kopf: Kontaktaufnahme ins kapitalistische Ausland! Von einem Kumpel aus dem zweiten Zug wusste ich, dass das ernst genommen würde. Sein Bruder hatte ein Buch von Günter Grass erworben und es sich signieren lassen. Kurz darauf bekam er Besuch von den „Organen". Und mein Kumpel war zwei Tage lang verhört worden.

Also, wenn die Stasi von Lindas Autogramm-Aktion Wind bekäme, würde ich am Strich Ärger kriegen. Ach was, überlegte ich, es ist doch alles nur Spaß. Eine Wette unter Freunden. Vielleicht würde Linda es auch vergessen, und Frank … ? Ich glaubte nicht, dass er die Sache sehr ernst nahm.

Endlich begann der Film. Gebannte Stille in Franks AWG-Wohnzimmer. Es war ein Schwarzweißfilm, obwohl egal, denn Frank hatte, wie auch wir selber, noch keinen Farbfernseher. So einen russischen „Raduga" – konnten wir uns nicht leisten. Meine Güte! Viertausend Mark! Also glotzten wir in die Radeberger Schwarzweißkiste. Nicht schlimm, wir kannten ja nichts anderes. Der Film begann ziemlich langatmig. Jean Gabin watschelte umher, machte sein finsteres Gesicht, er suchte alte Freunde auf, die er lange nicht mehr gesehen, denn er war ein paar Jahre im Knast gewesen. Jetzt wollte er ein großes Ding drehen und Alain Delon, mit dem er eingesessen hatte, sollte sein Joker sein. Alles ziemlich durchsichtig und wie schon Tausende Male gesehen. Ich wandte mich wieder dem Bier zu, was ich nach dem Hemus nicht hätte tun sollen. Erst wollte ich mit Frank noch ein Gespräch anfangen, über Autos und sowas, aber der zischte mich aus, also trank ich weiter, was ich auf keinen Fall hätte tun sollen …

Wie der Film weitergegangen war, wusste ich am nächsten Tag nicht mehr, ebenso wenig erinnerte ich mich an den weiteren

Abend, wie wir uns verabschiedet hatten, wie wir, Linda und ich, nach Hause gekommen waren.

Am Morgen schlief ich lange und fest, ich merkte nichts davon, dass Linda mit der Kleinen, die sie am Abend noch von der Nachbarin geholt hatte, ins Bad ging. Als ich endlich mit Kopfschmerzen erwachte und mit einem bis dahin unbekannten Wadenkrampf auftauchte, war der Frühstückstisch gedeckt. Ich lächelte meine Tochter, das fremde Kind, an. Sie zog sofort einen Flunsch, schmiegte sich an ihre Mutter, machte ein Gesicht, als ob sie losflennen wollte.

Nicht schon wieder! bat ich und versuchte es mit Faxen. Nimm sie doch einfach mal auf den Schoß, sagte Linda. Na gut. Erst heulte die Kleine, dann beruhigte sie sich, ließ sich von mir füttern. Einen Löffel für die Mutti, einen für die Oma, einen für Betty, einen Löffel für Frau Stöcker ... Es ging tatsächlich ganz gut und in meinem Herzen keimte so etwas wie Wärme auf. Siehst du, es geht doch, noch zwei, drei, vier Tage und alles ist normal.

In vier Tagen muss ich wieder fort.

Wir schwiegen, die schöne Stimmung verflog. Linda brachte die Kleine in ihr Laufgitter, gab ihr ein paar Klappern und einen gelben Plastikring zum Draufbeißen. Linda kam zurück, setzte sich und begann den Rest ihres Frühstücks zu essen. Erst schwieg sie noch, dann sage sie: Du warst gestern Abend ganz schön zu! Ich hatte Mühe, dich in die Straßenbahn zu bugsieren.

Ich nickte stumm, ja ja, ich hätte auf den Hemus kein Bier trinken sollen. Aber auch so ... weißt du, mir hat es nicht so richtig gefallen. Frank kam mir irgendwie verändert vor, so zugeknöpft und so furchtbar politisch.

Ja, weißt du denn nicht? fragte Linda.

Nein, ich weiß nichts, sagte ich. Was ist denn?

Na, er ist doch seit ein paar Monaten Kandidat der SED, soll im Herbst eine große Karriere starten, Meisterausbildung, Parteischule und so ... Ich pfiff durch die Zähne. Ach, daher weht der Wind, aber, da hätte er doch was sagen können. Wir sind schließlich Freunde.

Ach weißt du, sagte Linda, sicher schämt er sich ein bisschen. Wer heute in diese Partei eintritt, der gefährdet Freundschaften, man wird ihn immer mit Distanz betrachten, außer in den eigenen Genossenkreisen natürlich. Dort freut man sich ja über jeden Zugang. Die werben auch ziemlich heftig. Sogar mich haben sie auch schon zwei Mal gefragt. Gott sei Dank fand ich immer eine Ausrede. Einmal haben sie gesagt, weil du doch jetzt an der Grenze wärest, sollte doch auch ich ein Zeichen setzen. Mein Mann ist Wehrpflichtiger, hab ich geantwortet, der ist nicht freiwillig dort, und ich wäre noch nicht so weit, sagte ich, ich hätte noch Zweifel und sowieso keine Zeit, auch, weil mein Mann eben jetzt Soldat sei und nicht zu Hause wäre. Da sind sie abgezogen, aber ich wette, die kommen wieder, locken mit Karriere, mit mehr Geld, und so weiter, die Gitty aus meiner Brigade haben sie auch rumgekriegt. Nach dem fünften Mal ist ihr nichts mehr eingefallen, und da ihr Mann schon in der Partei ist, hat sie zugestimmt. Hinterher hat sie auf der Frauentoilette über ihre Schwachheit geheult und gejammert, dass sie jetzt ihre Tante in Göttingen niemals wiedersehen könne. Aber sonst, die Differenzen zwischen dieser Partei und ihrem Volk werden immer krasser und deutlicher. Alle meckern, besonders in der Kaufhalle, wenn's mal wieder kein Bier, kein frisches Brot, kein Gemüse oder irgendwas anderes nicht gibt. Vorige Woche auf der Prager Straße sah ich, wie ein paar jugendliche Hippies einen Mann, der sein Parteiabzeichen deutlich sichtbar am Revers trug, verhöhnten und auslachten. Na ja Hippies! rief ich mit vollem Mund. Die sind doch nicht ernst zu nehmen. Schön bunt und alternativ, aber sonst. Außer der freien Liebe und rumhängen haben die doch keinerlei Konzepte.

Mag sein, entgegnete Linda, aber auch bei uns im Betrieb reden die Kollegen in letzter Zeit in den Pausen ganz offen gegen den Staat und die Partei, da nimmt sich kaum noch einer ein Blatt vor dem Mund. Freilich, wenn einer von der Parteileitung vorbeikommt, verstummen alle gleich und keiner traut sich was zu sagen. Aber kaum ist der Kerl um die Ecke, geht es gleich weiter. Da werden Witze erzählt, ich sage dir, und Stories, da kann man schon staunen …

July sagte mir, redete Linda weiter, dass der Frank jetzt ganz schön Beiträge bezahlen muss. Schon als Kandidat muss er den vollen Satz bezahlen. Ich glaube 5 Prozent vom Brutto. Ist das nicht viel? Ich nickte und biss in das Brötchen. Von irgendwas wollen die Bonzen doch leben.

Mir tat der Kopf immer noch weh. Verfluchter Alkohol. Ich muss an die Luft.

Wollen wir nicht mit der Kleinen spazieren gehen? Zum Beispiel in den Zoo. Ja, gut, prima Idee. Linda hatte sich wegen mir ein paar Tage Urlaub genommen. Ich mach mich nur kurz zurecht, hol du bitte schon mal den Kinderwagen aus dem Waschhaus die Treppen hoch. Das muss ich sonst immer alleine stemmen. Als Frau. Manchmal hilft mir der Gottlöber von unten links. Wenn du ihn aufstellst, schau mal nach dem linken Vorderrad. Da klemmt irgendwas.

Aus dem Waschhaus? fragte ich, kann man den nicht im Hausflur aufstellen? Nein, das ist nicht erlaubt, Kinderwagen gehören nicht in den Hausflur. Hab schon eine schriftliche Verwarnung bekommen. Ich denke, dieser Staat ist kinderfreundlich? Der Staat ja, aber nicht jede Hausverwaltung …

Unterwegs, ich schob den Kinderwagen, fing ich vorsichtig an. Sag, das mit der Autogrammkarte von Alain Delon, da hast du doch nur Spaß gemacht? Wolltest bloß unseren Frank hochnehmen. Nee, wieso? antwortete meine Frau, ich mach das wirklich. Will doch mal sehen, ob sowas funktioniert.

Ich blieb stehen. Meinst du das im Ernst, Linda?

Natürlich, warum nicht? Wir leben auch auf dieser Erde und Alain Delon ist für alle da. Da brauchen sie seine Filme nicht zu zeigen, wenn man sich nicht einmal eine Autogrammkarte von ihm schicken lassen darf. Nein, Franz, ich mach das.

Versteh mich nicht falsch, sagte ich, natürlich mach das ruhig, aber, aber ich fürchte, ich werde Ärger kriegen, ein Kumpel vom Nachbarzug hat wegen eines Buches von Günter Grass Ärger mit der Stasi bekommen, und da hatte sich nur sein Bruder ein Buch signieren lassen, mein Kumpel war sozusagen nur indirekt beteiligt …

Linda lachte auf: Sooo? Komm nur weiter, bleib nicht stehen, und ach was, Franzl, mach dir nicht in die Hosen. Das ist doch eine Kinderei. Was soll schon passieren? Gestern, da war das nur so eine Idee von mir, jetzt aber hab ich es mir in den Kopf gesetzt, und du weißt, wenn deine kleine Linda etwas will, dann …

Jaaa, ich weiß, meine kleine Linda ist ein Trotzköpfchen. Ich nahm sie in die Arme, küsste sie und die Kleine in ihrem Wagen ließ ein lustiges Kreischen hören. Wir fuhren im Zoo herum, genossen Schokoeis am Stiel, ich nahm Betty auf die Schultern. Schau Betty, dort die Elefanten, und da, die mit den langen Hälsen, das sind Giraffen. Die können über jeden Zaun gucken.

Der Urlaub ging mit jedem Tag schneller vorbei. Was ist schon eine Woche. Schließlich wurde es Sonntagabend und Linda und ich, wir standen auf dem Bahnhof und ließen die Köpfe hängen. Linda hatte Tränen in den Augen. Auch die Kleine hatten wir dieses Mal dabei. Natürlich verstand sie nichts. Sie freute sich über den Bahnhofstrubel, saß in ihrem Wagen und lachte, rief ihr neu gelerntes Wort „Papa“.

Das nächste Mal würde ich dann im Sommer Urlaub bekommen, dachte ich. Hoffentlich. Denn sicher war das keineswegs. Es konnte alles Mögliche passieren.

Die Zugfahrt verlief langweilig, und sie kam mir kurz vor. Ein paar Kumpels aus der Nachbarkompanie und auch von unserer Einheit stiegen in Leipzig und in Erfurt zu. Wir quatschten Allgemeines, über Fußball, über Autos, erzählten von den daheim gebliebenen Weibern, einer hatte Karten mit. Ein anderer packte Würste, ein dritter Schnaps aus. Wir spielten bis zum Zielbahnhof Skat, fraßen Knackwürste, tranken Wilthener Weinbrandt. Nicht um Geld, nur so aus Spaß und Langeweile spielten wir. Komischerweise gewann ich laufend.

Glück im Spiel … frozzelte einer. Ich sagte, man kann auch auf beiden Feldern ein Glückspilz sein. Ich werd’s euch beweisen. Und ich dachte dabei schon an die rothaarige Julia, der ich entgegenfuhr, ein bisschen zwar mit schlechtem Gewissen, denn die Tage mit Linda waren noch im Gedächtnis, aber da war so ein Kribbeln in mir, so ein Gefühl von Übermut, von Hybris, und ich überlegte angestrengt, wie es anzustellen wäre, Julia möglichst bald zu treffen.

Träum nicht, du kommst raus, brüllte mir mein Nachbar ins Ohr. Ich erschrak und ordnete meine Karten. Doch mit dem nächsten Stich war ich schon wieder obenauf. Seht ihrs, ich hab eine Glückssträhne ... wer weiß wie lange noch, sagte mein Nachbar und griente mich an.

In der Kaserne, da merkte ich es nach kurzer Zeit, kaum, dass ich den Koffer ausgepackt hatte. Irgendetwas stimmte nicht. Dicke Luft, gedrückte Stimmung, zugesperrte Gesichter.

Was isn los? fragte ich Karli, der auf dem Bett gelegen und im Halbschlaf vor sich hingedöst hatte. Er gähnte, rutschte vom Bett runter, stand auf, ging in Socken zum Fenster, zog mich mit, flüsterte, damit wir gleich sehen, wenn hier einer reinkommt.

Mensch, was is denn? fragte ich noch einmal.

Die ham den Schnulli in der Mangel. Schon den zweiten Tag muss er nach Dienst ins Zimmer vom KC. Dort wird er von den „Organen in einer Angelegenheit" befragt, wie es offiziell heißt. Natürlich is es die Stasi, die sin extra vom Grenzkommando Meiningen hergekommen. Zwei Mann. Ein Oberstleutnant und ein Zivilist. Auch jetzt ist Schnulli wieder dran. Schon eine und eine viertel Stunde quetschen sie ihn aus. Karli schaute auf seine Armbanduhr. Was eigentlich los ist, wissen wir nicht. Niemand sagt was. Schnulli schweigt sich aus, macht nur ein verdrossenes Gesicht, rennt rum wie Falschgeld. Aber auch Holzknie, das alte Waschweib, drückt nichts ab, obwohl der sicher etwas weiß. Es muss bei Schnulli irgendwas zu Hause vorgekommen sein. Mit seiner Kirsche, vermutet Katzschmar. Wo der das her weiß, keine Ahnung, aber du kennst ja die Fotze. Übrigens, redet Karli weiter, du hast Schwein mit deinem Urlaub gehabt. Seit Dienstag ist nämlich Urlaubssperre. Verstärkte Grenzsicherung. Wir ham die Arschkarte gezogen – Nachtschicht. Große Scheiße. Jeden Tag Nachtschicht, da gehst du in die Asche, sag ich dir. Bin müde wie ein Schwein ... soll aber mindestens noch drei Tage so weitergehen. Der ganze Urlaubsplan kommt durcheinander. Die für Silvester eingetragen sind, wissen nicht, ob sie fortkönnen. Eine Stimmung wie auf dem Pulverfass. Alle sind sie gereizt ...

Weswegen denn die Sperre? frage ich.

Ach, irgendwas Politisches, zwischen den Amis und den Russen. Große Weltpolitik. Der Dritte Weltkrieg droht wieder mal. Ach, ich hab nicht richtig hingehört, ist ja sowieso immer dasselbe. Wirst es zur Dienstausgabe heute Abend noch erfahren.

Scheiße! dachte ich, also wird es in den nächsten Tagen nichts mit Julia, aber sofort fiel mir, als ich mir die Sache mit Schnulli durch den Kopf gehen ließ, die Schicht am alten Holz-B-Turm ein, wo er mir sein Leid geklagt hatte und wo er von der verschwundenen Briefseite gesprochen hatte. Vielleicht befragen die mich nun auch, dachte ich, vielleicht hat Schnulli gequatscht und ausgeplaudert, mit wem er darüber geredet hat. Verdammte Scheiße!

Ich kam nicht zum weiteren Nachdenken, weder ob und wie ich Julia treffen könnte, noch ob Schnulli was ausgequatscht hatte, denn Holzknie trat in unsere Bude. Er lachte, als er mich sah. Na, da sind wir ja wieder in Kampfstärke. Übrigens, plauderte er weiter, während er im Zimmer umherspazierte, übrigens, Soldat Malef, Sie werden heute Nacht mit mir unterwegs sein. Er drehte sich um und glotzte mir dreckig feixend ins Gesicht. Na und? sagte ich, was ist dabei, da wird es wenigstens eine ruhige Schicht ... die anderen im Zimmer grienten, Karli sah ich an, dass er eine Antwort von Holzknie erwartete, denn dass es eine ruhige Schicht würde, spielte ja darauf an, dass Holzknie im Grenzdienst als faule Sau galt, der sich, besonders nachts, möglichst nicht von der Stelle bewegen wollte. Doch Holzknie verkniff sich jede Bemerkung, vielmehr schlug er mir im Hinausgehen kameradschaftlich auf die Schulter. Macht euch langsam zum Abendessen fertig, Genossen, in zehn Minuten ist es so weit, danach beginnt die Dienstvorbereitung. Zehn vor sechs ist Befehlsausgabe. Punkt! 20.00 Uhr ist Abrücken.

Wumms! Die Tür schlug hinter Holzknie zu.

Na, Franz, da hast du ja die Arschkarte gezogen, sagte Otto. Wenn du mit mir gehen würdest, wäre es schöner. Vor allem, ich hab wieder ein paar neue Tricks auf Lager, du würdest staunen. Die wirst du mir schon noch verraten, lachte ich und steckte mir die Bestecktasche hinter das Koppel. Ich sage dir, der Otto erfand immer wieder Bequemlichkeiten, Erleichterungen und Neuerungen, wie z. B. seine Tannenwippe, ein Ästegeflecht, in das man sich lümmeln und das man zwischen zwei Stämmen anbringen konnte, um darin zu schaukeln wie auf einer Hollywoodschaukel, oder die Götterstütze, ein Kopfkissen aus Gras, das so weich wie ein Daunenkissen war, oder seine Grenzer-Rezepte, wo man mit einem kleinen Papierfeuerchen Pilze und verschiedene Würste grillen konnte, einmal hat er sogar zwei Mäuse gefangen, sie aus dem Pelz mit einer Rasierklinge, die er aus seinem Käppi hervorholte, gepuhlt und das Fleisch-Knochen-Gewusel dann über einem Holzspanfeuer gebraten. Aber er musste schließlich alles selber fressen, der andere, ich weiß nicht mehr, wie sein Name war, hat nach dem ersten Mini-Bissen furchtbar gekotzt. Trotzdem hat Otto später seinen Mäusebraten gelobt und behauptet, dies wäre der Snack der Zukunft, wenn die Welternährung in Frage stünde, Mäuse gäbe es immer genug, und mit einer Variierung der Gewürze könne man eine ganze Mäusespeisenpalette entwickeln. Auch Rouladen? hatte einer gewitzelt, oder Mäuseeisbein? Ach was, hatte Otto geantwortet, sein Mäusebraten, wie er ihn draußen kredenzt habe, nur mit viel Butter und Knoblauch, wäre wirklich etwas Feines – eine echte Delikatesse. So wie Weinbergschnecken etwa. Nur mit ein paar Knöchelchen darin.

Also gut, Otto, sagte ich, verrate mir, woran du diesmal knobelst. Ist es Heuschreckensalat oder ein Fußwärmer aus Tannenmoos? Die anderen lachten und Otto machte ein ärgerliches Gesicht. Ihr werdet staunen! brummte er und zog sich die Stiefel an.

Draußen hatte es schon das zweite Mal getrillert. Zug! Fertigmachen zum Abendbrot.

Wir wunderten uns, weißt du, denn Schnulli war noch immer nicht wieder aufgetaucht. Er blieb verschwunden, verschollen beim Verhör im KC-Zimmer. Erst als wir abrückten und die Treppe zur Waffenkammer herunterpolterten, sahen wir ihn ganz kurz auf dem Kompanieflur, wie er in Begleitung der beiden Männer aus Meiningen vom Zimmer des KC in ein anderes geführt wurde. Mir krampfte sich der Magen zusammen und alle Ängste und Befürchtungen kamen wieder hoch. Morgen bin ich dran! dachte ich, verdammte Scheiße!

Zur Befehlsausgabe erfuhr ich dann, welches Revier ich zusammen mit Holzknie bekommen und dass ich dabei den Trabant-Kübel zur Verfügung haben würde. Unser Stamm-Trabbi-Fahrer lag, wie ich erst bei dieser Gelegenheit erfuhr, mit einer Blinddarmentzündung in Meiningen im Lazarett. Dass ich Fahrer sein würde, dies wenigstens versöhnte mich. Ich saß gerne in dem kleinen wendigen Kübel. Manchmal testeten wir den knatternden 26-PS-Motor und die Geländegängigkeit des Fahrwerkes, fuhren einfach so, ohne dass dazu ein Zwang bestand, steile Hänge im Gelände hinauf, die man kaum zu Fuß erklimmen konnte, rasten über holprige Wiesen, dass einem hinterher alle Knochen weh taten, wir durchquerten kleinere Bäche oder machten die berühmte Kehre, indem wir plötzlich die Handbremse zogen und den Lenker scharf nach links oder rechts einschlugen. Dann jagte der Wagen im rechten Winkel weiter, schlug sozusagen wie ein Hase den Haken. Natürlich konnte man das nicht mit allen Beifahrern machen. Mit Holzknie sicherlich nicht, auch mit kaum einem der anderen Unteroffiziere oder gar mit einem Offizier, aber wenn wir unter uns waren, dann gab es für solche Rallyes kein Halten mehr. Dann jagten wir wie die Idioten durchs Gelände und manchmal kamen wir mit einer gebrochenen Achse, einem angerissenen Querlenker oder ohne Auspuff in der Kaserne an. So was passiert, sagten wir, schließlich sei die Grenze keine asphaltierte Piste. Die Teile wurden ausgetauscht und damit war die Sache vergessen. Normaler Materialverschleiß. Klar. Es gab keine Nachfragen. Zwar machte der Schirrmeister manchmal ein verdrießliches Gesicht, doch Konsequenzen hatte es bisher nicht gegeben.

Also wir fuhren hinaus. Ich musste mit Holzknie zum Spanshügel, einem unübersichtlichen und wilden Gelände voller Hecken, Gebüsch, Waldstücke und kleinerer Bäume und einem markanten steil aufragenden Berg, der dem ganzen Gebiet den Namen gegeben hat und der wie ein kleiner Vulkan mindestens 250 Meter steil in die Höhe ragte. Wie Holzknie hier abruhen wollte, konnte ich mir nicht vorstellen. Vielleicht aber stimmte das mit seiner

Faulheit auch gar nicht, ich war mit ihm ja noch nie alleine auf Schicht gewesen. Vielleicht war es nur ein Gerücht oder üble Nachrede, weil er in der Kaserne und bei der Ausbildung so ein furchtbares Schwein war. Ich gebe zu: Ein bisschen war ich sogar neugierig auf ihn. Andererseits, und dieser Gedanke kam mir auch, hatte er mich womöglich mit Absicht ausgewählt, um mir, wenn er mit mir allein in der rabenschwarzen Nacht am Strich unterwegs war, manches heimzuzahlen, zum Beispiel die Sache damals vom Kompanievergnügen. Dies alles ging mir durch den Kopf, während ich mit eingeschaltetem Tarnscheinwerfer und nicht zu schnell auf dem Plattenweg unserem Ziel entgegenfuhr. Holzknie, neben mir, schwieg, er hatte die Beine hochgezogen, hielt die MPi zwischen den Knien und schien zu schlafen oder vor sich hin zu dösen. Die Unebenheiten des Fahrweges schüttelten uns durch, Holzknie wurde davon nicht wach und ich wusste nicht, ob er wirklich weggesackt war oder sich nur schlafend stellte, jedenfalls hörte ich von ihm die ganze Fahrt über kein Sterbenswörtchen. Dann jedoch, als wir an einem kleinen Erdbunker, unserer B-Stelle, angekommen waren, ich den Motor abgestellt hatte und aussteigen wollte, hielt er mich plötzlich am Uniformärmel fest und sagte: Das nächste Mal fährst du so, dass mir mein Abendbrot nicht wieder hochkommt, ein Geschüttel war das, furchtbar. Ich sagte: Da ist nichts zu machen, Genosse Oberfeld, der Kolonnenweg ist nun mal nicht ebener, die Plattenstöße wird man immer spüren.

Ja, schon gut. Lass das mit dem Genosse Oberfeld. Hier draußen kannst du mich mit meinem Namen anreden, nur hier draußen, verstehst du, damit das gleich klar ist. Sag also Jürgen zu mir, so wie ich zu dir „du“ sage, und wo nötig „Franz“. Klaro?

Ich nickte, lächelte. Ohrlreuth. Er ließ meinen Ärmel los und wir stiegen aus. Ich staunte. Damit hatte ich nicht gerechnet. Holzknie als Mensch und Kumpel. Ob da was dahintersteckte? Und sofort dachte ich daran, wie er Patrouille für den Major Weingärtel gelaufen war, draußen vor der Kneipe, wo drinnen das Kompanievergnügen stattfand. Gehört er etwa zu dessen „geheimer Fraktion“? Ich fröstelte bei dem Gedanken. Doch vorläufig schienen meine Bedenken unbegründet, denn Holzknie sagte, als ob er meine Gedanken erraten hätte: Keine Angst, mein Lieber, ich will dir nicht zu nahe treten! Komm, wir machen erst mal Meldung, dass wir angekommen sind. Ich geh zum Anrufemast und du schaust dich hier um. Klaro?

Zu Befehl! sagte ich, und suchte die Umgebung mit dem Nachtsichtgerät ab. Es war stockdunkel hier. Kein fernes einsames Licht. Kein Gebäude mit erleuchteten Fenstern. Wo der Wald war, sah man gezackte Tannenwipfel, die sich gegen den Sternenhimmel abhoben. Nur aus der Richtung, in der drüben im Westen die kleine Stadt Mellrichstedt lag, schien der Horizont ein wenig aufgehellt. Kaum ein Geräusch war zu hören. Manchmal knackte im nahen Wald ein Ast. Ein paar Mal bellte ein Rehbock, dann wieder hörte man Hundegeheul, wahrscheinlich von den Grenzbestien, die im Nachbarabschnitt an Laufkatzen hingen und die man hungern ließ, damit sie besonders scharf blieben. Ansonsten gab es nichts Verdächtiges. Alles schien ruhig und normal. Ich bückte mich und kroch in den Bunker hinab. Es roch darin ekelhaft nach Feuerresten, nach verkohltem Holz, verbranntem Fleisch, zerschmolzenem Plastik, wahrscheinlich hatten unsere Vorgänger und deren Vorgänger hier immer wieder ein Feuerchen gemacht und Würste gegrillt, es roch auch nach Urin und fauligem Schlamm. Ich selber war hier noch nicht gewesen. Ein Scheißplätzchen, dachte ich. Und an diesem trostlosen Ort mussten wir nun, bis auf ein paar Kontrollgänge, die wir zu Fuß oder mit dem Kübel durchs Revier zu machen hatten, acht lange und verdammte Stunden ausharren. Der Innenraum war so eng und niedrig, dass man weder aufrecht darin stehen noch sich an einer Seite ausstrecken und abruhen konnte. Ich hockte mich auf einen Holzblock, der irgendwann hereingebracht worden war und seither als luxuriöse Ergänzung der vorhandenen Sitzbretter diente, ich legte die MPi ab, erleichterte mich, indem ich Tragegeschirr und Koppel lockerte, warf einen Blick durch die Beobachtungsschlitze und wartete auf Holzknie. Es dauerte fast eine halbe Stunde, bis er kam. Und er schlich sich so leise an, dass ich ihn fast nicht gehört hätte. Vielleicht wollte er mich testen. Gut geschlichen, Genosse Oberfeld, sagte ich. Er antwortete nicht. Ob er über meine Bemerkung gelächelt hat, konnte ich in der Dunkelheit nicht sehen. Er hockte sich neben mich, brannte sich, auch dies tat er wieder gut getarnt, indem er die Hände beinahe geschlossen hielt, eine Zigarette an. Eine Weile paffte er schweigend, dann fragte er mich plötzlich und unvermittelt, was ich über den Beruf eines Theaterbeleuchters wisse. Wie er erfahren habe, lebe ich ja in Dresden und in dieser Kunststadt, wo es so viele Theater gäbe, müsse ein Mensch wie ich über Kunst und Kunstausübung, so habe er gedacht, Bescheid wissen. Er wüsste, ich hätte Abitur und ein Studium abgeschlossen. Und meine engsten Verwandten wären Künstler, Musiker, wenn er es richtig im Kopf hätte. Also könne ich ihm die gewünschte Auskunft ganz bestimmt geben.

Warum er das wissen wolle, fragte ich zurück, denn ich hatte den Verdacht, Holzknie wollte mich aufs Glatteis locken, zwar hatte ich keine Ahnung warum, aber hier an der Grenze musste man bei allem vorsichtig sein, man konnte nie wissen, wohinein man gezogen werden sollte. Irgendeine harmlose Frage und eine unüberlegte Antwort und schon durfte man am nächsten Tag beim Polit oder beim KC auf der Matte stehen oder noch schlimmer, die Stasi kam vom Stab herüber und man musste bei denen antanzen und wurde verhört. Alles schon vorgekommen, alles schon passiert, dachte ich – also Vorsicht! Und ausgerechnet das Theater und der Oberfeldwebel Holzknie, das passte ungefähr so zusammen wie saurer Hering und Vanille-Pudding oder wie Richard Wagner und Herbert Roth oder wie der Schwarze Kanal und Pittiplatsch, der Liebe …

Ich schwieg also und wartete, was nun kommen würde. Holzknie antwortete nicht gleich. Er schien sich zu bedenken, und als er anfing, hörte ich eine große Schamhaftigkeit und Verlegenheit aus seiner Stimme. Heiser und stockend sprach er, redete so, wie ich ihn vorher noch nie erlebt hatte. In einem halben Jahr, sagte er, habe er es geschafft, dann seien seine zehn Jahre rum, zu denen er sich verpflichtet habe, dann werde er entlassen. Keiner in der Kompanie könne ahnen, wie sehr er diesen Tag ersehne, denn er habe vor, ein neues Leben zu beginnen. Nicht etwa auf dem vorgezeichneten Weg wolle er wandeln, auf dem die meisten Zehn-Ender gingen, FDJ-Sekretär, Polizeidienst, Sicherheitsinspektor in irgendeinem VEB, hauptamtlicher Parteisekretär oder so etwas, nein, er habe sich etwas ausgedacht, das seinem Leben eine völlig neue Richtung gebe. Keiner wisse davon. Denn er habe eine Passion, die er nun verwirklichen wolle: das Theater! Und vorläufig solle ich die Schnauze halten, solange bis alles spruchreif sei, und er rede deswegen zu mir, weil er meine Hilfe brauche, ja meine Hilfe wolle er und er wisse, ich könne ihm helfen, ich sei in der Kompanie der Einzige, der ihm zu helfen vermöchte. Er machte eine Pause und ich war froh, dass es stockdunkel im Bunker war und er mein Gesicht, meinen vor Staunen offen stehenden Mund nicht sehen konnte, denn ich war ziemlich erschrocken. Ich war baff. Hatte Holzknie den Verstand verloren? Oder steckte wirklich irgendeine abgefeimte Schurkerei dahinter? Auf der anderen Seite hatte seine Stimme so ehrlich und verlegen geklungen, dass ich ihm zu glauben begann. Doch was sollte ich für ihn tun? Was konnte ich tun? Ich wusste es nicht. Holzknie indes sprach weiter, leise und eindringlich sagte er: Ja, er wolle zum Theater, natürlich nicht als Schauspieler oder so, sondern etwas Technisches wolle er machen – Beleuchter, zum Beispiel. Dies sei sein großer Traum. Abend für Abend der Vorstellung das richtige Licht zu geben, vielleicht auch noch andere Technik, vielleicht die Tontechnik zu bedienen. Oder die Windmaschine, Regenimitationen. Auf diese Weise könne man auf der Bühne, die die Welt bedeute, wie Gott agieren. Es werde Licht! Tag könne man es werden lassen oder Nacht. Regen und Wind, die Elemente herbeirufen. Nichts Schöneres gebe es für ihn, nichts Erhabeneres, nichts Gewaltigeres …

Plötzlich, du glaubst es nicht und ich hörte es mehr, als dass ich es sah, erhob sich Holzknie; ich zündete ein Streichholz an, um ihn zu sehen: Tatsächlich, Holzknie war aufgestanden von seinem Holzbrett. Er stand gebückt, denn der Bunker erlaubte es nicht, aufrecht zu stehen, er breitete die Arme aus, begann zu deklamieren. Ich dachte einen Moment, er hätte vollkommen den Verstand verloren, als er mit vibrierender Stimme ausrief: *Hör hier meinen*

*Kleist!* Aber dann war ich voll von ehrlichem Erstaunen. Holzknie rezitierte aus dem Prinz von Homburg:

Hoch auf, gleich einem Genius des Ruhms,
Hebt sie den Kranz, an dem die Kette schwankte,
Als ob sie einen Helden krönen wollte.
Ich streck, in unaussprechlicher Bewegung,
Die Hände streck ich aus, ihn zu ergreifen:
Zu Füßen will ich vor ihr niedersinken.
Doch, wie der Duft, der über Täler schwebt,
Vor eines Windes frischem Hauch zerstiebt,
Weicht mir die Schar, die Ramp ersteigend, aus.
Die Rampe dehnt sich, da ich sie betrete,
Endlos, bis an das Tor des Himmels aus,
Ich greife rechts, ich greife links umher,
Der Teuren einen ängstlich zu erhaschen.
Umsonst! Des Schlosses Tor geht plötzlich auf;
Ein Blitz, der aus dem Innern zuckt, verschlingt sie,
Das Tor fügt rasselnd wieder sich zusammen:
Nur einen Handschuh, heftig, im Verfolgen,
Streif ich der süßen Traumgestalt vom Arm:
Und einen Handschuh, ihr allmächtgen Götter,
Da ich erwache, halt ich in der Hand!

Ist das nicht gewaltig, Franz? *Solche Verse!* Ersonnen von einem Militär, einem Offizier wie Heinrich von Kleist! Auch der ist ja ein Seiteneinsteiger gewesen! Goethe hat ihn nie anerkannt. Also muss ich mich nicht bekümmern … und bei mir geht es ja nicht ums Dichten … Klaro?

Und jetzt, pass auf: Mit leiser, aber eindringlicher Stimme fuhr der Oberfeldwebel fort: Als Kind sei er viel auf dem Theater gewesen, in Zwickau am Stadttheater, die sächsische Stadt sei seine Heimatstadt, dort komme er her, am Stadtrand Richtung Crossen sei er aufgewachsen; sein Onkel habe dort als Theatertechniker gearbeitet, Georg, der Bruder der Mutter, der sich nach dem plötzlichen Tod des Vaters um die Familie gekümmert habe. Und so habe er ihn, seinen kleinen Neffen, eines Tages mit auf seine Arbeit genommen, auf das Theater, und er, der kleine zehnjährige

Junge, habe die Theaterluft geschnuppert, eine Luft, die tatsächlich etwas Besonderes sei und ganz besonders rieche, und die man, wenn man sie einmal gerochen habe, niemals wieder vergäße, also da habe er beschlossen, damals Ende der Fünfziger, Anfang der Sechziger, habe er sich vorgenommen, es später dem Onkel gleichzutun und zum Theater zu gehen. Doch wie es im Leben so geht, sei alles anders gekommen und er sei nach seiner Lehre als Maschinenschlosser bei der Armee, zum Schluss bei den Grenztruppen, gelandet. Jetzt aber, nach zehn langen Jahren, sei das Ende in Sicht und da sei der alte Traum wieder hervorgebrochen. Und er denke, mit den guten Zeugnissen von der Armee, mit seinem Facharbeiterzeugnis, da habe er eine Chance, sein Ziel zu erreichen. Aber seine Schwachstelle sei alles Schriftliche, schon mit einem Brief habe er so seine Probleme, erst recht mit einem schriftlichen Lebenslauf und einem Bewerbungsschreiben. Und hier sei der Punkt, wo er meine Hilfe benötige. Er wisse, alles Schriftliche, sei für mich ein Leichtes, er habe eine kleine Ausarbeitung von mir gelesen, die ich nach dem Politunterricht angefertigt habe, und da sei ihm plötzlich innegeworden, dass ich sein Mann sei. Zum Polit wolle er nicht gehen oder zum KC, nein, er wünsche sich, dass ich ihm behilflich sei – und es solle mein Schaden nicht sein. Es gäbe ja hier im Grenzregime Tausende Kleinigkeiten, wo er mir eine Gegenleistung erbringen könne. Nur Ja solle ich sagen. Also, abgemacht? fragte der Oberfeldwebel Holzknie, und er streckte mir seine Hand entgegen. Im Nachtlicht sah ich seine helle Hand auf mich gerichtet wie ein fremder Gegenstand und ich ergriff sie, schlug ein. Ganz spontan tat ich das, fast ohne nachzudenken, und ich ahnte in diesem Augenblick noch nicht, was dieser Handschlag für mich in weniger als einem Vierteljahr bedeuten würde, dass er mir eine Möglichkeit geben würde, den folgenreichsten Schritt meines Lebens vorzubereiten und zu tun. Denn ich war in diesem Moment nur von Holzknies Offenheit überrascht, von seiner unerwarteten menschlichen Seite, von der unglaublichen Tatsache, dass einer wie er wirklich zum Theater wollte. Ein Zyniker, für den ich ihn bisher gehalten hatte, ein Schleifer und Soldatenschinder, Holzknie, der regelrechte

Landsertyp. So einer, dachte ich, interessiert sich für Poesie, für das Theater, für Dichtung, für Künstlerisches? Er schien meine Zweifel zu ahnen, ich sah im Dunkeln seine Augen aufblitzen, als er sich lachend auf die Schenkel schlug. Das hättest du nicht gedacht, dass ein Typ wie ich das Theater und die Künste liebt, und es ist ja auch schwer begreifbar, das gebe ich zu. Aber es entspricht der Wahrheit, ich liebe nun mal Puccini und ich liebe Kleist, so wie ich die 7,65iger Kalaschnikow liebe und die Dienstvorschrift der Grenztruppen. Warum auch nicht? Jeder Mensch ist ein Widerspruch in sich, man sieht es nur oft keinem an und kaum einer weiß es von sich selber.

Ja, lachte ich, da hast du sicher recht, und der berüchtigte „Kongo-Müller“ fiel mir ein, den ich kürzlich im Fernsehen gesehen hatte und den man mit Rake halb besoffen gemacht hatte, damit er über seine Söldnerzeit in Afrika berichtete, und der in unnachahmlicher Pose, lässig in einem Sessel lümmelnd, gesagt hatte, er liebe Mozart und das leichte Maschinengewehr.

Nein, wirklich unvorstellbar, rief ich zum zweiten Mal, Holzknie, du und ein Theatermensch. Der Holzknie und das Theater! Das glaubt mir keiner. Die lachen mich aus.

Halt ja dein Maul, rief nun mein Gegenüber, das braucht außer dir keiner zu wissen. Maul halten, verstanden? Sonst … Auch über die zweite Sache, meine Bitte meine ich, auch darüber zu keinem ein Wort. Klaro?

O.k., sagte ich, ich schweige. *Grenzerehrenwort!*

Indes, ich weiß nicht warum, glaub mir, ich sagte das nicht nur so, glaubte ihm tatsächlich und ich wollte ihm helfen, ihm beim Abfassen des Lebenslaufes und dem Erstellen einer Bewerbung zur Seite stehen. Warum nicht? Das war auf alle Fälle kein Problem für mich, hatte ich doch schon, und ich vermutete plötzlich, dass Holzknie davon wusste, manchem Kameraden beim Schreiben eines Liebesbriefes geholfen, sogar kleine Illustrationen hatte ich auf den Briefrand gezeichnet. Einem hatte ich einmal einen Brief an seine Firma diktiert, einem anderen ein Schreiben nach Hause, an die Gemeindeverwaltung … beinahe war ich zu einem gefragten Geheimschreiber geworden.

Also o. k.! sagte ich noch einmal und drückte wie zur Bekräftigung Holzknie die Hand.

Sag mir Bescheid, wann es losgehen soll. Holzknie sagte „Danke!“ und klopfte mir anerkennend auf die Schulter.

Das werde ich dir nicht vergessen, Franz!

Einen Moment lang herrschte Stille in unserem Bunker, jeder hing seinen Gedanken nach. Wir hatten uns eine Zigarette angebrannt, uns wechselseitig Feuer gegeben. Gerade wollte ich den Oberfeld noch etwas fragen, ein paar Einzelheiten zu seiner Biografie, die mich interessierten und die ich wissen musste, wenn ich für ihn Bewerbung und Lebenslauf schreiben sollte, als plötzlich ein trockner und ziemlicher lauter Knall zu hören war. Er kam vom Abschnitt unterhalb des Spanshügels, es war kein MPi-Schuss oder etwa eine Pistole, auch kein Signalgerät, das, wie es zuweilen auch ohne einen Grund vorkam, hochgegangen war, es klang nach einer Mine aus der Sperre. Zwar hatte ich noch nicht viele Minen explodieren hören, noch nie eine solche Explosion gesehen, aber man vergisst dieses Geräusch nicht, diesen lauten, zischend pfeifenden Ton, der aber immer bedeutet, dass durch die enorme Druckwirkung des Sprengkörpers ein Mensch oder auch ein Tier entweder schwer verletzt wurde oder zu Tode gekommen ist. Tolle Geschichten wurden erzählt, ich hatte von abgerissenen Gliedmaßen, von Verstümmelungen, von halb zerfetzten Wildschweinen und Rehen, auch von Fehlauslösungen durch Frost gehört. Aber ich selber hatte so was noch niemals erlebt. Jetzt, mitten im Sommer, konnte es kein Frost sein, also ging es um Leben oder Tod. Ich weiß noch, ich begann zu zittern …

Das war eine Mine! rief Holzknie und sprang auf. Komm, mach dir nicht in die Hose, wir müssen los.

Als wir aus dem Bunker krochen, hörten wir dann auch das Geschrei.

Den Schrei eines tödlich verletzten Menschen. Er ging einem durch Mark und Bein und man vergisst ihn nicht. Noch Jahre später würde ich mich daran erinnern, würde ich diesen schrillen Schmerzensschrei des Mannes hören, der auf die Mine getreten war, würde die folgenden grausamen Bilder wieder und wieder sehen.

Wir verharrten einen Moment.

Man kann, wenn man den Todesschrei eines Menschen hört, nicht einfach weiterlaufen, man muss stehen bleiben, unwillkürlich, gebannt durch einen Reflex, man muss hören und ein kalter furchtbarer Schrecken fährt einem zum Herzen. Also erstarrten auch wir und verharrten auf der Stelle. Dann aber, es mochten nur Sekundenbruchteile vergangen sein, fasste mich Holzknie am Arm, rüttelte mich. Komm los, wirf den Kübel an! Wir müssen hin.

Wir fuhren nur ein paar hundert Meter. Hier ist es! rief Holzknie, halt an, bleib zur Sicherung in der Nähe des Wagens, ich geh nachschauen. Ich stoppte, drosselte den Motor. Wie er die Stelle gefunden hatte, war mir schleierhaft, ich sah nichts Ungewöhnliches, auch hatte inzwischen das Geschrei aufgehört, nur ein schwaches Röcheln war noch zu hören, aber auch das verstummte bald. Über der ganzen Szene lag eine unheimliche Stille, der milchige Schleier des aufziehenden Morgens zeigte sich. Es war ungefähr 6 Uhr. Holzknie sprang aus dem Kübel, lief über den 6 m KS, kletterte durch den Kfz-Graben, machte sich am Streckmetallzaun zu schaffen, bog ihn ein Stück auseinander, kroch in die Sperre. Im selben Moment rief er zu mir herüber: Oh, hier ist es! Ich hab ihn. Wir brauchen Hilfe, ich komm gleich zurück! Und er kam tatsächlich auf demselben Weg, wie er hingelangt war, zurück. Als er über den KS lief, bückte er sich plötzlich, hob etwas auf. Niemals werde ich das Bild vergessen, als Holzknie vor mir stand.

Schau, was ich noch auf dem KS gefunden habe!

Und er hielt an einem Schnürsenkel einen Schuh, baumelte damit. Ein Corpus delikti! sagte er. Den hat die Mine abgerissen und herübergeschleudert.

Und jetzt hör zu: Das Grausige und kaum Vorstellbare aber war: In dem Schuh steckte noch ein Fuß und ein Stück Unterschenkel. Eine blutige Socke hing daran, ein Stofffetzen von der Hose. Ich wendete mich ab. Es würgte mich, beinahe hätte ich gekotzt. Holzknie lachte. Was ist los mit dir? Nimm dich zusammen. Hast wohl noch nie die Reste gesehen, die von einem übrig bleiben, der auf eine unserer Schuhcremeschachteln getreten ist? Bewach das Stück schön, es ist wertvoll!

Und er setzte den Schuh neben sich auf die Betonplatte des Fahrweges. Ich geh erst mal anrufen! sagte er. Ich starrte auf den Schuh und den blutigen Beinstumpf und fühlte, wie es mir den Hals zuschnürte. Ich konnte nicht mehr stehen, musste mich neben dem Plattenweg ins Gras setzen. Es war taufeucht und mein Hintern wurde nass, aber das war mir egal, ich konnte einfach nicht mehr. Ich hatte, wie man sagt, weiche Knie bekommen. Holzknie stand am Anrufemast des Grenzmeldenetzes, keine zehn Meter von mir entfernt, und machte Meldung. Er tat das laut und umständlich, aber er hielt die Kladde mit den Codewörtern und Verschlüsslungen vor die Augen, leuchtete mit der Taschenlampe darauf, buchstabierte das Vorkommnis in der befohlenen Geheimsprache. Vollkommener Blödsinn, dachte ich. Die drüben würden sicher längst Bescheid wissen. Wahrscheinlich säßen die BGS-Leute bereits in der Nähe und beobachteten uns. Ist ja immer so. Verdammte Kacke.

Es dauerte eine Weile, vielleicht drei oder vier Minuten, dann kam der Genosse Oberfeld zurück, hockte sich neben mich. Schöne Scheiße, das! murmelte er. Scheint einer von drüben zu sein, der rüber wollte. Warum die sich nicht in den Zug setzen, können doch ganz offiziell einreisen, die Wichser. Ich versteh das nicht. Wollen uns nur zusätzliche Arbeit machen. Scheißkerle. Wer weiß, was dahintersteckt. Vielleicht hat er Dreck am Stecken oder so. Nun hat er die Scheiße! Aber er hat Glück gehabt, der Arsch, er lebt noch, nur das Bein ist fort. War aber schon ziemlich abwesend … hat mich kaum wahrgenommen. Na gut. Hab jedenfalls alles gemeldet. Nun wird planmäßig abgespult: Der ZF wird den KC informieren. Die schicken dann einen LO mit der Bergebrücke und außerdem den Sankra. Da kriegt unser Sani, der faule Sack, wenigstens mal was zu tun. Ich denke, die werden den Kerl noch heute nach Meiningen schaffen, muss ja versorgt werden, das arme Schwein …

Ich sagte: Und wenn er nun verblutet? Wenn man ihn nicht rechtzeitig versorgen kann?

Holzknie: Dann hat er Pech gehabt, wusste doch, dass da Minen liegen. Weiß doch jeder. Ich hab ihm aber das Bein über dem

Knie mit einem Strick abgebunden. So schnell wird er schon nicht verbluten …

Ich: Hab gar nicht mitgekriegt, dass du ihn abgebunden hast. Das ist … das ist … Mensch Holzknie. Hast du mit ihm geredet?

Holzknie: Nein, hab ich nicht, und brech dir nur keine Verzierung ab, man ist doch kein Schwein. Der wird noch genug Ärger kriegen … und ein Holzbein auch.

Holzknie lachte kurz auf, dann fuhr er fort: Wird ein ganz schöner Auflauf werden, sag ich dir. In einer Viertelstunde haben wir mindestens zehn Mann hier. Das ganze Eingreif-Team, ha, ha. Vielleicht kommt die Stasi auch noch. Dann werden wir interviewt. Stundenlang. Ich kenn das. Der BGS wird wieder einen Film drehen. Womöglich schicken die eine Alouette, machen gestochen scharfe Luftbildaufnahmen. Da bist du heute Abend im ZDF zu sehen, mein Lieber. Gratulation! Das ganze Brimbamborium also. Scheiße!

Und wo wir heute gerade mal von schönen Dingen geredet haben … war so ne ruhige Schicht, verdammt. Na, egal, wir waren ja fast fertig mit meiner Theatersache, den Rest holen wir nach. Demnächst. Ach, seufzte er weiter, wenn ich meinen Theatertraum nicht hätte, ich würde den ganzen Scheiß hier kaum noch aushalten.

Hast du eigentlich auch Träume? fragte er mich.

Ich weiß nicht, antwortete ich ausweichend und dachte an die kleine Julia.

Wir warteten. Der Morgen zog weiter auf. Von dem Verunglückten hörten wir kaum noch was. Manchmal war mir, als ob da ein Wimmern und Stöhnen herüberwehte. Dann starrte ich hinüber zur Sperre, aber ich sah nichts. Auch den Mann nicht. Das Gras war viel zu hoch, außerdem verdeckten kleine aufwachsende Bäumchen die Sicht. Fragen wollte ich Holzknie nicht, war mir zu blöd. Außerdem, die Laute konnten auch vom Wind oder irgendeinem Tier gekommen sein. Ich wandte mich ab. Komm, rauchen wir eine, schlug Holzknie vor. Brauchst dich nicht anzustrengen, es zu verbergen, in die hohle Hand oder so, die drüben wissen längst, dass wir hier rumhängen und dass einer hochgegangen ist. Hier, nimm mal von meinen Stäbchen. Sind etwas stärker und ohne Filter, da kratzt es im Hals noch. Ich nahm eine, es kratzte tatsächlich, ich musste husten. Hach, hach! Mensch, was isn das für eine Sorte? fragte ich. Roth-Händle! antwortete der Oberfeld und griente. Hat in der letzten Woche die Bayrische Grenzpolizei übern Zaun geschmissen. Haben „Probier mal!" gebrüllt und gefeixt. Hätte es melden müssen von Rechts wegen und die Dinger abgeben. Aber, hab ich mir gedacht, werden schon nicht vergiftet sein, die Glimmstengel, und es weiß ja keiner und so hab ich sie behalten. Nun weißt du es. Halt aber's Maul. Verstanden? Braucht keiner zu wissen. Klaro?

Ein paar Minuten waren vergangen. Holzknie hörte die näher kommenden Motoren zuerst. Pass auf! Sie kommen. Zwei LOs und der P3 vom Alten. Buddy wird beim KC sitzen. Die Stasi ist noch nicht dabei. Die kommen immer ganz harmlos mit dem Trabbi.

Das Motorengeräusch wurde stärker. Dann sah ich die Scheinwerfer. Sie fuhren zwar mit den Tarnlichtern, aber es war trotzdem zu sehen. Schmale dünne Lichtfäden bohrten sich in den Morgennebel.

Dann ging alles ziemlich schnell. Der LO mit der Bergebrücke, diesem wie eine horizontale Feuerwehrleiter funktionierenden Monstrum, fuhr als Erster vor. Die Brücke wurde abgekoppelt und in Stellung gebracht. Zwei Mann kletterten durch den Kfz-Graben und begannen ein Streckmetallfeld abzuschrauben. Buddy zerrte an seinem Koppel, wandte sich an mich:

He, Soldat Malef, halten Sie hier nicht Maulaffen feil. Husch, husch zum Streckmetall und mitgemacht! Gebt ihm mal eine Kombizange, dem Malef, der soll sich nützlich machen!

Irgendeiner drückte mir das Werkzeug in die Hand, ich kraxelte durch den Graben, rutschte zweimal an den glatten Betonplatten ab, einer half mir, schon stand ich am Zaun.

Hier, nimm die linke Seite! rief einer und ich schraubte los.

Jetzt sah ich auch den Verunglückten. Er lag da wie ein Stoffbündel, die Haare mit kleinen Erdklumpen bedeckt, das Gesicht ins Gras gedrückt, kein Laut kam mehr von ihm, er schien ohnmächtig geworden. Neben ihm sah ich das Erdloch, das die Mine gerissen hatte, der Trichter sah unwirklich und wie im Krieg aus, nur nicht so groß, vielleicht einen halben Meter im Durchmesser. Hinter mir holten sie aus dem Sankra eine Trage, der Sani, ein Unteroffizier aus Löbau, namens Karsoffke, rannte aufgeregt hin und her, fuchtelte mit den Armen, schaute in seinen Sanikoffer, rief andauernd: Macht doch schneller! Der kratzt mir sonst ab! Tempo! Los!

Holzknie machte dem KC Meldung. Der war nicht einmal aus seinem P3 gestiegen, telefonierte per Funkgerät mit dem Stab in Meiningen, sah wie ein Feldherr aus. Er hörte den Bericht und zog ein unwirsches Gesicht. Irgendetwas machten wir immer falsch. Er kanzelte den Oberfeld ab, kletterte dann aus dem Jeep, gab dem Fahrer einen Wink, ein paar Meter vorzufahren, nahm seinen Feldstecher und beobachtete die Aktion, obwohl er alles auch mit bloßem Auge gut hätte sehen können. Inzwischen hatten wir das Streckmetallfeld abgeschraubt und beiseite gelegt, die Bergebrücke wurde ausgefahren und auf ihr kroch einer, die Trage hinter sich herziehend, nach vorn, ein Zweiter folgte. Der Erste war bei dem Verunglückten angekommen, vorsichtig sondierte er mit einem sogenannten Minenstecher das Umfeld, damit sie nicht, wenn sie von der Brücke runter mussten, versehentlich auf so einen Sprengkörper traten. Aber sie fanden keine. Alles war in Ordnung. Sie machten unserem Zugführer und dem Sani ein Zeichen und versuchten den Verletzten auf die Trage zu hieven. Der erwachte vor Schmerzen und schrie wie am Spieß. Gellend klang sein Schrei in der stillen Morgenluft.

Holzknie, der zu mir getreten war, sagte: Das hat der nun davon, der Idiot! Ich hätte ihm einen Fangschuss geben sollen … ich drehte mich um und tippte mir an den Kopf: Ein Idiot bist du! Sowas überhaupt zu denken. Mein Gott. Mach doch deinen Kopf zu, wenn du nur solchen Müll herausbringst …

Holzknie lächelte verlegen, er wusste, er war zu weit gegangen. Ich wandte mich ab. Er klopfte mir auf die Schulter. Nun weine mal nicht, Kleiner. Verlier nicht die Fassung. Hab das nur so gesagt. Es bleibt doch bei unserer Verabredung? Ich antwortete ihm nicht. Sollte er ruhig ein bisschen schmoren, dieser Verrückte …

Inzwischen hatten sie den Verletzten auf die Trage gelegt. Er wimmerte und stöhnte. Endlich konnte ich sein Gesicht sehen. Es war ein bärtiger Mann um die Vierzig. Er hatte tiefblaue Augen, die er seltsam angestrengt gen Himmel richtete. Insgesamt war er nicht groß, vielleicht einsfünfundsechzig, einfach angezogen, eine grüne Segeltuchhose, ein blaues Poloshirt, eine Tuchweste, am verbliebenen Fuß saß ein Nike-Sportschuh, der Beinstumpf war notdürftig mit Binden und einem Tuch umwickelt und abgebunden, der Mann hielt die Hände zu Fäusten geballt, presste sie so sehr, dass die Adern hervortraten. Die Brücke wurde eingezogen. Das ging ziemlich langsam. Einmal schwankte sie beträchtlich, sodass der Sani aufschrie:

Passt auf, dass er mir nicht von der Trage fällt!

Doch alles ging gut. Der arme Kerl wurde in den Sankra gehoben, festgeschnallt und ab ging es. Der Zugführer stieg vorne mit ein. Losfahren! kommandierte er. Der KC war wieder in seinen Jeep gestiegen. Er nickte seinem Fahrer zu und auch sie fuhren los. Ich blickte den beiden Fahrzeugen nach, wie sie sich langsam schaukelnd entfernten. Was wird aus dem armen Kerl werden? dachte ich. Ob wir je wieder von ihm hören würden? Wohl kaum. Als wir gerade die Bergebrücke an den zweiten LO ankoppeln wollten, hörten wir das hohe Knattergeräusch eines Trabbi.

Da sind sie ja! rief Holzknie. Verstehe gar nicht, warum die jetzt erst kommen und warum der Alte schon abgehauen ist. Wahrscheinlich hat er sie über Funk informiert.

Aus dem Trabbi stiegen zwei Mann. Ein Hauptmann und ein Zivilist. Das war die Staatssicherheit. Freundlich und fast ein wenig kumpelhaft kamen sie auf uns zu. Wo ist denn das diensthabende Postenpaar? fragte der Hauptmann. Hier! rief Holzknie, er ging auf den Hauptmann zu, straffte sich, machte Meldung. Ich wollte ebenfalls zu ihnen treten, aber der Zivilist hielt mich am Arm zurück. Hübsch der Reihe nach, sagte er. Sie kommen auch noch dran. Er sagte das in einem Unterton, der in mir ein ungutes Gefühl aufkommen ließ.

Inzwischen war auch der LO mit der Bergebrücke, nachdem die Genossen der Staatssicherheit dem Fahrer bedeutet hatten, sie wären an ihnen nicht interessiert, abgefahren. So stand ich plötzlich allein im Abstand von vielleicht zehn oder zwölf Metern von Holzknie und seinen Befragern und wartete mit ziemlichem Unbehagen. Das mulmige Gefühl verstärkte sich und ich musste jetzt plötzlich auch an Schnulli denken. Bestimmt würden sie mich in seiner Sache noch befragen. Und irgendwo im Unterbewusstsein nagte die Sache mit Julia an mir. Wenn sie davon Wind bekommen hätten, würde ich Ärger kriegen, denn es war uns streng verboten, mit der Grenzbevölkerung in irgendeinen Kontakt zu treten. Also stand ich da mit bohrenden Gedanken, starrte auf die Betonplatten des Kolonnenweges, starrte auf das zwischen den Platten hervorsprießende Gras und selbst eine Zigarette, die ich mir angesteckt hatte, brachte keine Erleichterung. Ich wurde meine Ängste einfach nicht los. Verdammte Scheiße!

Auf einmal trat der Zivilist zu mir. Er klopfte mir vertraulich auf die Schulter. Sie brauchen wir heute nicht mehr, Genosse. Ihr Postenführer hat uns alles von Belang gesagt. Aber wir sehen uns ja in den nächsten Tagen …

In den nächsten Tagen? Da fuhr mir der Schreck in die Glieder. Also doch. Sie würden mich verhören, wahrscheinlich in Sachen Schnulli, aber bei denen wusste man ja nie, was einem noch alles blühte, und ich durchkramte mein Gedächtnis. Das Vorkommnis mit Katzschmar fiel mir ein … vielleicht hatte der BGS tatsächlich eine Information oder auch Bilder an den Stab geschickt. Verdammt! Natürlich, ich hätte das melden müssen, aber ich hatte es nicht getan. Wollte Katzschmar nicht verpfeifen. War ich nun mitschuldig? Ein Mitwisser. Angst kroch mir die Seele hinauf, und ich wusste, ich würde ab jetzt schlecht schlafen, würde grübeln und nichts würde mir Freude machen oder mich ablenken. Nicht mal an Julia mochte ich denken.

Die Genossen der Sicherheit waren abgefahren, Holzknie schien unbekümmert. Er pfiff ein Liedchen. Komm, sagte er, lass uns auf den Schreck eine Wurst grillen.

Was, eine Wurst grillen?!

Eigentlich, obwohl wir das andauernd machten, war es verboten. Und jetzt schlug sowas sogar der Vorgesetzte Oberfeld Holzknie vor? Was starrst du? lachte er, komm, such kleines trockenes Reisig zusammen, ich fang inzwischen mit den Vorbereitungen an. Und da ich noch zögerte, sagte er: Na los, bist du noch nicht weg! Wenn ich sage, wir grillen, dann geht das schon in Ordnung. Also troll dich!

Ich sammelte ein paar dürre Zweiglein, Holzknie hatte auf eine Astgabel den Reinigungsstab seiner MPi gelegt und auf diesen unsere Knackwürste gezogen, als ich mit dem Holz ankam, hatte er schon ein kleines Feuerchen mit Papierschnipseln entfacht. Zischend tropfte das Fett aus den Würsten auf das Papier, die Flammen schossen auf, ich legte die Zweige darauf und fertig war das herrlichste Grillfeuer. Die Würste bruzzelten, es roch würzig. Wir starrten in die Flammen, jeder in seinen Gedanken. Wir aßen schweigend, schmatzten nach Herzenslust und aus unseren Mundwinkeln rannen kleine Fettströme zum Kinn. Ab und zu dachte ich an den Mann, dem es das Bein abgerissen hatte, er tat mir leid. Ob er daran dachte, dass wir ihm, trotz allem, das Leben gerettet hatten? Was für eine perverse Logik, überlegte ich weiter, das Leben gerettet! Ha! Wo er ohne die Grenzanlage und Minensperre doch gar nicht zu Schaden gekommen wäre … Holzknie riss mich aus meinen Gedanken. Er hatte sich den letzten Zipfel Wurst in den Mund geschoben und sagte, genüsslich kauend, was für ein Idyll das Grenzerleben doch wäre. Würste grillen, faul herumliegen, es fehle nur noch ein richtiger Schnaps. Das nächste Mal würde er sich eine Cola-Wodka in die Feldflasche kippen.

Komm, wir drehen noch eine Runde. Er stand auf, wischte den Reinigungsstab ab, steckte ihn auf seine MPi. Dann ging er zum Anrufemast: Hier P 34 mit Entschluss! Er gab verschlüsselt durch, was wir vorhatten, und wir trabten los. Den Kübel deckten wir vorher mit ein paar Fichtenzweigen und einer Plane ab. Das Laufen brachte mich auf andere Gedanken. Allmählich, doch nicht ganz, verschwanden die Eindrücke von der Bergung des Verletzten. Ich schaute mich um, es war ein wunderschöner friedlicher Morgen im Grenzgebiet. Manchmal denke ich auch heute noch an diese Landschaft mit ihren sanften Hügeln und den kleinen Waldstücken, mit den Feldern und den entfernt schimmernden, rot bedachten Häuschen. Doch dann, mitten in diese Idylle hinein, höre ich plötzlich vor meinem inneren Ohr den Minenknall und alles geht wieder von vorne los, ich sehe den blutenden, schreienden Mann, den Beinstumpf ... monatelang, jahrelang ging das so.

Holzknie, der hinter mir ging, schloss zu mir auf, er blickte mich prüfend von der Seite an und sagte: Du musst versuchen, die eben erlebte Szene mit der Minensperre zu vergessen, schau in die schöne Landschaft, genieße den Anblick von Ruhe und Harmonie, du wirst noch genug solche Grausamkeiten kennenlernen. Vielleicht wirst du sogar Tote sehen. Auf alle Fälle Blut, viel Blut. Man muss lernen, dieses alles nicht zu nahe an sich heranzulassen. Glaub mir, ich hab's gelernt. Fast stört es mich schon nicht mehr. Es ist wie Hornhaut, die auf der Seele wächst. Hornhaut auf der Seele? fragte ich und blieb stehen. Ja, so ist es, sagte Holzknie, dann lachte er laut auf und besann sich: Oh, entschuldige, ich hab heute meinen poetischen Tag. Das muss mit den Reden vom Theater zu tun haben ... erzähl um Gotteswillen nichts deinen Zimmergenossen. Die denken sonst, ich bin übergeschnappt ...

Als wir in der Kaserne angekommen waren, stießen mich die Kumpel schon beim Waffenreinigen an: Na, wie war das mit der Minenauslösung? Soll einer von drüben gewesen sein? Stimmt das? Ich griente vielsagend, flüsterte, ach, hab keine Lust drüber zu reden, vielleicht sag ich euch heute Abend aufm Zimmer was. Jetzt haben hier sowieso die Wände Ohren, und ich schielte auf den auf- und abschreitenden Zugführer, den Dicken, der das Waffenreinigen heute persönlich überwachte. Er machte eine finstere Miene, blieb andauernd in meiner Nähe stehen, wahrscheinlich wollte er hören, ob ich das Maul hielt, ging dann weiter, drehte urplötzlich auf den Absätzen um, kam zurück, zischte:

Soldat Malef! Was soll das Geflüster, reinigen Sie Ihre Waffe und halten Sie den Mund.

Zu Befehl! sagte ich und zog die Putzwollfäden durch den Lauf.

Indes, schon mit meiner Rückkehr in die Kaserne stand mir der Sinn gar nicht nach „Quatschen“, mich quälte die schreckliche Ungewissheit und ich schnürte wie ein Fuchs nach den Vorgängen, die mit Schnulli zusammenhingen. Wann würden sie mich holen? Wann würde das Verhör beginnen? Wann würde ich in den Strudel aus Unheil und Unausweichlichem gezogen? Schon heute Abend oder doch erst am morgigen Tag? Im Speiseraum saß ich und knabberte an meinen Schnitten ohne Appetit, starrte vor mich hin. Was is'n los mit dir? Mensch, Franzl, is dir die Mine so an die Nieren gegangen?

Und dann, eine Dreiviertelstunde später, nach dem Abendbrot, ich wusste es schon, als wir auf unserer Stube lagen, saßen, herumdösten, Briefe schrieben, Bücher lasen oder Skat spielten, wusste es sofort, als der UvD die Tür aufriss und mit schweren Stiefeln hereingepoltert kam.

Soldat Malef!?

Hier, Genosse Unteroffizier!

Mal mitkomm'!

Ich wurde ins Zimmer vom KC geführt. Dort warteten die beiden Stasileute, die ich vor ein paar Stunden schon an der Grenze getroffen hatte. Der KC selber war nicht anwesend, aber es saß der Feldwebel Wolfram Knispel bei ihnen, der Parteisekretär der Kompanie, ein zur Fülle neigender Mittdreißiger, Hornbrille, Stirnglatze, rote Plusterlippen, Pickel auf Nase und Wangen. Ich kannte ihn kaum, hatte mit ihm bisher nur wenige Sätze gesprochen, aber ich mochte ihn dennoch nicht besonders, er hatte eine hintergründige, undurchsichtige Art, mit einem zu reden, feixte bei jeder Gelegenheit, sodass man nicht wusste, ob er es ernst meint oder nicht, und er hatte eine feuchte Aussprache. Als ich eintrat, feixte er sofort wieder, sprang sogar auf und rückte mir einen Stuhl zurecht. Er sagte zu den beiden: Das ist unser Genosse Malef, Soldat Franz Malef, zweites Diensthalbjahr. Dienstdurchführung bisher ohne Vorkommnis. Er ist ein Schreibtalent, verfasst für seine Kameraden Liebesbriefe und Behördenschreiben, zeichnet auch ganz gut, besonders nackte Weiber. Es durchzuckte mich: Woher der das nur weiß?

Der Zivilist nickte freundlich. *So, so. Na, wir kennen uns ja schon.*

Ja, sagte ich leise und setzte mich. Der uniformierte Stasi-Offizier schaute mich an. Er hob das Kinn. Major Kannegut! stellte er sich vor, fuhr im gleichen Atemzug fort:

Also, über Ihre Zeichnungen oder die Schreibhilfen wollen wir jetzt nicht reden, Genosse. Er hob beschwichtigend die Hand. Nein, es geht auch nicht um den Grenzdurchbruch vom heutigen Tag in Ihrem Abschnitt. Es geht um anderes … er machte eine Pause.

Das mulmige Gefühl in meiner Magengrube verstärkte sich. Ich blickte zu Boden, betrachtete meine Stiefelspitzen. Gleich würde es losgehen, das Unheil …

Der Major klappt einen kleinen A5-Block auf, sieht mich durchdringend an und fragt: Wie gut kennen Sie den Gefreiten Ralf Byschek? Er trägt wohl hier den Spitznamen „Schnulli"?

Erst bringe ich kein Wort heraus, obwohl ich doch gerade mit dieser Frage hätte rechnen müssen, dann stottere ich: Den Schnulli? Äh, äh, den Gefreiten Byschek?

Ja, genau den. Sind Sie am 14. Dezember nicht zusammen beim Holz-B-Turm eingeteilt gewesen? Waren Sie schon vorher mit ihm einmal auf Grenzposten? Also, reden Sie, Mann, lassen Sie sich nicht jedes Wort aus der Nase ziehen. Der Ton des Majors ist schärfer geworden, er trommelt mit den Fingern auf der Tischplatte, während der andere, der Zivilist, wie in Gedanken dagesessen hat und seinen Bleistift (Oh ja, er hat einen Bleistift in den Händen gehabt) mit einem Taschenmesser spitzte.

Was soll ich jetzt antworten, Genosse Major? Ob ich den Byschek kenne oder wann wir zusammen auf Schicht waren?

*Wollen Sie mich verarschen*, Mann! brüllt der Major plötzlich und schlägt mit der Faust auf den Tisch, dass der Stift einen Satz macht und auf den gewienerten Linoleum-Boden fällt.

*Wir können auch noch ganz andere Seiten aufziehen*, mein Lieber … Er macht eine Pause, fährt dann aber in ruhigerem Ton fort:

Also nochmal von vorn, seit wann kennen Sie den Byschek? Und haben Sie zu ihm private, über den dienstlichen Betrieb hinausgehende Beziehungen gehabt?

Nein.

Was heißt „nein"? Sie sollen reden, sprechen Sie in ganzen Sätzen. Der Zivilist ist zum Fenster gegangen und schaut mit verschränkten

Armen hinaus. Parteisekretär Knispel schreibt angestrengt irgendwas in sein Büchlein, er tut, als ob er gar nicht dazugehört.

Also! Wir hören …

Ich weiß, *„jetzt muss ich rauskomm' mit de Jungs"*, muss etwas sagen, egal was, am liebsten im Tonfall dieser Leute, Hauptsache der Major ist zufrieden, ich rutsche mich zurecht, versuche nicht zusammengesunken, sondern mit geradem Rücken und herausgedrückter Brust, militärisch eben, auf dem Stuhl zu sitzen. Auf einmal wirke ich sogar größer, auf gleicher Augenhöhe mit diesem Major, und, seltsam, auch der gibt seine lässige Haltung plötzlich auf, strafft sich, zieht sein Uniformjackett glatt, betrachtet die Fingerspitzen seiner gepflegten, auffallend kleinen Hände. *Weiberpfoten wie der Weingärtel!* denke ich angewidert, dann beginne ich: Der Gefreite Byschek, sage ich, ist mir seit meiner Versetzung von der Ausbildung hierher nach Hundfeld bekannt. Ich bezog in unserem Zimmer das Bett über ihm. Wir haben die Spinde nebeneinander. Im Kasernendienst ist er für mich wie alle anderen, höchstens mit dem Bonus, dass er, weil er manchmal Fresspakete von zu Hause bekommt, ein freigebiger Genossenschaftsbauer ist. Aber das ist für alle Genossen unserer Stube dann genauso. Sie müssten seine Leberwürste mal probieren, sage ich mit plötzlicher Begeisterung. Bauernleberwurst gehört zu meinen Favoriten, fast schmeckte ich sie auf der Zunge. Doch der Major verzieht sein Gesicht: Das gehört hier nicht her, Genosse! Zu Befehl! sage ich und fahre fort: Also, erst, als wir gemeinsam auf Grenzstreife waren, das war genau an jenem Dezembertag, von dem Sie sprachen, erfuhr ich mehr vom Gefreiten Byschek. Was soll man machen, man erzählt am Strich mehr von sich, als man möchte. Es ist eben so. Und so hat der Gefreite Byschek auch von sich erzählt, so wie ich von mir zu Hause berichtet habe …

Was erfuhren Sie denn? fragt der Major, und der Zivilist ist auf einmal an den Tisch getreten und hat ein interessiertes Gesicht gemacht.

Ich werde wieder unsicher. Soll ich wirklich davon reden, was mir der Schnulli gebeichtet hat? Bei den Katholiken gibt es das Beichtgeheimnis. Das hat schon seinen Sinn. Schließlich erzählte mir Schnulli von seinen Problemen und dem offenbar ausspionierten Brief ganz im Vertrauen. Er muss darauf vertrauen können, denke ich, dass ich das für mich behalte. Wohin kommen wir denn, wenn das Privateste zur öffentlichen Angelegenheit wird. Also beschließe ich zu schweigen. Ich will den Mund halten. Das bin ich dem Schnulli schuldig.

Ganz Körpersprache verschränke ich die Arme vor der Brust, senke das Kinn auf die Brust. Sendepause! denke ich. Sollen die doch sehen, wie sie zu ihren Informationen kommen. Von mir hören sie nichts. Punkt.

Der Major wartet ein paar Sekunden, denkt vielleicht, ich überlege, wie ich es ausdrücken soll, was ich über meinen Kameraden Byschek sagen will, und auch der Zivilist ist am Tisch stehen geblieben und stiert erwartungsvoll auf meinen Mund. Doch als ich die Arme weiter vor der Brust verschränkt halte, da wissen die beiden, der da vor ihnen, der will nichts sagen, der will die Aussage verweigern, der will das Maul halten …

Der Major brummt böse: Wir warten, Genosse! Wir hören mit Interesse Ihre Aussage. Und der Zivilist lächelt mich an. Na kommen Sie schon, Sie brauchen sich doch nicht zu genieren. Nichts Menschliches ist uns fremd …

Doch als ich weiter so mit verschränkten Armen sitze, ein zugesperrtes Gesicht mache und keinen Ton sage, schlägt der Major urplötzlich mit seiner kleinen gepflegten Weiberhand auf die Tischplatte. Wieder macht der Stift einen Sprung, aber er bleibt dieses Mal oben, der Schreibblock erzittert, ich höre das Knacken des Tisches, hoffentlich hält er das aus, denke ich, und schon brüllt er los, der Genosse Major: Vorhin sagte ich, wir können auch anders. Und wir können, glauben Sie mir, wir können noch ganz anders. Also reden Sie gefälligst!

Leise antworte ich, und ich halte den Kopf dabei weiter gesenkt, schaue mein Gegenüber nicht an: Schnulli, das heißt der Gefreite Byschek, der muss doch darauf vertrauen können, dass das, was er mir im Vertrauen sagte, auch vertraulich bleibt. Und deshalb erfahren Sie von mir nichts über das Gespräch, das wir an diesem Dezembertag am Holz-B-Turm führten. Und wenn Sie mir Daumenschrauben anlegen, ich werde nichts sagen …

Nun, mein lieber Genosse Soldat, spricht mich auf einmal der Zivilist mit seiner weichen Stimme an, Daumenschrauben gerade nicht, so was haben wir hier nicht, das ist finsterstes Mittelalter. Wir haben subtilere Methoden und die sind nicht minder wirkungsvoll. Er schaut auf seine Armbanduhr, fährt fort, was wetten Sie, binnen fünf Minuten werden Sie uns alles gesagt haben, was Sie wissen …

Wohl mit Elektroschocks? sage ich und lache ihm mit allem Mut, den ich noch aufbringen kann, ins Gesicht. Da brüllt der Major wieder: Werden Sie hier nicht frech! Und plötzlich leiser, aber eindringlich: Der Genosse weiß schon, was er sagt … also zum letzten Mal: Berichten Sie über das Gespräch, das Sie am 14. Dezember dieses Jahres mit dem Gefreiten Byschek gehabt haben, was er Ihnen über seine Sorgen erzählte und über bestimmte Briefe. Alles, bitte schön ganz genau und im Detail und nichts weggelassen. Vorwärts!

Doch ich hielt ganz demonstrativ die Arme immer weiter vor der Brust verschränkt und schwieg. Nun grade nicht, dachte ich, die sollen nichts erfahren.

Es entstand eine Pause, in der ich hinter mir das Räuspern unseres Feldwebel Knispel hörte, aber er sagte nichts, der Genosse Parteisekretär, er raschelte nur mit seinem Schreibblock.

Die beiden Staatssicherheitsleute warfen sich Blicke zu, dann holte der Zivilist sich einen Stuhl heran und setzte sich an meine linke Seite, also an die schmale Seite des Tisches. Wieder Schweigen. Unten im Hof wurde ein LO angelassen, ein paar Stimmen waren zu vernehmen, das wird der Versorgungs-LO sein. Die werden nach Meiningen fahren, dachte ich, Vorräte und Fresserei holen. Die Fahrkabinentür wurde zugeschlagen, der luftgekühlte Motor heulte auf, er paffte zwei Mal, oh Fehlzündungen, ja, es war der Versorgungs-LO. Der hatte solche Zündprobleme. Dass die da nicht mal einen Mechaniker ranlassen. Schlamperei. Dann hörte ich die Schranke an der Wache quietschen. Immer quietscht die Schranke, können sie die nicht ölen. Das Motorengeräusch entfernte sich, wurde leiser und leiser, bis man schließlich nichts mehr hörte. Stille.

Nun gut, sagte der Zivilist in friedlichstem und freundlichstem Ton, ganz wie Sie wollen. Reden wir von etwas anderem. Er stieß mich kumpelhaft mit dem Ellenbogen an, lächelte.

Sagen Sie mal, fuhr er in harmlosem Ton fort. Ihre Frau heißt doch Linda? Linda Malef, nicht wahr? Sie sind seit drei Jahren verheiratet. Richtig? Die Trauung fand in Freiberg statt. In Freiberg, nicht wahr? Und Sie haben eine Tochter? Die ist wie alt?

Ein eiskalter Schreck durchfuhr mich. Linda! Die Kleine! Was wollen die von mir?

Ja, murmelte ich, unsere Kleine ist jetzt reichlich zwölf Wochen alt.

Na, da wird sie ihren Vater gar nicht richtig kennen. Sie sind ein Fremder für sie. Stimmts?

Ich nickte stumm. Panik kroch mir zum Herzen. Was wollen die nur?

Und wenn Sie aus irgendeinem Grund länger bei den bewaffneten Organen bleiben müssen, mein Lieber, werden Sie Ihrer Tochter weiter ein Fremder bleiben. Wenn Sie zum Beispiel, sagen wir, Ihren Dienst hier unterbrechen müssten, um an einem anderen Ort ein paar Monate abzusitzen …

Abzusitzen?? Meine Knie schlotterten unter dem Tisch.

Ja, tun Sie nur nicht so, Sie wissen schon, was einem blüht, wenn man als Grenzer zum Beispiel des Geheimnisverrates oder einer anderen Schweinerei überführt wird …

Nein, ich verstehe nicht, entgegnete ich, und ich weiß auch nicht, woher ich plötzlich den Mut nahm, ich fragte nämlich: Und wie heißen Sie überhaupt, Genosse …?

Der Zivilist verfärbte sich, seine Augen blitzten mich an: Werden Sie hier nicht unverschämt! Wenn es erforderlich ist, werden Sie meinen Namen noch früh genug erfahren …

Ein paar Sekunden Schweigen, dann der Zivilist, jetzt wieder freundlich:

Und Ihre Frau Linda ist eine große Filmfreundin?

Ich antwortete nichts, aber irgendwie schwante mir, was kommen würde, als der Zivilist fragte: Sie schwärmt für Alain Delon?

*Alain Delon!*

Obwohl ich damit gerechnet hatte, traf mich diese Frage wie ein Keulenschlag, denn sie konnte ja nur bedeuten, dass die Staatssicherheit wusste, Linda hätte diesen dämlichen Autogrammbrief an den französischen Filmstar geschrieben …

*Sie hat also doch geschrieben!* Der Brief ist abgefangen worden! Ganz klar. Was aber hatte Linda geschrieben? *Was konnte sie geschrieben haben?* Ganz sicher nicht, dass ihr Ehemann an der Staatsgrenze seinen Wehrdienst ableistet. Dies doch ganz sicher nicht. So blöd ist meine Linda nicht. Nein, so blöd ganz bestimmt nicht. *Oder doch?*

Und dann sagte dieser ewig lächelnde Zivilist: Nichts gegen eine harmlose Bitte um eine Autogrammkarte, wirklich, da hätten wir großzügig drüber weggesehen, aber musste Ihre Linda dabei gleich diesem französischen Strahlemann das ganze Leben auf die Nase binden, und zwar so, dass sie ihn gerne bei uns sehen würde, aber das ginge ja nicht, er käme nicht herüber und sie nicht hinüber und dabei würde sie sein Konterfei im Goldrahmen sich so gerne übers Bett hängen, und ihr Mann, also Sie, Verehrtester, dürften gar nicht wissen, dass sie ihm, dem Delon, schriebe, denn Sie wären gerade bei der Armee eingezogen. Nein, mein Lieber, Grenze hat sie nicht geschrieben, aber es genügt auch so schon, finden Sie das nicht auch, Genosse Malef?

Mir ist, wie man so sagt, die Spucke weggeblieben. Das soll meine Frau geschrieben haben? fragte ich mit heiserer, belegter Stimme.

Wenn ich es Ihnen sage.

Das kann ich nicht glauben, stieß ich hervor, das haben Sie erfunden, um mich auf Ihre Seite zu ziehen … und außerdem, da ist doch noch das Briefgeheimnis. Nein, das glaube ich nicht, lassen Sie mich mit meiner Frau telefonieren. Morgen Vormittag, wenn sie auf ihrer Arbeitsstelle ist, könnte ich …

Papperlapapp! kam es von dem Major. Das könnte Ihnen so passen, Sie sagen Ihrer Frau irgendein uns unbekanntes Passwort, und bums, schon sind wir ausgebremst. Und dass Sie überhaupt wagen, uns zu sagen, wir hätten das erfunden. Frechheit! Wir werden Ihnen den Brief vorlegen, wenn es so weit ist, da können Sie

Gift drauf nehmen. Briefgeheimnis! Pah, das gilt doch nicht für Leute, deren nächste Verwandte hier bei uns an der Grenze sind. Und, Freundchen! der Major drohte mir mit dem Finger, Sie wissen, was wir hier reden, ist geheim zu halten. Das gilt auch für Aussagen zum sogenannten Briefgeheimnis, wie ich Ihnen eben offenbarte. Wir sagten Ihnen, Daumenschrauben ist nicht, aber dafür haben wir so unsere Methoden. Klar? Und wir sind schon mittendrin, im Prozess der Wahrheitsfindung. Kapiert?

Kapiert! sage ich und weiß ab diesem Moment, die können alles mit mir machen, die biegen sich alles zurecht. Gegen die hast du keine Chance als normaler Mensch. Und ich dachte mir: Das stinkt mit dem Brief. Niemals hat meine Linda solchen Unsinn geschrieben. Nie im Leben. Das stimmt nicht. Die wollen mich weich kochen. Vielleicht hat sie gar nicht geschrieben. Nein, nein meine Linda ist nicht so unvorsichtig gewesen. Die weiß doch, dass man unsere Post liest. Nein, Linda hat nicht geschrieben. Da bin ich mir sicher, oder sagen wir – fast sicher. Ich weiß, sie wollte mich nur ein bisschen eifersüchtig machen, wegen dem Delon und so. Kenn sie doch, das Luderchen. Immer will sie mich ein bisschen kitzeln, sie weiß, dass ich schnell eifersüchtig werde. Hat ihre Freude dran, das Biest. Wetten? Doch woher die Stasi dann von Lindas Schwäche für diesen Delon wusste und dass sie ein Autogramm wollte? Woher? Woher, verdammt? Und auf einmal, wie ich mir so auf die Lippen beiße, wie ich so und hin- und herdenke, da fällt mir plötzlich mein Freund Frank ein. Frank Degenhardt! Genau der. Wie der die Ohren gespitzt hatte, als Linda und ich bei ihm waren, und wie der dann plötzlich so verändert gewesen war, so politisch und das alles, und wie mir Linda gesagt hatte, dass der jetzt neuerdings in der Partei wäre, wo er mir doch selber nichts erzählt hatte, nicht mal in der Küche, wo wir, von unseren Weibern abgetrennt, damals jeder eine Flasche Bier getrunken hatten, dass er seine neue Parteimitgliedschaft sozusagen vor mir, seinem Freund, geheim hielt. Genau! Dieser Saukerl! schoss es mir in den Kopf. So könnte es sein. Mein lieber Frank, das elende Schwein, der muss das mit Linda und dem Delon und so weiter, ja der muss mich verraten haben. Der hat das denen von der Sicherheit irgendwie gesteckt. Auf Umwegen vielleicht. Über so einen Genossen in seiner Partei. Anders geht es nicht. Woher können die das sonst wissen? Und alles andere haben die erfunden, um mich kleinzukriegen … erfunden ja, erlogen, ausgedacht!

Ich richte meinen Kopf auf und schaue dem Zivilisten grade in die Augen. Er hat kleine Augen, der Kerl, Schweineaugen, und er kneift sie halb zu. Nee, sage ich mir also, so kriegen die mich nicht. So nicht. Und ich sage laut: Ich kann einfach nicht glauben, dass meine Frau so was geschrieben haben soll. So dumm ist sie nicht. Zeigen Sie mir den Brief, dann werden wir's ja wissen, und an der Schrift erkenne ich es sowieso.

Alles zu seiner Zeit, lächelt der Zivilist, wir sind noch nicht fertig mit Ihnen. Sie haben uns noch eine Menge mitzuteilen. Später, in einem abgetrennten Verfahren, wenn es dann ausschließlich um Sie geht, haben wir fürs Briefevorlegen und vieles andere immer noch Zeit.

Jetzt ist erst einmal noch der Fall des Gefreiten Byschek zu verhandeln, nicht wahr? Sie wollten uns über das Gespräch berichten, das es zwischen Ihnen am alten Holz-B-Turm gegeben hat, also nun los … Sie hatte doch so schön angefangen. Also, bitte …

Oh, in was für einer Scheiße saß ich, verdammt, ich hatte mir zwar eingeredet, Linda sei unschuldig und die beiden hätten mich sozusagen nur unter Druck setzen wollen, nur mein angeblicher Freund, der Degenhardt, könne der Verräter sein. Aber natürlich bin ich mir nicht sicher gewesen. Im Gegenteil ich war vollkommen verunsichert. Wie konnte ich denn auch sicher sein? Die Trümpfe lagen nicht auf meiner Seite. Wenn ich auch an meine Frau glaubte, ja, ich glaubte an sie, so wäre es ja doch ohne Weiteres möglich, dass sie tatsächlich einen Brief an den berühmten Franzosen geschrieben und die Stasi ihn abgefangen hätte, dachte ich. So blöd könnte die schon sein, meine Linda, so blöd schon, aus lauter Übermut und Stutengewieher könnte die geschrieben haben und nicht, wie ich zuerst gedacht hatte, dass sie klug und beherrscht geblieben wäre. Die Weiber sind doch manchmal wie die Tiere. Triebhaft, geil, Männer verschlingend. Was die wollen, das wollen die … Ach, wie sitze ich hier aber auch in der Scheiße! Ich hätte heulen können. Und wie der schweinsäugige Zivilist jetzt von einem abgetrennten Verfahren geredet hat, wie der vollkommen ruhig und zuversichtlich wirkte, nämlich, dass sie mich so oder so drankriegen würden und so; da schmolz das bisschen aufgehäufte Zuversicht, das Positive, an das ich mich geklammert hatte, doch noch ziemlich schnell dahin, und die Angst und das Gespenstersehen kroch wieder in mir hoch. Verdammt, verdammt! dachte ich. Scheiße! Scheiße! Oh, wie habe ich mich in diese Zwickmühle manövrieren lassen. Und ich wusste in diesem Augenblick tatsächlich nicht mehr weiter. Ja, wie denn? Kann mir das einer sagen? Wie konnte mir ein Ausweg einfallen? Das war unmöglich. Und so hockte ich in meinem eigenen inneren Gefängnis wie der Hase im Sack und wartete auf den Schlag mit der Keule. Wahrscheinlich hab ich sogar geschwitzt. Auf alle Fälle die Hände sind nass gewesen, wie ich sie auf die Tischplatte gelegt habe. Das muss der Kerl gesehen haben … Na, mein Lieber, sagte er väterlich und vertraulich, da wollen wir mal … Sie sind doch nun so weit.

Ein winziges Stück, zwei Zentimeter, stellte ich mir vor, nur so eine Winzigkeit war ich davon entfernt, diesen Folterknechten den Gefallen zu tun und über das Gespräch mit Schnulli von jenem Tag zu erzählen. Nur so ein kleines Stückchen noch, dachte ich, bist du davon entfernt. Und ich stellte mir auf einem Lineal den Abstand vor: Zwei Zentimeter! Und ich fühlte, wie das Fluchtempfinden, endlich in Ruhe gelassen zu werden, endlich alles hinter mir lassen zu können, größer und mächtiger wurde, wie einem Zwang gleich alles andere, die guten, hehren Vorsätze, nichts zu sagen, edel zu bleiben, dicht zu halten, keinen Verrat an Schnulli zu üben, kleiner wurde, sich davonmachte. Nein, ich wollte nicht mehr, ich hatte keinen Widerstandswillen mehr. Bitte, meine Ruhe, gebt mir meine Ruhe wieder, bitte, bitte …

Na, nun kommen Sie schon, Genosse Malef, Sie wollen uns doch helfen. Das spüre ich. Befreien Sie sich von Ihrer Last. Sprechen Sie, lockte der Zivilist und lächelte mich aus seinen kleinen Schweinsaugen an, freundlich, gewinnend, gutmütig.

*Aus!* Wie beim Skat: *Schneider – fünfundzwanzig, schwarz – fünfzig, angesagt – einhundert.*

Ich brach, wie man sagt, über den Schnürsenkeln weg. Ich war die feige Sau. *Ich gab auf. Die hatten gewonnen! Sau ist tot. Jagd ist aus.*

Leichtes Spiel, dachte ich, würden die nun sagen und sich die Hände schütteln, mit dem hätten sie aber leichtes Spiel gehabt, unerwartet leicht, Mensch. Das hätten wir nicht gedacht, würden sie sagen, fein, fein, da werden wir eher fertig mit dem ganzen Scheiß hier in diesem Hundekaff und können nachher noch einen schönen Kaffee trinken oder ein requiriertes Video schauen – ja, das alles würden die sich sagen ... und was weiß ich nicht noch alles, und ich Schwächling hätte denen dazu verholfen, dachte ich. Und ich hörte, wie ich zu ihnen sprach:

Es muss einer meinen Brief aufgemacht haben ... das hat der Gefreite Byschek zu mir gesagt und mir dann seine ganze Geschichte erzählt, nämlich, was er gedacht hat, was er vermutet und was bei ihm daheim seiner Meinung nach wirklich los war ... und ich erzähle den beiden die ganze Schnulli-Story, so wie er zu mir geredet hat, damals am Holz-B-Turm ...

Die beiden Sicherheitsnadeln hörten mir schweigend zu, sie unterbrachen mich nicht ein einziges Mal. Und mein Bericht wurde lang, ziemlich lang sogar, weil, ich schmückte ihn aus mit Nebensächlichkeiten, und weil ich dachte, dass das Ganze so harmloser wirkt. Ich redete zu ihnen, redete vielleicht eine Dreiviertelstunde oder mehr, ich weiß das jetzt nicht mehr.

Und als ich fertig war und zu dem Schweinsäugigen gesagt habe: Das ist alles!

Da hat der Major mit den Fingern auf den Tisch getrommelt, die Stirn in Falten gelegt, seinen Block aber nicht zugeklappt und zurückgefragt: Ist das wirklich alles, Genosse? Ich habe genickt und nochmal gesagt: Ja, das ist alles, Genosse Major. (Eine alberne Mode, das mit dem „Genosse“. Wieso bin ich deren Genosse, wo ich doch gar nicht in der Partei bin?)

Egal. Sie haben noch eine Weile vor sich hingestarrt, aber nichts weiter gefragt, nur, der Major hat den Zivilisten einmal gefragt: Noch Fragen? Doch der hat den Kopf geschüttelt. Dann nickte der Schweinsäugige mir zu: Ist gut, Genosse! Sie können gehen.

Wenn wir Sie nochmal brauchen, melden wir uns. Auf Wiedersehen!

Und ich habe „Auf Wiedersehen!“ geantwortet, aber gleich gedacht: Hoffentlich nicht! Ich wollte die beiden jedenfalls nicht wiedersehen. Also ich stand auf, schlug die Hacken zusammen, setzte mein Käppi auf, rückte das Koppel gerade, salutierte nochmal an der Tür und draußen war ich. Doch wie ich den blank geputzten Gang zur Treppe vorgehe, weil unser Zug ist im zweiten Stock gewesen und das KC-Zimmer lag im ersten, da hat mich wieder das elende Jammergefühl gepackt. Und die Selbstvorwürfe haben wieder begonnen. Zugleich aber auch drängen Fragen: Was werfen die denn nun unsrem Schnulli vor? Was kann es Schlimmes bei ihm geben? Es muss was sein, was die bei ihm zu Hause aufgespürt haben. Irgendwas mit seiner Kirsche. Keine Ahnung. Und warum haben die bei mir die Sache mit dem angeblichen Brief Lindas nicht weiterverfolgt? Keine weiteren Fragen stellten sie mir, nichts, blieben im Ungefähren, grinsten nur blöde. Ich grüble und komme zu keinem Ergebnis. Aber eines weiß ich, das war nicht alles, das kann nicht alles gewesen sein, da kommt noch was, ich muss auf der Hut sein. Aber wie? Und ich weiß nicht warum, meine kleine Julia fällt mir ein. Auf alle Fälle: Die wissen mehr, als sie gucken ließen. Was es ist? Null Ahnung. Scheiße.

Als ich in unsere Stube komme, sitzen die meisten schon im Schlafanzug um den Tisch, klopfen noch einen Skat: Jetzt zieh ich dir die Hosen runter – grün scheißen die Gänse – zeig ihn her, deinen Dreckschubert – hat drei Jungen, das Schwein – andere dösen vor sich hin oder lesen. Schnulli sehe ich. Er steht am Fenster und stiert auf den Kasernenhof. Ich seh ihn seit zwei Tagen zum ersten Mal. Er dreht sich um, als ich reinkomme, aber er dreht sich gleich wieder weg. Er hat die Uniform an, das Tragegestell umgeschnallt, die Stiefel an den Füßen.

Ich stoße Karli an, zeige auf Schnulli. Ja der, flüstert Karli, der muss jetzt immer auf Wache. Aus dem Grenzdienst haben sie ihn rausgelöst. Bis auf Weiteres. Der Buddy ist vorhin reingekommen, als du bei denen warst, und hat es uns verklickert. Ich will zu

Schnulli, ihm auf die Schulter klopfen, ihm ein paar Worte sagen wegen des Verhörs von eben, aber komisch, ich lasse es. Ich kann nicht. Eine seltsame Scheu hat mich ergriffen, eine Art Scham, ein Schuldgefühl, und ich komme auch nicht dazu, wenn ich gewollt hätte, denn Schnulli läuft, ohne mich anzublicken, zur Tür. *Heimgang!*, sagt er noch, ehe er das Brett zuschlägt. *Heimgang!*, antworten die Heimis. Aber er wird das nicht mehr gehört haben, denn da war er schon draußen auf dem Gang. Einer sagt: Das arme Schwein. Ein anderer: Möchte nicht in seiner Haut stecken. Und Otto denkt laut für alle: Kann froh sein, dass er nicht nach Schwedt kommt.

*Aber wofür?* sage ich. *Was hat er denn angestellt?*

Wenn du's nicht weißt?! zischt einer vom Bett herunter. Das war Katzschmar. Ich dreh mich zu ihm hin und werde angegrinst. Er zeigt mir noch den Daumen, dann dreht er sich auf die andere Seite, reckt mir seinen Hintern entgegen, lässt demonstrativ einen fahren. Altes Schwein! brüllt Otto. Und zu Steno, der in der Nähe steht: Reiß mal das Fenster auf, wir werden vergast! Ein paar lachen. Und der Katzschmar ruft vom Bett: Eh, mach das Fenster zu! Lieber erstunken als erfroren! Wieder ein paar Lacher.

Ich geh zu meinem Spind, da tritt Karli zu mir: Mensch, sag mal was, ich vergeh fast vor Neugier. Was war denn nu? Komm mal ins Plaudern.

Jetzt nich. Sag ich dir später. Bin todmüde, will einen ratzen …

Mensch, warum wirst de denn rot wie e Krebs?

Weiß auch nicht, lass mich in Ruhe …

Viel Zeit ist vergangen, inzwischen ist der schönste Sommer. Grad sitz ich auf der Stube und mal für Otto eine Briefillustration, so mit Kugelschreiber, weißt du, eine Rosengirlande und eine nackte Nixe, weil, das wollte er seinem Arbeitskollegen nach Hause schicken. Weil, der hat Geburtstag. Da kommt der Schnulli zur Türe rein. Er ist auf Wache gewesen, hat eine Freistunde. „Heimgang!" – „Heimgang!" Er bleibt neben mir stehen, schaut auf die Zeichnung, murmelt irgendwas, was ich nicht verstehe, dann kramt er in seinen Hosentaschen, bringt einen zerknüllten Zettel zum

Vorschein. Hier, für dich! sagt er. Das sind die ersten Worte seit Tagen, die er an mich richtet. Ich schaue zu ihm auf, nehme den Zettel. Danke! sage ich, und … müssen mal reden!

Schnulli nickt. Ernst und traurig zugleich blicken seine Augen. Ja, das sollten wir, sagt er, ehe er zu seinem Spind geht, darin herumkramt und irgendwas rausholt.

Ich falte den Zettel auseinander. Es sind nur ein paar Worte, die draufstehen, mit Bleistift, zum Teil ausgewischt, flüchtig gekritzelt. Trotzdem, ein freudiger Schreck durchzuckt mich. Es ist eine Nachricht von Julia! Ich lese: Wann können wir uns sehen? Ich habe große Sehnsucht. In der nächsten Woche bin ich Dienstag und Mittwoch von Vormittag bis zum Nachmittag auf den Wiesen unterhalb des Holz-B-Turmes. Frei habe ich am Freitag. Ich warte am alten Treffpunkt. Wenn Du Ausgang bekommst, warte ich bis gegen sieben. Tausend Küsse. Deine Julia – In meinem Kopf hämmert es. Erstens: Wie schaffe ich es, zum Holz-B-Turm am Dienstag oder Mittwoch eingeteilt zu werden? Zweite Frage: Bekomme ich am Freitag Ausgang? Karli gibt mir einen Klaps, fragt mich: Na, Franz – ein Liebesbrief? Ich antworte nicht, er feixt und ich weiß, er weiß Bescheid. Ich wette, auch die anderen haben mich beobachtet. Aber keiner sagt etwas, und sie halten die Schnauze auf eine Weise, dass ich vermute – die Kameraden kennen jedes Wort auf meinem Zettel. Ach was, ich lass mir nichts anmerken, tu ganz cool und zeichne weiter an Ottos Brief. Auf einmal, einer tritt heran, schaut mir über die Schulter, sagt: So sieht sie also aus?

Wer? frage ich.

Na, du weißt schon, deine Kolchosbäuerin.

Einer, hinter seiner Spindtür, kichert, singt nach der Melodie „Alles vorbei, Tom Dooley … Alles vorbei Grigorij – alles vorbei Grigorij … Er liebt die Frau des Kolchosvorsitzenden, und da sie ihn nicht wiederliebt, zerstört er ihr Apfelbäumchen, ich, der Vorsitzende des Dorfsowjets, muss ihn deshalb nach Sibirien verbannen … alles vorbei Grigorij …“

Die ganze Stube grölt. Am lautesten Katzschmar. Er macht mir mit den Fingern das „Fickzeichen“. Ich strecke ihm die Zunge raus. Es ist also rum, sage ich mir, hier wissen es also inzwischen alle, wissen alles von mir und Julia, und ich dachte, ich hätte es ganz clever und geheim angestellt und keiner hätte eine Ahnung.

Ach, ihr blöden Hammel! sage ich laut, das ist doch nur der blanke Neid …

Draußen trillert es. Wir müssen raustreten. Die Nachtschicht droht. Ich werde dem Otto zugeteilt. Der Buddy grient, als er uns aufruft. Sahnerevier! Rechts neben der GÜST. Das bedeutet – wenn nichts dazwischen kommt, die ganze Nacht abruhen. Schnarchposten. Herrlich.

Während wir zur Waffenkammer trampeln, zupfe ich Holzknie am Ärmel.

Eh, Holzknie, hab da mal ne Bitte.

So? – Ja, nach der Schicht müssen wir mal reden. Wenn du willst, dass ich dir … du weißt schon, dann musst du mir auch mal nen Gefallen tun. – Wenn's klappt. Warum nicht? –

Nächste Woche haben wir doch Tagschicht? – Ja. – Darum geht's. Also, bis morgen früh …

Es war ein kühler Abend, in den wir geschickt wurden. Nebel lastete schon in den Senken und waberte hin und her wie die Sahne in einem Teeglas. Einsam und traurig sangen die Vögel ihr Nachtlied. Von fern blinkten wie eine Sternenreihe die hohen Leuchten der GÜST. Dann umfing uns plötzlich ein Bauernbusch. Otto und ich, wir trotteten durch das Wäldchen, das wir durchqueren mussten, um zu unserer Stellung, einem Betonbunker mit Laufgraben, zu gelangen, in dem wir die ganze Nacht zubringen mussten. Das Wäldchen war nicht groß, vielleicht nur drei oder vier Fußballfelder, aber es war dicht und undurchdringlich finster, man sah, wie man sagt, die Hand vor Augen nicht. Ich war hier noch nie gewesen, und man hatte mich vor diesem Ort gewarnt. Und Otto, hatte man gesagt, wäre besonders nachts ein unberechenbarer, grausamer, zu üblen Streichen neigender Mensch. Bisher hatte ich das nicht festgestellt, im Gegenteil, Otto war mir gegenüber stets freundlich und offen gewesen, aber ich war mit ihm ja auch nur immer tagsüber am Strich gewesen. Und in der Kaserne, da konnte man über ihn nichts Negatives sagen. Da war er wie alle. So lief ich vor ihm her, mit drei, vier Schritt Abstand, und lauerte auf seine Überraschungen. Indes, nichts passierte. Ein paar Mal schaltete ich die Taschenlampe, mit Grünfilter, ein, um wenigstens den Trampelpfad, auf dem wir durch die Dunkelheit stolperten, nicht zu verfehlen. Beim zweiten Mal zischte Otto: Lass die Funzel aus! Wir sehen schon genug. Oder bist du nachtblind?? Ich hörte in seiner Stimme einen Unterton, den ich von ihm nicht kannte, er, der Väterliche, der Gütige, der Allesversteher, klang auf einmal böse und abgründig. Sollte Katzschmar, der mich über Otto „aufgeklärt" hatte, etwa recht haben? Ich hatte ihm das nicht geglaubt, zu sehr war Katzschmar im Ruf eines üblen Kerls, der die Kameraden verhöhnte und ihnen schlecht nachredete. Doch jetzt? Hier im Dunkeln, in diesem einsamen, finsteren Wäldchen, der „Hexenwald" aus den Märchen der Kinderzeit fiel mir ein, genügte eine Winzigkeit, Ottos Stimme, und alle Ängste stellten sich sofort ein.

Ich knipste die Lampe aus, stolperte weiter. Plötzlich Otto, hinter mir: Was trampelst du wie eine Sau? Hast du nichts gehört!?

Was soll ich gehört haben?

Na, dieses leise Schnaufen, das Knistern und Zweigeknacken.

Ich blieb stehen, lauschte. Und tatsächlich. Da war etwas.

Schräg neben mir, im Unterholz, ich sah nicht das Geringste, knisterte und knackte es, es war, als ob sich da jemand vorsichtig anschleicht, und einen Augenblick dachte ich an Karl-May-Abenteuer, die ich gelesen hatte, an Winnetou, Old Shatterhand, Old Wabble, an die Komantschen und Apatschen, an Kriegshäuptlinge wie den Großen Bären oder Nale Masiuv, aber ganz flüchtig nur, denn wie eine Faust drückte mir die Angst die Kehle zu ...

Wenn nun einer rüber will? dachte ich, und wir sind ihm im Wege ...? Wenn so einer nun keine Skrupel kennt? Wenn ihm ein Menschenleben, und ein Grenzerleben zumal, nichts bedeutet? Wenn er jetzt, wo ich hier stehe, schon das Messer gezückt hat? Und all das fiel mir in diesem Augenblick ein, was man uns jeden Tag eintrichterte, was wir gehört hatten und was sie uns im Politunterricht an zahllosen Beispielen wieder und wieder grell und extrem ausgemalt hatten: jede Woche ein paar Grenzdurchbrüche, allesamt Verbrecher, mordgierige Gesellen, Staatsfeinde, vom Westen aufgehetzt, entweder der oder wir, etwas anderes gab es nicht … ihr wollt doch die Eltern und eure Mädchen wiedersehen?

Dumme Frage. Wer will das nicht?

Also nahm ich vorsichtig, und wie ich glaubte unhörbar, die MPi von der Schulter, drückte den Sicherungshebel nach unten, lud durch.

Doch das Durchladen kann man bei einer Kalaschnikow nicht ohne Geräusch machen, das ist unmöglich, denn wenn man noch so langsam und vorsichtig durchzieht, und wenn die Waffe noch so gut geölt ist, ein metallisches Klicken ist unvermeidbar. Und obwohl ich das wusste, erschrak ich, als ich hörte, wie das Schloss einrastete. Ich glaubte, das ganze Wäldchen wäre mit mir erschrocken … so laut schallte es.

Otto, hinter mir, zischte: Bist du verrückt? Los, sichere die Waffe wieder.

Gehorsam drückte ich den Hebel wieder nach oben. Doch neben mir, im Laub, wurde jetzt das Rascheln lauter, dazu ein rhythmisches Keuchen, leise, aber deutlich, als ob derjenige seinen Atem zu unterdrücken versuchte, es aber nicht ganz schaffte. Gleich wird er aufspringen, dachte ich, und auf mich losgehen, und ich tastete wieder nach der MPi …

Unvermittelt tritt Otto an mich heran. Ich spüre, rieche seinen Atem. Er flüstert mir ins Ohr: Du verdammter Idiot! Noch nie einen Igel gehört, was? Mensch, das ist nichts anderes als ein ganz gewöhnlicher Igel. Ich hab es sofort gehört. Wollte dich testen.

Ich schüttle den Kopf, flüstere zurück: Testen? Das ist kein Igel, Otto. Wetten? Wenn's nun doch irgendein Kerl ist, der uns eine über den Nischel hauen will.

Otto zu mir: Dir vielleicht, mir bestimmt nicht. Und er ergänzt: Lass die Knarre unten, verdammt noch mal. Sichern! hab ich gesagt. Hörst du nicht? Wenn du jetzt losballerst, ist es vorbei mit der ruhigen Schicht … ach, so ein …

Und er läuft an mir vorbei, befindet sich jetzt vor mir, flüstert:

Nun komm schon, Mensch. Wir müssen uns gleich vom Bunker melden. Scheiß dir nicht in die Hosen! So eine Pfeife!

Zögernd folge ich ihm. Ein Igel?? Ich kann das nicht glauben. Andererseits ... und ich verstehe plötzlich, dass mancher von den Kameraden entnervt auf so einen stachligen Gesellen das ganze Magazin entleert hat oder den Ruhestörer, um endlich Rache zu nehmen, aufs Bajonett spießt, aber ich denke den Gedanken nicht zu Ende, denn Otto flüstert aufs Neue: Na, nun komm schon, Mann, den findest du jetzt im Dunkeln sowieso nicht, der feixt sich eins.

Scheiße! Ich spüre eine Gänsehaut, mich fröstelt. Doch diese Nacht mit Otto sollte für mich noch weitere Überraschungen bereithalten. Nichts mit Ruhe, nichts mit „an Julia denken" und sich vorzustellen, wie es mit ihr wäre ...

Wir traten aus dem Reich der Finsternis auf eine mondbeschienene, sanft hügelige Ebene, die mit wenigen Bäumen und Büschen bestanden war. Ich atmete auf und bestaunte den Anblick. Alles war in silbriges Mondlicht getaucht – ein Bild, märchenhaft und ungeheuer friedlich, bei dem man einen Augenblick lang vergessen konnte, dass ein paar Hundert Meter vor uns die Minensperre und der Kfz-Graben lauerten, diese heimtückischen und tödlichen Hindernisse.

Bis zum Bunker, der, einen Steinwurf von der Grenze, mitten in einer Gruppe niedriger Büsche stand, waren es noch sechzig oder achtzig Meter, die wir auf einem Wiesenpfad zurücklegten. Von der GÜST herüber blinkten die hohen Straßenleuchten, sie überragten die Silhouette des Fichtenwaldes und ließen den Nachthimmel in mattem Blau schimmern, ab und zu hörte man das Geräusch eines Autos oder eines anfahrenden LKW. Die GÜST lag an einer vielbefahrenen Transitstrecke, etwa knappe zwei Kilometer von unserem Standort entfernt.

Ich kroch in den Bunker, in dem es wie in allen Bunkern übel roch und der feucht war, sogar eine kleine Pfütze glitzerte darin, weil Grundwasser heraufdrückte und das Regenwasser von der höher liegenden Wiese immer wieder hereinlief. Ich lehnte die MPi an die Wand, nahm das Glas und machte Rundumbeobachtung, während Otto draußen am Anrufemast seine Meldung abgab. Ich hörte seine Stimme, konnte aber nichts verstehen, da er sehr leise sprach und natürlich, wie es Vorschrift war, in Verschlüsselung. Nach ein paar Minuten kam er herein, packte ohne ein Wort seine Verpflegung aus, schraubte die Feldflasche auf, schmatzte, rülpste, ließ ungeniert einen fahren, wollte nicht gestört werden. Ich tat es ihm nach und begann ebenfalls zu essen. Wir schwiegen, kauten, hingen unseren Gedanken nach. Ich versuchte an meine kleine Julia zu denken, aber es gelang nicht. Das verdross mich. Daran war nur Otto schuld, irgendwie misstraute ich ihm. In der Kaserne ein fröhlicher Kumpel, hatte er hier am Strich etwas Hintergründiges, Undurchschaubares, Unberechenbares. Ich konnte es nicht definieren, aber ich fühlte, dass es so war. Vielleicht lag es auch daran, dass er außerordentlich schweigsam war. Keine zehn Worte hatte er mit mir gewechselt, seit wir den LO verlassen hatten. Unsere Fresspause dauerte lange. Ab und zu unterbrachen wir das Mahl, beobachteten durch die Bunkerschlitze die Umgebung, aber es gab nichts Besonderes, alles war ruhig und friedlich.

Plötzlich, eine halbe Stunde nach dem Essen, stöhnt Otto auf und hält sich den Bauch. Er rülpst und keucht. Oh, jammert er, da muss irgendwas schlecht gewesen sein, muss dringend mal raus. Er springt auf, stößt sich den Kopf an der niedrigen Bunkerdecke, fragt: Darf ich? Er meint meine MPi, denn er ist als 1,90-Mann LMG-Schütze, und die Dinger sind schwer und unhandlich. Aber ohne Waffe darf ein Soldat nirgends hingehen, nicht mal scheißen, also muss Otto auch jetzt die Knarre mitnehmen. Ich nicke und ich sehe ein, das LMG ist wirklich für so einen kurzen Ausflug ungeeignet, es schlägt einem in die Beine, rutscht andauernd von der Schulter. Ja, sage ich, nimm meine Flinte ruhig mit raus. Bleib nicht so lange! Otto bedankt sich und verschwindet.

Nein, er ist nicht lange geblieben, nach ein paar Minuten war er wieder da. Er setzt sich und stöhnt erleichtert. Das war höchste Zeit! Auf einmal fasst er sich an den Kopf. Oh, wo ist denn mein Käppi? Verdammt, ich hab mein Käppi bei all der Aufregung draußen gelassen. Muss ich sofort holen, du weißt, wenn der Buddy auf Kontrolle kommt und ich hab mein Käppi nicht am Mann, gibt's gnadenlos Ärger. Wieder nicke ich, denn es stimmt, an solchen Kleinigkeiten zieht sich unser Zugführer hoch, da kann er sich aufspielen und ein Riesentheater machen.

Na los, sage ich, hol schon deine Kopfbedeckung. Otto stürzt raus, steckt aber den Kopf gleich wieder herein. Oh Scheiße, Flinte vergessen! Er hat ja recht, ohne Waffe darf er nicht raus und wer weiß, wo er seinen Scheißhaufen gemacht hat, es sind bestimmt ein paar Meter. Also krallt er sich sein LMG, haut ab. Ich höre seine eiligen sich entfernenden Schritte. Ein wenig staune ich, warum er jetzt das schwere Ding nimmt, und nicht wieder meine leichtere MPi, aber ich denke mir nichts dabei. Ich brenn mir eine Zigarette an, beginne zu rauchen. Die Zeit vergeht. Minute auf Minute. Na, Otto lässt sich diesmal Zeit, denke ich noch. Es dauert und dauert, bis er wiederkommt, langsam werde ich unruhig. Wo er nur bleibt? Was soll das? Fast routinemäßig schaue ich durch einen Beobachtungsschlitz.

Doch was sehe ich?! Mein Otto läuft seelenruhig auf die Grenze zu.

Mensch, sage ich zu mir, das ist doch die falsche Richtung! Scheißen war er doch dort nicht. Otto läuft weiter. Ich krieche aus dem Bunker, um besser sehen zu können. Tatsächlich, Otto läuft direkt auf die Grenze zu, es sind nur noch ein paar Meter bis zum Kolonnenweg. Ich fuchtle mit den Armen, rufe:

Eh, Otto, was soll das? Komm zurück.

Ich begreife das Ganze nicht. Will er etwa abhauen, der Sack? So eine Scheiße. Auf einmal dreht sich Otto um und ruft zurück. Ich kann ihn kaum verstehen, so weit ist er schon weg.

Hallo, Franz! Mach's gut! Ich schreib dir mal ne Karte …

Ich fuchtle und springe hin und her, rufe, winke, bin vollkommen außer mir. Otto, komm zurück. Bitte … ich muss sonst … ja, was muss ich denn? Schießen muss ich, blitzt es mir durch den Kopf. Ich muss schießen. Wenigstens erst mal in die Luft, denke ich. Vielleicht dreht er dann um? Gibt seinen Wahnwitz auf. Ich probiere es erst noch mit Rufen. Doch der Kerl ist jetzt schon zu weit entfernt, er hört mich nicht. Zitternd und völlig verzweifelt reiß ich mir die MPi von der Schulter, will einen Feuerstoß in die Luft knallen. Ich entsichere, zieh durch, doch als ich den Abzugshebel bedienen will, macht die verdammte Flinte keinen Mucks. Ich probiere es nochmal. Dasselbe. Nicht mal „Klack“ macht es. Was ist los? denke ich in Panik und bau in aller Eile das Teil auseinander. Das sind ja bei der Kalaschnikow nur ein paar Handgriffe. Hundertmal geübt, ich kann das im Dunkeln oder mit verbundenen Augen, also auch hier bei Mondschein. Doch wie ich den Scheiß auseinander habe, sehe ich die Bescherung: Die MPi hat kein Schloss mehr! Es ist ausgebaut. Da kann sie natürlich nicht losgehen. Ich fluche. Verdammt, verdammt, verdammt! Und auf einmal fällt mir ein: Otto, das Schwein, ist ja mit meiner MPi rausgegangen, während er jetzt sein LMG genommen hat. Ein feiner Plan. Oh, dieser hinterhältige Mensch. So ein raffinierter Kerl. Baut mein Schloss aus und lässt mir dann die unbrauchbare Flinte zurück. Da kann er freilich in aller Gemütlichkeit abhauen. Wer weiß, wie lange er diesen Plan schon gehabt hat? Wer weiß, wie viele Nächte er schon darüber gebrütet hat? Und gelauert hat, wann er endlich mit dem dämlichen Malef an den Strich kommt, diesem gutgläubigen Esel. Das ist es: Man kann hier am Strich keinem Menschen trauen, nicht mal so einem Kameraden wie dem Otto. Und ich dachte immer, der Otto, der ist … Scheiße, falsch gedacht!

Oh verflixt, ein wahnsinniger Schreck durchzuckt mich, wie werden die mich jetzt am Arsch kriegen, die Stasi, der KC, das Grenzkommando und sonstwer: Hat einen Grenzdurchbruch zugelassen, der Malef, hat seine Waffe weggegeben, Verstöße gegen Dienstvorschriften im Dutzend, die werden kurzen Prozess mit mir machen, ab nach Schwedt wird es heißen, ja dorthin werde ich kommen, in den Armeeknast. Und aus ist es mit Karriere, mit Beruf und Familie, aus wird es sein mit allem – und nicht mal erschießen kann ich mich jetzt. Oh Gott, oh Gott … beinahe hätte ich, wenn ich es noch zusammenbekommen hätte, ein Vaterunser gen Himmel geschickt. Aus! Amen!

Plötzlich neben mir Schritte. Ein Hüsteln. Ich schrecke auf. Wie aus dem Boden gewachsen, steht Otto neben mir. Na Genosse Soldat? fragt er, was haben wir denn falsch gemacht? Und er lässt ein gemeines Kichern hören …

Ich brülle ihn an: Du blöde Sau! Ich polier dir gleich die Fresse. Mir so einen Schrecken einzujagen. Bist du blöd geworden? Was hab ich dir getan?

Otto kicherte weiter. Ich wollte dir nur zeigen, wie leicht man einen wie dich übertölpeln kann. Es soll dir eine Lehre sein … Bierholdt! Hi, hi, hi du erinnerst dich? Das war der letzte Durchbruch in unserem Abschnitt, heute auf den Tag vor einem Jahr, da ist dieser Uwe Bierholdt auf dieselbe Weise abgehauen, allerdings hat er seinen Kameraden vorher noch, hi, hi, hi sozusagen zur Sicherheit, eins über den Schädel gehauen …

Feix nicht so albern. Was geht mich der Bierholdt an? Soll mich wohl noch bedanken, dass du mir keine übergebraten hast? Eine Lehre soll das sein? Du hättest mir von solcher Vorgehensweise berichten können, da braucht es nicht des praktischen Beispiels, außer du bist jemand, und das glaub ich nun beinahe, der eine Freude daran hat, andere zu quälen, sie ein bisschen zu foltern, mit ihrer Angst zu spielen. Sind wir nun Kameraden oder nicht? Muss man einem Kameraden so übel mitspielen?

Na, nun komm, hab dich nicht so. Lass das Moralisieren. Bist du etwa gestorben? Ist irgendwas passiert, he? Merk es dir, und gut …

Passiert ist nichts, außer, dass ich mich wahnsinnig erschrocken habe. Was wäre, wenn ich nun das Ganze sofort per Netz gemeldet hätte? Was dann? Dann stündest du da, mein Lieber. Vielleicht sollte ich das überhaupt noch tun. Dich melden! Verdient hättest du es.

Untersteh dich, knurrte Otto, außerdem wärst du dann genauso dran wie ich. Kapito? Gibt seine Flinte einfach weg, der Naivling. Hier hast du dein Schloss wieder, und er kramte in der Hosentasche und brachte das kleine Eisenteil zum Vorschein. Bau es schnell ein, na los …

Erst wollte ich hart bleiben und ihn auffordern, das Ausgebaute auch selber wieder einzubauen, doch dann nahm ich das Schloss und setzte es ein … dabei dachte ich, wie einfach es doch wäre, seinen Kameraden hier am Strich zu entwaffnen, ohne Gewalt, einfach nur mit einer simplen List, ein schlauer, beinahe genialer Plan …

Schweigend verlief der Rest der Schicht. Ich wollte nicht mit Otto reden, zu groß war mein Ärger, und er hatte offenbar auch keine Lust für Gespräche. Eine ganze Weile grübelte ich, was ihn dazu getrieben haben könnte, einen derartigen Unfug anzustellen. Ich kam nicht dahinter. Oder, dachte ich mit einem Mal, sollte er mich ganz bewusst getestet haben? Hatte er einen Befehl dazu? Vielleicht von dem Zivilisten, der mich kürzlich verhört hat? Ist Otto etwa ein Stasispitzel? Ich hatte gehört, dass die Stasi auch unter uns Soldaten ihre Agenten hat und dass die manchmal ganz besondere Aktionen durchziehen, um unsere Festigkeit und Zuverlässigkeit zu prüfen. Den Klassenstandpunkt sozusagen!!! Warum könnte Otto nicht so einer sein?

Ich sah ihn von der Seite an, aber der Kerl wirkte ganz und gar gleichgültig und schien den ganzen Vorgang schon vergessen zu haben. Er rauchte, dann schnitzte er mit dem Seitengewehr an einem Holzstöckchen herum, dazu pfiff er leise irgendeine Melodie. Mir ging sein Gleichmut auf die Ketten und es hätte nicht viel gefehlt, ich hätte, entgegen meinem Vorsatz, doch ein Gespräch mit ihm angefangen. Aber es gelang mir, mich zu beherrschen.

Von diesem Tag an war Otto bei mir, wie man sagt, unten durch. So ein Blödmann, dachte ich noch eine ganze Weile nachher, was kann er nur mit dieser Aktion gewollt haben? Aber ich fand, außer der Stasi-Idee, keine vernünftige Erklärung. Schließlich gab ich es auf, dahinterzukommen.

Auch in der Kaserne redete ich kaum noch mit ihm. Den anderen fiel das nicht weiter auf, nur einmal sagte Karli zu mir, und er deutete dabei auf Otto: Habt ihr was miteinander? Hat es Streit gegeben? Ich schüttelte den Kopf, und auch Otto sagte nichts. Glücklicherweise ergab es sich, dass ich bis zu seiner Entlassung im Herbst nicht wieder mit ihm an den Strich musste. Nur einmal waren wir gemeinsam mit Wache dran, aber da ist man ja nicht allein, ein Uffz war immer dabei, und so quatschten wir eben, wenn überhaupt, nur unverfängliches Zeug, gingen uns ansonsten aus dem Weg …

Als die Schicht an der GÜST zu Ende war und wir wieder in der Kaserne angekommen, nutzte ich die erste Gelegenheit, um mich

Holzknie zu nähern. Das war beim Waffenreinigen. Wir standen in einer Reihe, vor uns auf kleinen Tischchen unsere MPis, zerlegt und ausgeschlachtet, wir zogen die ölgetränkten Reinigungsfäden durch die Läufe, putzten und flimmerten, wir waren müde, wollten schnell fertig werden und in die Kojen. Eine Nachtschicht schlaucht immer, wir fühlten unsere Knochen. Holzknie ging auf und ab, misstrauisch und übellaunig beobachtete er unsere Arbeiten. Er hatte von Buddy die Aufsicht aufgebrummt bekommen. Damit der faule, fette Sack gleich abruhen kann. Klar, dass Holzknie die Schnauze voll hatte. Als er bei mir vorbeikam, zupfte ich ihn am Ärmel, sagte leise: Eh, Holzknie! Komm mal ein paar Schritte beiseite, am besten dort zum Heizungskeller, ich muss dich um was bitten. Holzknie tat zuerst unwillig und erstaunt, dann aber schien er sich zu erinnern. Ja. Ach so. Na, was gibt es denn so Wichtiges? Und wir gingen die paar Meter, blieben neben der Eisentür zum Heizungskeller stehen.

Ich flüsterte: Wenn du willst, dass ich dir dein Bewerbungszeug schreibe, musst du mir nun auch mal helfen. Es ist für dich sicher eine Kleinigkeit … bei deinen Möglichkeiten.

Schon gut, lass den Schmus. Worum geht es?

Ich muss zur nächsten Spätschicht zum Holz-B-Turm eingeteilt werden. Und da ich sah, wie Holzknie zögerte, bettelte ich. Bitte, Holzknie, tu mir den Gefallen … und frag jetzt nichts. Bitte.

Holzknie grinste sein dreckigstes Grinsen. Geht es um dieses Bauernweib?

Ich antwortete nicht, sagte nur noch einmal „Bitte!“, und als ich sah, dass er zustimmen würde, ergänzte ich … und teil mir bitte FK als Postenführer zu.

Wollt ihr die etwa zusammen aufbocken? Einen flotten Dreier? Malef, alte Sau …

Wieder antwortete ich nichts. Blickte ihm gerade in die Augen. Bitte!

Also schön, gut, will mal sehen, aber nach meinem Urlaub musst du mir dann den Schriftkram aufsetzen. Versprochen!?

Ja, natürlich. Geht in Ordnung. Wann hast du deinen Urlaub?

Demnächst in vier Wochen. Das letzte Mal vor dem Wechsel,

bevor dann im Herbst die jetzigen „Heimis“ abhauen und die Zwischenpisser ankommen. Da musst du dann ohne FK auskommen, ha, ha … wirst selber die grünen Balken kriegen.

Ich schwieg, packte Holzknie dankbar am Unterarm. Hätte den Zausel gerne umarmt. War schon ein brauchbarer Kerl, der Holzknie. Aber hier im Kellergang vor den anderen? Nee, das war zu auffällig. Was würden die denken? Der Malef mauschelt mit nem Vorgesetzten, der kriecht dem Scheiß-Holzknie in den Arsch … Soldaten denken immer verquer, halten die unglaublichsten Sachen für möglich, so wie sie auch jedem Gerücht, jeder Scheißhausparole, mit Begeisterung aufsitzen … ich weiß nicht, warum das so ist, vielleicht liegt es am Eingesperrtsein, an der Kasernierung, an dem täglichen, einförmigen Rhythmus, der uns gierig werden lässt nach jeder noch so kleinen Abwechslung, nach jeder Abweichung vom eingelaufenen Alltag, der uns die Ohren spitzen und die Augen offen halten lässt, wie gesagt, ich weiß es nicht, vielleicht ist es so, vielleicht auch nicht … Ich fasste also Holzknie nur kurz am Unterarm, diese Geste, die wir von den römischen Soldaten übernommen haben, und die eine flüchtige Innigkeit, Dankbarkeit und Kameradschaft bezeigen soll … Ich ging zurück an meinen Reinigungstisch, nahm die MPi und fummelte daran herum. Karli, neben mir, feixte, auch Katzschmar schien irgendwas zu ahnen. Er warf mir einen Verschwörerblick zu, aber nur kurz, denn Holzknie trat an ihn heran, griff sich die Flinte und betrachtete sie von allen Seiten, drehte sie hin und her, roch daran.

Na, Gefreiter Katzschmar, giftete er, da haben wir wieder mal ne Ölsardine draus gemacht. Kann man ja gar nicht anfassen, das Teil. Man stinkt hinterher wie ein Öltank. Nehmen Sie Ihre Unterhose und wienern Sie die Flinte trocken.

Katzschmar feixte und antwortete leise irgendwas, das ich nicht verstehen konnte. Holzknie feixte zurück, brummte Unverständliches und ging, die Hände auf dem Rücken, weiter. Ich sah ihm nach und es schien, als ob er seine Finger zum Victory-Zeichen verbog. Galt das mir? Hatte er etwa dem Katzschmar schon Bescheid gesagt, dass der zur nächsten Spätschicht mit mir an den

Strich gehen würde? Unwahrscheinlich. Kaum zu glauben. So ein Dilettant war der Holzknie nicht. Es musste was anderes gewesen sein, was sie geflüstert hatten.

Die nächsten Tage schlichen öde dahin. In mir quollen trübe Gedanken auf. Wenn ich auf dem Kasernenhof stand, kam mir das graue dreistöckige, im Plattenbaustil errichtete Kasernengebäude wie ein großer Sarg vor, ein Sarg, den wir uns alle miteinander teilen mussten. Zwar war das Haus noch nicht alt, es stand kaum fünf Jahre, aber es schien voller schlechter Säfte und aufgedunsen wie ein Bettler, der, auf einmal zu Geld gekommen, vom vielen Fressen verfettet ist. Es steht am Ende der Ortsbebauung, etwas abseits des letzten Gehöftes, man blickt auf Felder und unbebautes Unland, starrt auf eine flache Erdschlucht, die sich nach Osten hinzieht. Eine richtige Straße gibt es nach dem Ende der Grundstücksgrenze nicht, das letzte asphaltierte Stück endet vor dem Kasernentor, beinahe wie ein Zeichen, das dahinter nichts mehr kommt, die zivilisierte Welt zu Ende ist. Die erwähnte Erdschlucht dient den Dörflern als Müllabladeplatz, und obwohl schon Tausende Male verboten und auch Schilder aufgestellt wurden, geschieht es immer wieder, dass die Leute ihren Unrat, auch alte und kaputte Haushaltgeräte und Landwirtschaftsmaschinen, in der Erdschlucht ablegen. Die eine Hälfte der Schlucht ist mit Bauschutt, Holzresten, Kehricht zugeschüttet und von Brennnesseln, Kletten und Sauerampfer überwuchert, während am Rande der anderen Seite eine Bretterbude steht, aus dünnen, grün gestrichenen Latten gezimmert. Wer diese Bude errichtet hat, wem sie gehört, weiß niemand. Die Dorfjugend klettert auf dem Müll umher, wirft manchmal mit Steinen nach der Hütte, dann brechen manche Latten mit leisem Knirschen entzwei. Die Posten am Kasernentor beobachten diesen Unfug, manchmal sogar mit dem Fernglas, sie feixen, aber eingegriffen hat noch keiner. Sogar der KC soll von seinem Fenster aus dem Treiben manchmal zugeschaut haben, dann ruft er den Diensthabenden an und fordert ein Einschreiten. Aber trotzdem ist noch nichts dagegen unternommen worden. Der Diensthabende sagt: Zu Befehl! Und notiert sich was. Aber er gibt den Befehl nicht weiter, es bleibt bei einer Eintragung im Dienstbuch. So steht dort wenigstens ein Vorkommnis und die Wache hat etwas festgestellt. Ich habe es selbst gesehen: dreimal steht das schon im Buch, und das war's dann. Es scheint, als ob diese Müllhalde und die Spiele der Dorfjugend eine Art Beispiel, ein Vergleichsbild, sind:

Seht, sagt dieses Bild, so geht es draußen, jenseits eurer Mauern in der Welt zu. Alles verkommt, ihr ertrinkt im Müll und die Jugend übt sich in Zerstörung. Aber in der Kaserne läuft wie im Leben des ganzen Staates alles seinen gewohnten Gang … wir wissen, der Müll wird immer mehr und die Jugend ignoriert Verbote und Regeln. Doch wen interessiert das? Denn, denke ich dann, solche Gedanken macht sich hier niemand, nur mir Blödmann fällt sowas an den trüben und öden Tagen wie dem jetzigen ein … aber es ist ohne jeden Belang.

Vor dem Schichtwechsel hat unsere Kompanie vom Stab in Meiningen einen Tag frei bekommen. Also keinen Grenzdienst. Aber nicht etwa Faulenzen ist angesagt, nein, der Tag soll für die Politschulung genutzt werden. Manche von uns freuen sich drauf, weil sie rumhängen, im Unterricht schlafen oder Briefe schreiben können, andere kotzt das politische Gelaber an, besonders, weil es meistens, nämlich dann, wenn unser Polit, Hauptmann Bünger, den Unterricht hält, nur eine andere Art von stinklangweiliger Zeitungsschau wird. Der Hauptmann legt einen Stoß Neues Deutschland vor sich aufs Pult und fängt an, darin zu blättern, und dann liest er die Leitartikel vor. Sein näselnder Leierton wirkt wie ein Schlafmittel. Er weiß nicht, es kotzt uns an, schon, wenn von der DDR-Prawda die Rede ist. Was steht da schon drin, im Zentralorgan? Eine Parteisitzung, ein sogenanntes Plenum nach dem anderen wird abgedruckt.

Scheißparteizeitung! flüstern manche und fangen sich von den Genossen-Soldaten finstere Blicke ein. Aber mehr passiert nicht. Die paar Soldaten, die bei uns in der Partei sind, das ist eine Minderheit und die mucken auch nicht auf. Sie wissen, es ginge ihnen schlecht, draußen am Strich. Warum weiß keiner von den Oberen, dass wir den Scheiß gar nicht hören wollen?

Warum weiß keiner, was in uns vorgeht? Wie die wirkliche Stimmung ist? Manchmal denke ich, auf welch dürren Beinchen doch die ganze politische Macht in unserem Arbeiter- und Bauernstaat steht. Wie kommt es, dass alles doch noch irgendwie zusammengehalten werden kann? Was passiert, wenn es mal wirklich ernst wird …? Scheiße!

Aber, weißt du, lange denke ich über sowas meistens nicht nach, es huscht im Kopf vorüber, und bald habe ich es wieder vergessen. Da schwirrt anderes herbei – Fressen, Saufen, Weiber, der nächste Urlaub, sowas eben. Also, wie ich sagte, wenn der Bünger den Unterricht hält, ist das große Schlafen angesagt. Soldaten können ja, weißt du, mit offenen Augen schlafen. Die sitzen da und du denkst, der dort und dieser da, die hören aufmerksam zu, in Wahrheit sind sie weit weg und träumen sich eins. Also beim Hauptmann Bünger ist Augenpflege angesagt.

Interessant wird es nur, wenn einer von den Stasioffizieren aus Meiningen erscheint und aktuelle Fälle von Grenzverletzungen vorstellt. Einer ist darunter, ein Oberleutnant Haberland, ein junger Mensch von knapp dreißig, der versteht es, uns Angst einzujagen und das Gruseln beizubringen. Breitbeinig wie ein lässiger Westernheld baut er sich vor den Fotoreproduktionen seiner sogenannten Tatorte auf, die er an den Holzrahmen der Wandtafel getackert hat, seine Uniformjacke hängt über einem Stuhl, hemdsärmelig, die Manschetten aufgekrempelt, steht er da, dieser Haberland, in neuen hellbraunen, blitzblanken Schaftstiefeln. Sie knarren, wenn er hin und her läuft. Rauchend! So steht er vor uns. Ja, stell dir vor, er nimmt sich die Freiheit und quarzt uns was vor. Wir dürfen im Unterricht natürlich nicht rauchen. Klaro.

Also, den Haberland, den haben wir heute zum Referenten. Er macht ein wichtiges Gesicht, seine hellblauen Augen rollen, er zupft an seinem blonden Oberlippenbärtchen.

Wisst ihr, Genossen, sagt er und kommt ohne Einleitung gleich zur Sache, wisst ihr, was vor ein paar Tagen, das heißt genau am Fünfundzwanzigsten, was da in eurem Nachbarabschnitt passiert ist? Also, genauer gesagt, bei der achten Kompanie in Rieckmershausen. Man kann es sich kaum vorstellen, Genossen. Aber, es ist tatsächlich passiert. Also, wenn man so will, in unserem Grenzkommando Meiningen. Wahrhaftig und wirklich passiert! Großes Grenzerehrenwort! Ha, ha, ha – er lachte und schlug sich mit einer zusammengefalteten Zeitung an den linken Stiefelschaft.

Also („Also" ist sein Lieblingsfüllwort. Er benutzt es wie ein beliebtes Gewürz so häufig wie möglich), also Folgendes, Genossen, fuhr er fort und in seinem Gesicht war ein kleines, boshaftes Grinsen. Mir schien es sogar, als fixierte er von allen im Raum Sitzenden besonders mich.

Warum nur? dachte ich. Was hab ich mit dieser Sache zu tun? Trotzdem, ich wusste nicht warum, ein ungutes Gefühl stieg wie ein Sodbrennen in mir hoch. Klar, man hat ja als Grenzer immer ein schlechtes Gewissen. Ständig gibt es was, das man verbergen möchte, irgendeine Kleinigkeit, eine kleine Lügerei, irgendein meist unbedeutendes Dienstvergehen, und man weiß nie genau, was davon durch blöde Zufälle irgendwann und meistens auf Umwegen an die Oberfläche kommen wird. Gott sei Dank ist es meistens nur unbedeutender Kleinkram. Eigentlich albernes Zeug, nicht der Rede wert. Aber wie sich bei Haberlands Rede gleich herausstellen sollte, trog mich diese Vorahnung eines Unheils diesmal durchaus nicht. Und es war auch kein Kleinkram, es sollte ganz schön schlimm kommen. Eine üble Folter, eine regelrechte Marter, erwartete mich.

Da ist also in der letzten Woche ein Postenpaar im Dienst an unserer Staatsgrenze, ein Genosse Gefreiter und ein Genosse Soldat, fuhr der Oberleutnant im munteren Plauderton fort. Wieder griente er in meine Richtung. Es schien ihm Spaß zu machen. Vielleicht habe ich zu diesem Zeitpunkt schon entgeistert geglotzt oder bin leichenblass gewesen.

Welcher Abschnitt, sagte der Stasioffizier, genaue Bezeichnung, Codenummer und so weiter. Exaktes Datum, Uhrzeit. All das muss Sie jetzt nicht interessieren, Genossen … das also ist Nebensache, Genossen.

Sein blondes Bärtchen kräuselte sich und mit einem feinen Lächeln sprach er weiter: Sie traten also ihren Dienst an, die beiden

Grenzer, sie inspizierten ihr Revier. Alles ohne Vorkommnisse, alles in Ordnung. Und dann also kriechen sie in ihren Bunker. Es ist einer von diesen üblichen Betonbunkern, Genossen, Sie alle kennen die Dinger, er ist also in dem Abschnitt für die Schicht als Beobachtungspunkt befohlen. Soweit alles klar, alles normal.

Dann aber muss der Postenführer austreten …

Jetzt verdammt, bei dem letzten Satz des Redners, fuhr mir ein eisiger Schrecken in die Glieder. Ich glaube, ich bin sogar wie unter einem Peitschenhieb zusammengezuckt. Gibt es denn sowas? schoss es mir durch den Kopf. Das ist ja haargenau meine Geschichte mit Otto. Wieso weiß dieser Haberland davon? Wer hat ihm das erzählt? Warum schwafelt er uns was von der Nachbarkompanie, wenn er doch mich und den Otto meint? Oder gibt es dieselbe Story zweimal? Unmöglich. Glaub ich nicht. Ich war wie blockiert, erstarrt, konnte nicht weiterdenken, begriff das Naheliegende nicht, erwartete die nächsten Worte des Oberleutnants wie ein Karnickel den Schlag mit dem Holzscheit …

Der Postenführer muss also mal, Genossen. Ganz normal, was ist also dabei? werden Sie fragen, Genossen. Doch gleich wird Ihnen also klar werden, was ich meine, denn der Postenführer, ein LMG-Schütze, sagt zu seinem Posten: Gib mir mal deine Waffe! Das sauschwere LMG stört mich, es ist so unhandlich. Na, wer versteht das nicht, Genossen: Ein LMG ist keine Damenhandtasche, es wiegt fast 5 Kilogramm, es ist lang und schlägt einem in die Beine. Beim Austreten stört sowas, Genossen. Ganz klar. Also, der Posten ist hilfsbereit, er gibt dem Postenführer seine leichtere MPi, sagt vielleicht noch: Gut Schiss! Ha, ha …

Der Oberleutnant lachte über seinen Witz kurz auf, wurde aber, so wie sich eine dicke Wolke vor die Sonne schiebt, gleich wieder ernst, sagte: Und der schlaue Postenführer geht also nach draußen, Genossen … jetzt mit der Kalaschnikow seines Postens. Ist das also nicht ein tolles Bubenstück, Genossen?

Was sagen Sie dazu?

Eiskalt wurde mir die Stirn, kalter Schweiß stieg vom Herzen auf, es war, als ob ich gleich ohnmächtig werden würde. Wilde Gedanken kreisten in meinem Kopf. Aber, am Ende konnte ich doch nur eines denken:

Otto, das Schwein, dieser dreckige Halunke, ein Verräter, ein Stasispitzel ... !

Es gibt bekanntlich nichts Schlimmeres, als erkennen zu müssen, dass der Kamerad, dem man vertraut hat, ein Lump und ein Lügner ist. Freilich, den Verdacht hatte ich schon seit der letzten Schicht, nun aber, da er zur Gewissheit wurde, fühlte ich mich leer und jämmerlich.

Ich blickte vorsichtig in seine Richtung, aber mein Otto saß, aufmerksam wie die anderen, indes ohne irgendeine erkennbare besondere Erregung auf seinem Stuhl, oder doch, da war etwas, er kippelte ganz sacht, presste sich nach hinten, federte mit der elastischen Lehne. Aber er blickte eisern nach vorn, hin zum Oberleutnant Haberland, ein gläsernes Lächeln sah ich um seine Mundwinkel, nein, er ließ sich nicht ablenken und obwohl er aus den Augenwinkeln ganz bestimmt erkennen musste, wie ich zu ihm blickte, schien mir, dass er ganz bewusst, konzentriert und absichtlich so stur geradeaus stierte.

Ja, überlegte ich, so sitzt einer, der ein schlechtes Gewissen hat und der keine Schwäche zeigen will. Aber ich werde mich an dir rächen, du Schwein, und ein irrer Hass brodelte in meinem Innern. Noch heute denke ich manchmal, wenn mir damals, in diesem kurzen Augenblick, wo in mir die Flamme der Wut hochloderte, wenn mir da einer eine Waffe in die Hand gedrückt hätte, ich hätte nicht gezögert, ich hätte Otto, dieses Schwein, augenblicklich niedergemacht.

Der Oberleutnant Haberland aber sprach weiter: Und, was macht der Posten nun draußen, als er den Bunker also verlassen hat, Genossen? Nein, austreten geht er nicht, weder pinkelt er noch kackt er ins Gelände, nein, er nimmt die Waffe seines Postens, baut mit geübten Griffen das Schloss aus und setzt dann alles wieder zusammen. Von außen ist nichts zu sehen. Die MPi scheint intakt. Und doch ist sie es nicht mehr. Nicht einmal „Klack“ wird sie noch machen, wenn man durchzieht. Das Schloss also steckt er sich in die Hosentasche, dann wartet er noch einen Moment, schließlich muss er den Eindruck erwecken, er sei ein Stück abseits gegangen, habe Tragegestell, Waffentasche, Koppel abgelegt, sich die Hosen heruntergestreift, habe seine Notdurft verrichtet, sich dann wieder angezogen, die Ausrüstungsgegenstände angelegt, das alles ist nicht in zwei Minuten zu erledigen. Also wartet er, dann nickt er befriedigt, sieben, acht Minuten müssen genügen, denkt er, und er tritt den Rückweg zum Bunker an, dabei stapft er, je näher er kommt, umso lauter, kriecht in den Bunker, sagt laut:

Da bin ich wieder! und legt die Waffe ab.

Doch dann, Sekunden später, greift er sich an den Kopf. Wo hab ich nur …? Wo ist denn verdammt mein …? Oh, ich habe mein Käppi draußen gelassen. Ich muss es holen … bin gleich wieder da! Jeder Soldat weiß, das Käppi gehört zur Uniform, man kann es nicht einfach liegenlassen. Klar, dass der Posten Verständnis hat, wenn sein Postenführer jetzt losstürmt, um das vergessene Käppi zu holen, und ihm fällt auch nicht auf, dass der Postenführer in der Aufregung wegen seiner Vergesslichkeit nach seiner eigenen Waffe greift und mit dem LMG ins Freie stürzt. So ein Döskopp! wird der Posten gedacht haben und sich vielleicht eine Zigarette angesteckt haben. Und dann wird er sich gegen die Wand gelehnt und vor sich hingedöst haben … Eine kleine Unruhe entstand im Vortragsraum, ein paar von uns lachten. Ja, da lachen Sie also, Genossen, sagte der Oberleutnant und strich sich über sein Bärtchen. Doch hören Sie, was weiter passierte, Genossen, da wird Ihnen das Lachen also vergehen. Denn, Genossen, der Postenführer lässt seinen Posten warten. Minuten vergehen. Nach knappen zehn Minuten ist er immer noch nicht wieder da. Das fällt dem Posten natürlich auf. Er wird unruhig. Wo bleibt der denn? sagt er sich und späht durch die Beobachtungsschlitze des Bunkers. So lange kann er doch nicht nach seinem vergessenen Käppi suchen.

Dann plötzlich sieht er ihn. Weit weg vom Bunker strebt er der Minensperre zu. Der Posten ist verzweifelt. Was will er dort? Was bedeutet das? Er hastet aus dem Bunker, gestikuliert, ruft: Komm zurück! Doch sein Postenführer geht weiter. Jetzt ist er schon am Kfz-Graben. Klettert hindurch, macht sich am Streckmetallzaun zu schaffen. Der arme Posten ist vollkommen durcheinander. Auf das Naheliegende, über GMN den Führungspunkt anzurufen und den Vorgang zu melden, kommt er nicht, er glaubt immer noch an ein Versehen, sein Postenführer wird schon umkehren und zurückkommen. Doch der denkt nicht daran. Schon ist er in der Minensperre. Er scheint sich auszukennen, denn er läuft im Zickzack, vorsichtig, ein wenig geduckt. Da, völlig entnervt, greift der bedauernswerte Posten zu seiner Waffe. Noch einmal schreit er verzweifelt: Komm zurück! Mach keinen Blödsinn! Ich muss schießen! Bitte, komm zurück. Aber der andere läuft weiter, in wenigen Augenblicken wird er die Sperre durchquert haben. Da legt der Posten die Waffe an. Es ist eine schlechte Schussposition. Er wird den Zaun treffen. Auch ist er zu weit weg. Doch, was ist das? Als er den Durchzugshebel loslässt und auf den Abzug drückt, geht nichts los. Die Waffe ist defekt. Das ist doch noch nie passiert, denkt der Posten, die Kalaschnikow, diese einfache Wunderkonstruktion, kann eigentlich gar nicht kaputtgehen. Was ist los? Mit wenigen Handgriffen baut er die Waffe auseinander. Und sieht die Bescherung. Das Schloss fehlt. Jetzt, blitzartig wird ihm klar, was passiert ist. Es ist ausgebaut worden. Das kann nur sein Postenführer gewesen sein. So ein Schwein! Der Posten hebt den Kopf. Zwar ist es dunkel, doch die fernen Lampen der Fernstraße spenden noch so viel Licht, dass er sehen kann: Sein Postenführer hat die Sperre überwunden. Keine Mine ist hochgegangen. Er ist drüben! Der Posten schwankt, er ist nahe daran, das Bewusstsein zu verlieren. Mit schweren Schritten tappt er zum nächsten Anrufemast und meldet sich …

Sehen Sie Genossen, sagt der Oberleutnant, wie einfach und raffiniert zugleich ein Mensch vorgeht, wenn er die Unachtsamkeit eines anderen ausnutzt. Sagen Sie nicht, das könnte Ihnen nicht passieren. Wir von der Staatssicherheit wissen, unsere Dienststelle hat Informationen, dass ein ähnliches Vorkommnis auch bei Ihnen erst vorgestern passiert ist, allerdings nicht mit so schwerwiegendem Ausgang. Das muss man sagen: nein, nicht mit solchen Auswirkungen. Aber dennoch …! Hier bei Ihnen in der Einheit hat ein Postenführer seinen Posten, indem er den geschilderten Vorgang, von dem er kurz zuvor erfahren hatte, also nachstellte, auf die Probe gestellt, und, was soll ich Ihnen sagen, Genossen, der Posten ist hineingetappt, er hat genauso leichtsinnig und vertrauensselig gehandelt wie jener, von dem ich berichtete. Ist das nicht schlimm, Genossen? Aber, Genossen, natürlich werden wir das also noch auswerten, mit jenem Posten natürlich, dessen Namen ich hier noch nicht nennen will, nicht nennen will, nein, sozusagen bewusst verschweigen will, um ihm Gelegenheit zu geben …

Was soll ich sagen, Ihr Genosse, er hat sein Versagen seinem Vorgesetzten noch nicht angezeigt. Sich noch nicht offenbart. Wir werden also noch eine kleine Zeit warten …

Halt, Genossen! brüllte der Oberleutnant plötzlich. Ruhe, Genossen! Bleiben Sie bitte ruhig auf Ihren Stühlen sitzen. Wir werden gleich in die Pause eintreten. Noch zwei Minuten. Bitte!

Es war eine große Unruhe in unserem Vortragsraum entstanden. Lautes Gemurmel, Köpfe fuhren herum, Nervosität. Fragen schwirrten umher: Wer wäre denn jener Posten, der jetzt mitten unter ihnen säße? Verdammt. So eine Scheiße! Einer fragte: Wird er bestraft? Kommt er nach Schwedt? Ein anderer, ich glaubte, es war Katzschmar, rief: Passt nur auf, dass er nicht abhaut vor lauter Angst! Man sollte dem Postenführer, der so einen Test mit seinem Posten macht, eine drüberziehen. Das ist unfair … und ich sah, wie Otto zusammenzuckte.

Der Oberleutnant aber ordnete seine Hefter und Bilder, er tat, als höre er vom dem ganzen Krach nichts. Zum Schluss, als er die Papiere in seiner Aktenmappe verstaute, warf er mir einen langen Blick zu, sagte aber nichts. Ich machte mich klein, saß auf meinem Stuhl wie ein Häufchen Unglück. Wo ist der Ausweg? dachte ich.

Was soll ich tun? hämmerte es in meinem Kopf. Mich melden? Jetzt gleich? Ich fing einen Blick von Otto auf, der zu mir herüberfeixte, der mich fixierte mit einem Siegerlächeln.

Siehste, hab ich's dir nicht gesagt? sagte sein Blick. Nun sitzt du in der Scheiße, mein Lieber! In der Scheiße, ganz schön tief …

Ich senkte meine Augen und ballte die Fäuste. Katzschmar hat schon recht, dem Otto muss man eine drüberziehen.

„Ring, ring!“ Die Klingel schrillte wie in der Schule. Das Pausenzeichen. Wir hatten Pause, es war zugleich die Mittagspause. Sie würde eine halbe Stunde dauern.

Ich aß ohne Appetit, lief herum, rauchte eine. Karli kam heran. Was ist los mit dir? Du siehst aus wie Mehlschwitze mit Quark. Ach, mir ist nicht gut. Lass mich in Ruhe. Vielleicht melde ich mich krank. Plötzlich tippte mir Katzschmar auf die Schulter. Na, mein Lieber? griente er, schon eine Bremsspur in der Hose? Ich weiß nicht, was du meinst, antwortete ich und wandte mich ab. Mir kannst du nichts vormachen, Kleiner, flüsterte Katzschmar, du hängst in der Sache drin, von der der Haberland gesprochen hat. Quatsch mit Soße! sagte ich. Wie du meinst, kam es von Katzschmar, kleiner Rat von mir: ich würde mich nicht melden. Erstens ist nichts passiert, zweitens weiß es hier außer Otto und dir keiner. Auch ich weiß nichts, flüsterte Katzschmar. Keine Sorge. Ich hab keine Ahnung. Warte lieber, mein Kleiner, bis sie dich ansprechen. Wenn sie es tun, ist der Otto offiziell enttarnt. Also werden sie auf dich warten. Und wenn du nichts sagst, wird die Sache irgendwann zu den Akten gelegt. Das wette ich, mein Lieber. Glaub einem alten Fuchs wie mir. Ich antwortete nichts, lächelte nur verlegen.

Katzschmar ging beiseite, zündete sich eine Zigarette an. Woher dieser Kerl das nur alles wusste? fragte ich mich. Immer ist er bestens informiert, und seine wilde Aktion mit der Grenzsäule und die Fotos vom BGS – nichts hört man. Wieso kriegen sie ihn nicht dran? Was ist der Katzschmar nur für einer? Stasi?? Nee, glaub ich nicht. Er muss ein paar Leute hier gnadenlos in der Hand haben. Und von denen erfährt er dann alles. Was aber ist es? Welche Macht übt er aus? Ich grübelte und grübelte, aber ich kam nicht drauf, indes ich beherzigte seinen Rat – ich meldete mich nicht. Er hatte recht, wenn die mich offiziell ansprachen, wäre der Otto auch offiziell als Spitzel entlarvt. Und dies wollten sie offenbar nicht riskieren, ich sollte mich melden, dann könnten sie alles geräuschlos erledigen. Wahrscheinlich, dachte ich, war der gute Otto übers Ziel geschossen. Sie konnten seine Aktion nicht ungeschehen machen, aber eine Staatsaktion sollte nicht draus werden. Jawohl, so wird es sein, beruhigte ich mich. Also, Franz – Schnauze halten und in Deckung bleiben. Mit dem Otto würden sie mich sowieso nicht mehr rausschicken, das war klar …

Die Politschulung verging am Nachmittag mit den Vorlesungen unseres Hauptmannes Bünger wie Schnee, der nicht liegen bleibt. Die meisten schliefen oder schrieben Briefe. Dem Hauptmann schien es egal und er kam auch nicht ein einziges Mal auf den Vormittag zu sprechen. Und auch die Kameraden schienen sich beruhigt zu haben. Katzschmar hatte die Lage richtig beurteilt. Nur mein Otto saß auf seinem Stuhl und fühlte sich nicht wohl. Das sah man ihm an. Abwechselnd schaute er zu mir und zu Katzschmar rüber, aber ich beachtete ihn nicht, drehte den Kopf demonstrativ weg und der Katzschmar hat ihm einmal den Stinkefinger gezeigt … aber das war für Katzschmar nichts Besonderes. Er zeigt fast jedem, der ihn anstarrt, den Stinkefinger.

Dann der Schichtwechsel. Eine Woche Spätschicht nimmt ihren Anfang. Von heute, Dienstag, bis nächste Woche Montag. Beginn 14 Uhr, Ende 22 Uhr. Dazu herrliches Spätsommerwetter. Was will man mehr. Ich bin gespannt und voller Vorfreude. Oh Julia! Julie, ich komme... jubiliere ich. Holzknie hat Wort gehalten, ich werde dem Katzschmar zugeteilt. Wir bekommen den Holz-B-Turm, wie gewünscht. Voller Misstrauen beobachte ich Holzknie bei der Befehlsausgabe. Ob der nicht etwa von meiner Sache weiß, ob er nicht eine Anspielung auf Lager hat …? Doch er lässt sich nichts anmerken, ist wie immer, leicht übellaunig, immer ein paar Schikanen bereit, Uniformkontrolle, Fressbeutelkontrolle, Stiefelkontrolle. Dem Karli, seinem Liebling, reißt er einen Knopf ab, weil, der habe sowieso lose gehangen, bei einem anderen ist die Kragenbinde schmuddelig, bei einem Dritten ein Stiefelabsatz locker, usw.

Nur als er Katzschmars und meinen Namen aufruft und uns das Revier zuteilt, blitzt es in seinen Augen kurz auf, und als er uns die Codetabelle übergibt, kann er sich nicht beherrschen, er grient mit seinem dreckigsten Lächeln, murmelt: Schönen Dienst, die Herrschaften!

Ich wusste, Katzschmar ahnte was, vielleicht wusste er sogar, der Schlaumeier, dass ich bei Holzknie das Holz-B-Turm-Revier und ihn als Postenführer erbeten hatte, wusste, ich würde ihm reinen Wein einschenken müssen, würde ihm sagen müssen, dass ich mich mit Julia bei den Wiesen unterhalb des Turms treffen wollte, so viel war klar, und auch über die Sache mit Otto würde ich mit ihm reden. Deshalb wunderte ich mich, dass er erst auf dem LO und dann auf dem Anmarsch zum Postengebiet nicht die kleinste Anstalt machte, mit mir ein Gespräch zu beginnen. Im Gegenteil, er hielt Abstand, lief, genau wie es Vorschrift war, als Postenführer ein paar Schritte hinter mir, sprach kein Wort, auch das war vorgeschrieben. Denn auf dem Anmarsch hatte jedes Gespräch zu unterbleiben, durfte kein Geräusch verursacht werden, das eine Postenannäherung an das Revier verraten könnte.

So liefen wir etwa eine Viertelstunde, vielleicht auch zwanzig Minuten, der Anmarsch über Betonplatten und auf unbefestigten Wegen war lang, wenn auch nicht beschwerlich und ziemlich eben.

Wir durchquerten mehrere kleine Waldstücke, das Gelände öffnete sich endlich und ich konnte auf die ausgedehnten Wiesen hinabsehen, meinen Treffpunkt mit Julia. Indes von ihr oder irgendwelchen Erntewagen, anderen Bauern, Maschinen etc. war nichts zu sehen. Menschenleer streckten sich die Wiesen zwischen kleineren Wäldern hin, wie eine grüne Zunge in einem bärtigen Gesicht. Das bereits gemähte Gras lag in langen Streifen aufgehäufelt, wie grüngraue Rastalocken auf einem kurzgeschorenem Kopf, es sollte teilweise lose, teils gepresst auf Erntewagen verladen werden, und es war eine ziemliche Menge, das würde Stunden dauern …

Plötzlich hinter mir Katzschmar, nicht sehr laut, aber vernehmlich, in höhnischem Ton:

Na, Kleiner, deine Flamme lässt wohl auf sich warten?

Ich blieb stehen, wandte mich um. Aha, der Herr Postenführer würdigt mich einer Ansprache. Katzschmar feixte, ach, mein Kleiner, warum so empört? Bedenke, ich muss nicht mit dir, du aber wohl mit mir – reden, und zwar in aller Ausführlichkeit, vergiss das nicht, also komm, weiter ... und er machte einen Schritt auf mich zu. Ich wandte mich um und trottete wie bisher vor ihm her, schweigend, mit einer kleinen Wut. Den Holz-B-Turm konnten wir schon sehen. Er überragte die Spitzen der jungen Fichten, in deren Mitte er stand, um zwei oder drei Meter. Bald, vielleicht schon im nächsten Jahr, würden entweder die Fichten oder der alte Turm gefällt werden. Wahrscheinlich würden sie einen modernen Beton-B-Turm aufstellen. Der war um ein Drittel höher als das alte Holz-Ungetüm. Da konnten die jungen Fichten noch eine Weile unbehelligt wachsen ...

Wir kamen an. Katzschmar meldete sich vom Mast, ich kletterte die Holzleiter hinauf, es knarrte verdächtig, ich dachte, hoffentlich hält das Ding noch ne Weile, unseren Buddy würde sie kaum mehr tragen, ha, ha, wenn der hierher mal auf Kontrolle käme – wums, krach und er läge auf der Schnauze, knallte unten auf den Betonsockel und bräche sich alle Rippen. Ich legte, oben angekommen, meine Waffe und das Käppi ab, sah mich um. Nichts Auffälliges. Grenzergemälde, Kritzeleien wohin man blickte, Bilder von nackten Weibern, erigierte, ejakulierende Schwänze, blöde Sprüche, Tagezahlen, wie viele Tage der und jener noch zu dienen habe, und so weiter, ein paar Mal der Gruß „Heimgang“, sogar ein Hakenkreuz, aber das war unkenntlich gemacht, halb ausgekratzt, ein Galgen, darunter ein Name, auch der nicht zu entziffern ... Es roch nach trockenem Holz, ein bisschen auch nach säuerlicher Fäulnis, besonders von den Bodenbrettern her, wahrscheinlich, weil ein paar faule Schweine nicht hinabgestiegen waren und gleich hier auf die Bretter gepisst hatten; aber immerhin, von draußen kroch die frische Waldluft durch die B-Schlitze herein. Ich atmete tief, setzte mich, lehnte mich an die Holzbalken, wartete auf Katzschmar, den ich unten am Anrufemast noch mit dem Führungspunkt reden hörte. Ich versuchte, ein paar Brocken aufzuschnappen, etwas zu verstehen, doch es gelang mir nicht, erstens sprach er sowieso in den befohlenen Code-Wörtern und außerdem waren nur undeutliche Sprachfetzen zu vernehmen. Er war einfach zu weit weg. Ich zündete mir eine Zigarette an, sog den Rauch tief in die Lungen. Aahh, tat das gut! Die Holzleiter knarrte. Katzschmar kam herauf. Wortlos entledigte er sich seiner Waffe, der Munitionstasche, der Feldflasche, sogar des Tragegestells, warf das Käppi auf das umlaufende Brett, setzte sich, streckte seine langen Beine aus, stöhnte wohlig. Er hatte die Augen geschlossen, doch sicher würde er jetzt nicht schlafen, dachte ich, er tat nur so, seine Lippen bewegten sich, er brabbelte irgendwas. Das ging so ein paar Minuten, dann öffnete er das eine seiner Augen, schielte zu mir. Naa, kam es gedehnt von ihm, willst du mir nicht endlich sagen, was du heute von mir erwartest. Und als ich nicht antwortete, richtete er sich auf, zog die Beine an. Na los, ich warte. Ich weiß zwar, was du vorhast, aber ich will es von dir hören … Und dann werde ich ja sehen, ob ich machen kann, was du forderst. Du weißt, mein Kleiner, alles hängt von mir ab …

Das war typisch Katzschmar. Immer musste er den Überlegenen spielen, mit seiner Macht auftrumpfen, sich daran weiden, wie der andere reagieren würde, ob man Angst bekam, zu Kreuze kroch, ob man bettelte, sich entschuldigte. Ich sagte: Was bist du doch für ein krankes Arschloch, Katzschmar. Weißt du, dann blas ich das Ganze eben ab. Die Kleine wird das verstehen und ich sage ihr auch warum, nämlich, dass ich so ein Schwein von Postenführer habe, der mich quälen wollte, der wollte, dass ich mich vor ihm im Staub wälzen und dass ich mich vor ihm erniedrigen sollte, und dann werde ich ihr sagen und sie bitten, dass wir alles verschieben. Punkt.

Keine Angst, FK (ich benutzte ganz bewusst seinen Ekelnamen „Fotze Katzschmar“, abgekürzt FK), ich finde schon noch eine andere passende Gelegenheit. Dich leck ich jedenfalls nicht am Arsch, aber vielleicht, ha, ha, ergibt sich, trotz aller Scheiße, in der ich jetzt stecke, noch mal eine Gelegenheit, dir Blödmann ein Kind zu machen, und zwar drei Meter groß und aus Holz. Da kannst du fünf Winter feuern …

Ich schwieg, wandte demonstrativ den Kopf, nahm das Glas und beobachtete durch einen B-Schlitz den gegenüberliegenden Waldrand. Katzschmar ließ absichtsvoll einen lauten Rülpser hören. Ich wette, wenn er einen Furz auf der Rollbahn gehabt hätte, hätte er ihn abgedrückt. Er wollte mir Verachtung und seine

Gleichgültigkeit zeigen. Und er hatte ja auch recht, ich begann mich über mich zu ärgern: Was spielte ich mich auf wie ein unreifer Gockel, reagierte wie eine beleidigte Leberwurst, schließlich wollte ich ja, dass er mein Rendezvous absicherte ... ach, Scheiße, ich wusste auch nicht, was da in mich gefahren war. Es war eben ein bisschen viel Kacke in der letzten Zeit auf mich herabgekleckert ...

Nach ein paar Minuten, in denen ich mit dem Glas den Waldrand und den vom Turm aus einsehbaren Wiesenstreifen abgesucht hatte, sah ich plötzlich, wie zwei Traktoren mit je zwei Erntewagen und ein Schwadmäher vor dem großen Tor hielten. Die Wiesen waren ja damals, weißt du, wie alle landwirtschaftlichen Flächen im Grenzstreifen, durch einen Zaun und mehrere Tore gesichert. Kein Bauer konnte einfach so auf seine Flächen. Zwei Leute stiegen aus und machten sich an dem Tor zu schaffen. Eigentlich hätten wir jetzt vom Turm runtergemusst, um ihre Papiere zu kontrollieren. Aber wenn es uns, wie in diesem Fall, vorher bekannt war, unterblieb das meistens. Dienstvorschrift hin, Dienstvorschrift her. Es waren Männer, eine Frau sah ich nicht. Ich spitzte die Ohren, ja, auch das blubbernde Motorengeräusch der Traktoren und des Mähers war jetzt deutlich zu hören.

Natürlich hatte auch mein Postenführer Katzschmar, der seine Augen wieder geschlossen hatte und lässig an die Holzbalken gelehnt die langen Stelzen ausgestreckt hielt, das Tuckern der Motoren gehört. Mit hörbarem Hohn sagte er: Ah, die Genossenschaftsbauern! Kannst du denn deinen Schatz schon sehen?

Erst antwortete ich nicht. Dann sagte ich leise: Nein!

Oooh, machte Katzschmar, wie schade.

Freu dich nicht zu früh. Die kommt schon noch. Bestimmt.

Jaaah, die kommt schon noch ... ganz sicher. Auf Weiber ist bekanntlich Verlass.

Halt dein Maul, du Teufel!

Bin ja schon ruhig. Katzschmar hob die Hände, machte eine entschuldigende Geste, griente.

Ich spähte durchs Glas. Angestrengt. Bis mir die Augen tränten.

Minuten vergingen. In unserer B-Turm-Kanzel herrschte gespanntes Schweigen. Dann plötzlich, mir hüpfte das Herz – Julia war zu sehen. Auf einer dunkelblauen Schwalbe kam sie angeknattert. Ich sprang auf. Sie ist da! Mensch, Katzschmar, sie ist da! Ich raffte meine Klamotten zusammen, auch die Flinte, wollte nach unten.

Halt! Stopp! rief Katzschmar. So geht das nicht. Ich höre …

Also gut, obwohl du in Wahrheit schon alles weißt, sag ich es zum Mitschreiben: Ich geh jetzt runter und spiel offiziell den Aufpasser. „Grenzsicherung bei Erntearbeiten" heißt das …

Oh, mein Kleiner kennt sich aus … Katzschmars Hohn war unüberhörbar.

Halt's Maul. Lass deinen Spott. Also, ich sichere die Erntearbeiten, wenn eine Anfrage vom FP kommt. Klar. In Wahrheit verpiss ich mich mit der Kleinen in die Büsche. Melde mich in „X" plus, sagen wir in 45 Minuten …

Waas, so lange brauchst du für so eine Kleinigkeit?

Ich antwortete nichts, ich hob die Falltür hoch, hakte sie ein und begann die Leiter hinabzusteigen. Als ich schon halb verschwunden war, sprang Katzschmar auf und hielt mich am Kragen fest. Eh, du geiler Bock, und wenn Buddy oder der Alte auf Kontrolle kommt? Was dann? Hast du auch daran gedacht?

Musst dich dann eben irgendwie bemerkbar machen. Pfeifen, oder so … ich werde dich schon hören. Trotz GV und Orgasmus bin ich nicht taub, Mann. Ich werd, wenn man mich fragt, sagen, es gab ein Vorkommnis, eine Panne beim Erntekommando oder so was, musste den Bauern helfen … Katzschmar nervte mich. Ich wurde lauter: Mann, FK, stell dich doch nicht so an, bist doch sonst nicht so … denk dran, wenn du mal was willst …

Ich??? Ach komm, lachte Katzschmar und ließ mich los. Die paar Tage, die ich hier noch abdiene, da wird kaum was passieren, und da werd ich auch nix riskieren. So eine Bauernmaid reiß ich mir jedenfalls nicht auf. Viel zu gefährlich …

Wieso? Was soll da gefährlich sein? Ich weiß, du stellst dich dem Feind direkt in den Weg, wie damals mit dem BGS. Ich hob den Kopf und feixte Katzschmar ins Gesicht. Verdammt, der Kerl war wirklich rätselhaft. Warum kam er mir jetzt mit so was? Was war nur heute los mit ihm? Ich beschloss ihn, wenn ich zurück war, auszufragen. Da gab es ein paar Dinge, die ich nun doch wissen wollte, erst sein Eintreten für mich bei der Politschulung, seine geheimnisvollen, wissenden Worte. Dann die Sache mit dem BGS. Warum kam da nichts nach? Und jetzt …

Ach, weißt du, unterbrach Katzschmar meine Gedanken, es soll schon Bauernmädels gegeben haben, die haben sich einen Grenzer nur angelacht, um leichter rüberzukommen. Bist du dir sicher, dass deine Kleine nicht solche Absichten hat, he? Hat sie dir nicht schon davon gesprochen, dass sie hier alles satt hat und am liebsten nach drüben, in die große Freiheit will? Hat sie oder hat sie nicht …?

Du spinnst ja, sagte ich und stieg weiter abwärts.

Na, dann, nichts für ungut, mein Freund – und einen guten Fick …

Doch als Katzschmar die Luke über meinem Kopf mit großem Knall zufallen ließ und mir ein paar Krümel Dreck, Holz- und Rindenreste auf die Schultern gerieselt waren, da schoss es mir auf einmal durch den Kopf. Na klar doch, Mensch, Julia hatte einmal zu mir gesagt, dass sie am liebsten alles hinter sich lassen würde und drüben neu anfangen wollte. Wo war das nur? Wo hat sie das, verdammt, zu mir gesagt? Ich wusste nicht mehr, ob es in der alten Hütte gewesen war oder schon im Gasthof beim Kompanievergnügen. Aber gesagt hatte sie sowas. Darauf besann ich mich jetzt ganz deutlich. Auf alle Fälle. Aber ich hatte mir nicht viel dabei gedacht, damals. Wir hatten gelacht, und ich hatte es für irgendeinen unerfüllbaren Wunsch gehalten, oder einen Flachs, etwa so wie, ich wäre gern Lottomillionär, Ferrari würde ich auch gern mal fahren oder auf einer Jacht an der Bucht von Neapel vor Anker liegen. Oh ja, das wär mal was. Redensarten, weiter nichts. So quatschen wir doch alle mal, hatte ich gedacht, und die Sache war schnell vergessen. Aber jetzt, bei diesem Katzschmar, da leuchteten solche Worte wieder auf, erschienen sie mir in gänzlich anderem Licht … verdammt geheimnisvoll, dieser Kerl. Wieso kam er jetzt raus damit? Verdammt. Wusste er was oder tat er nur so …?

Ich musste, bevor ich zu den Wiesen kam, durch eine kleine Schonung laufen. Doch mit jedem Schritt, den ich zwischen den kaum einen Meter hohen Bäumchen dahinlief, den harzigen Duft einsog und meinem Mädchen näher und näher kam, verflüchtigten sich die schwarzen Gedanken. Und, als ich dann über die gemähte Wiese stürmte und Julia, die mir entgegengerannt war, in die Arme nahm, da dachte ich schon nicht mehr an Katzschmars Warnung – alles war wie weggeweht.

Ist nicht alles so einfach: Wir lieben uns und mehr braucht es nicht auf der Welt.

Den Bauern ein paar lustige Sprüche hinwerfen, Julia bei der Hand nehmen und davoneilen, das ist alles Minutensache. Die Männer schmunzeln, flüstern sich ein paar Worte zu. Natürlich wissen sie, dass ein Grenzer nicht mit einer ihrer Kolleginnen im Grenzgebiet einfach so zusammen sein darf. Und dann noch während des Dienstes! Auch sie kennen unsere Dienstvorschriften. Aber ach, die jungen Leute. Was hat so ein Mädel hier an der Grenze, abgeschieden von dem, was andere ihres Alters erleben können, eingeschränkt durch Tausende Verbote und Vorschriften, hier, wo man für die einfachsten Dinge eine schriftliche Erlaubnis braucht, wo die Kontrollen bis ins Privateste gehen, wo man mit den eigenen Augen sehen kann, wie frei und ungezwungen und wie fröhlich es jenseits der Grenze zugeht, wo das Westfernsehen besser als das eigene zu empfangen ist und wo einen Minen und Metallzäune jeden Tag daran erinnern, wo man lebt – was hat so ein junger Mensch hier schon für Möglichkeiten? Und dann die Julia selber, ein fröhliches Kind, fleißig und zielstrebig. Man mag sie, auch wenn sie noch nicht lange hier lebt. Erst nach dem Studium hat es sie hierher verschlagen. Warum, ich weiß es nicht. Sie hat nicht drüber gesprochen. Jedenfalls, bei so einem patenten Mädel, da drücken die Bauern mal ein Auge zu und sie werden auch den Mund halten. Klare Sache.

Eh, Pintern, mach keine Dummheiten! ruft einer dem Mädchen nach, und ein anderer beeilt sich hinzuzufügen: Pass auf, Julia, zu einem Kind kommt man schneller als wie zu einem neuen Passierschein! Ha, ha, ha … Alle lachen und gehen wieder an ihre Arbeit.

Julia und ich, wir laufen, uns an den Händen haltend, nicht sehr weit. Nur wenige Meter in den Wald hinein. Wie Hänsel und Gretel, lacht Julia.

Ja aber, die waren doch Geschwister! sage ich.

Weißt du's genau? lacht sie, pass auf, gleich wird die böse Hexe kommen.

Oh, die sitzt oben im B-Turm und hat alles im Blick, sage ich.

Was? Jetzt auch?

Nein, nein, hier kann uns keiner sehen ... auch der Katzschmar nicht und wenn er Luchsaugen hätte.

So witzeln wir noch eine Weile, während ich nach einer passenden Stelle suche. Schönes, weiches Waldgras und trockenes Moos. Das wär's jetzt. Julia hat meinen Blick gesehen. Lachend zeigt sie mit ihrer freien Hand auf eine kleine grasbewachsene Lichtung, wo, wie auf Bestellung, die Sonne zwischen den Bäumen hindurch ihre wärmenden Strahlen bis auf den Boden sendet. Oh wie himmlisch, wie romantisch! ruft sie aus und zieht mich mit sich.

Komm! Komm, mein Hänsel!

Sie legt ihre Jacke mit der Futterseite nach unten ins Gras. Ganz sachte tut sie das, streicht mit der Hand drüber hin, summt ganz leise irgendein Liedchen.

Komm, nun leg deine Kampfausrüstung ab, bittet sie, dabei gurrt sie wie ein Täubchen. Ich werfe alles ab, so schnell hab ich mich noch nie von diesem Kram befreit. Auch die MPi fällt mit einem Klirren auf den Waldboden, die Munitionstasche poltert daneben, das Tragegestell, das Koppel, alles andere auch. Mein Blick fällt auf die Attribute des Soldatseins: Da liegt er, der ganze Krempel, wie ein verlassenes Häufchen wirr und unordentlich. Und er sieht so bedeutungslos und lächerlich aus. Einfach liegen lassen, sollte man den Scheiß, schießt es mir durch den Kopf, einfach auf und davon gehen, ja, das wäre das Beste ...

Kaum bin ich befreit von diesem Militärischen, umarmt mich die kleine Julia, küsst mich wie wild, knöpft mir die Uniformjacke auf. Schnell und ein bisschen gewalttätig. Einer von den braunen Kunststoffknöpfen an meiner Ein-Strich-kein-Strich-Jacke überlebt das nicht, er springt davon. Ich richte mich auf, strecke den Arm aus, will ihren Knopf ergreifen. Eine unwillige Falte erscheint auf Julias Stirn. Sie hält meinen Arm fest. Bitte! flüstert sie, lass den braven Knopf. Er hat's gut, ist jetzt in Freiheit! Nein, nein, das geht nicht, widerspreche ich, glaub mir, den muss ich heute noch annähen. Ich muss ihn haben. Unbedingt. Wegen solchem Knopf ist mancher schon in den Bau gegangen. Ha, ha – toller Witz. Sie lässt meinen Arm los, macht ein enttäuschtes Gesicht. Ich berge den Knopf in meiner Brusttasche. Ich streichle ihren Kopf, den Hals, die Brüste.

Scheißsoldatenleben! denke ich. Sie schweigt und zieht mich, verbissen und entschlossen, weiter aus. Bei der Hose muss ich mithelfen. Auch die Stiefel müssen runter, denn sonst bleibt die Hose an den Absätzen hängen.

Blöde Prozedur! flüstere ich. Aber es lohnt sich, haucht Julia, und schon ist sie mit ihrer kleinen Hand im Latz meiner Unterhose. Ein bisschen schäme ich mich wegen der grauen langen. Die sehen tatsächlich scheiße aus, sind wirkliche Liebestöter. Und wir müssen sie ja immer, auch jetzt, wo es Sommer und warm ist, tragen. Obwohl, eines ist Fakt, den Wolf hab ich mir mit ihnen noch nie gelaufen, denn man schwitzt darin weniger, als man denkt. Julia sagt nichts, sie sieht die Dinger offenbar gar nicht, ihre Hände haben zu tun, und ich kann jetzt auch an nichts anderes denken, mir sind sie auf einmal verdammt egal.

Was soll ich sagen? Wir, wie es im Märchen heißt, liebten uns, dass es eine Art hatte. Meine Uniform und Julias Arbeitskleidung, nebst der dazu gehörigen Unterwäsche, Reizwäsche, all das lag zu einem unordentlichen Haufen getürmt, fast so als stünde ein allgemeiner Waschgang bevor, auch bunt verstreut sah man einen Teil im Gras liegen und auf umstehenden zarten Jungbäumchen hängen, wild um uns her geworfen im Sturmwind besinnungsloser Lust. Wäre plötzlich ein Fremder oder ein neugieriger Bauer erschienen oder wäre Katzschmars Alarmruf erklungen, niemals hätte ich mich in militärisch vorgeschriebener Zeit ankleiden oder Julia ihren nackten Leib bedecken können. Aber, egal, daran dachten wir nicht. Wir versanken in unserem Taumel, und als ich einmal auf den Rücken zu liegen kam und aufschaute und dabei die Wipfel der Tannen wie im Tanze kreisen sah, da dachte ich, oh Gott, so ist das also, wenn sich die Welt um einen dreht.

Doch weißt du, alles vergeht und wie es schon bei den Puhdys heißt: „*Jegliches hat seine Zeit …*“, also verflog unser Rausch, so wie nach ein paar Gläschen Alkohol die Beschwingtheit vergeht, wir setzten uns auf, erschöpft, außer Atem, auch ein wenig in Schweiß, kleideten uns langsam, Stück für Stück, an und begannen, wie ein „altes“ Paar, „das Gespräch danach“. Dabei rauchten wir. Ja, auch die kleine Julia qualmte eine (oder zwei oder drei) von meinen „Juwel“, ich staunte, wie sie den Rauch in ihre Bronchien einsog und durch die Nase wieder ausblies. Wie ein cooler Profi, dachte ich. Wo hat sie das nur gelernt?

Erst redeten wir so Allgemeines. Blödes Zeug, bei dem auch der gerade vollbrachte Liebesakt eine Rolle spielte. Nachträgliche Belobigungen. So wie es Sportler tun. Fußballer nach einem Punktspiel: Nach vorne müssen wir noch offensiver werden, und wenn wir dann hinten dichtmachen, nach der Vorgabe konnte ich nicht anders, als den Ball ins Tor schlenzen – wir sagten einander: Du warst wirklich gut, du feuerst einen so richtig an, und wenn du dann noch die Hände nimmst, besser geht's nicht. Heute kommt mir das alles albern, banal und kindisch vor, aber damals, auf der kleinen Waldlichtung, als wir, halb nackt, den Liebesakt noch auf der Haut, den Geschmack des anderen noch auf den Lippen, beieinandersaßen, da gehörte diese Art von Manöverkritik einfach dazu. Doch dann fing Julia an, von anderem zu reden, von ernsten Sachen, von ihrer Zukunft, vom Leben. Ihre Arbeit und das Leben hier, sagte sie, mache ihr keinen Spaß, sie sei noch jung und wenn sie daran denke, wie sie versauere, dann befalle sie eine Art von Depression. Was gäbe es denn schon hier, sprach sie weiter, nichts gäbe es, rein gar nichts, das nächste Kino wäre zwanzig Kilometer weg. Tanz nur, wenn mal die Grenzkompanie den Gasthof miete, und dann nur immer diese Uniformen. Eine richtige Disco, wie sie jetzt Mode seien, hätten sie vielleicht in der Bezirksstadt. Doch wann und wie käme man da hin? Oh, es sei ein Elend. Einkaufen könne man auch nix. Zwar verdiene sie durch die Grenzzuschläge ganz gut, aber was nütze ihr das? Es gäbe ja nix. Was bekäme man schon hier in diesem Staat für sein Geld? Das, was sie haben wolle, gäbe es nur jenseits der Grenze. Die einfachsten wie die teuersten Sachen sähen dort schöner aus, vom Bonbonpapier bis zu den Autos. Überhaupt, der Westen, so verteufelt wie man ihn hier darstelle, so sei der ja gar nicht. Sie habe eine entfernte Verwandte in München. Eine Cousine des Vaters. Von der habe sie vieles erfahren. Eine liebe Person! Freilich, jeder Brief wird von der Stasi mitgelesen, rief sie, jedes Paket geöffnet, da hängen die ihre Nasen rein, die Scheiß-Stasischnüffler, schnuppern am Dallmayr und an der 4711-Flasche, bekommen enge, neidische Augen und schweißige Hände, wünschen sich selber solche Pakete – und in meinen Papieren, in meiner Kaderakte hat man vermerkt: *Westverwandtschaft!*, richtig mit Ausrufezeichen dahinter, als ob man mich stigmatisieren will, es fehlt nur noch das *Vorsicht unzuverlässig*, aber das ist mir sowieso egal – doch immerhin, ergänzte sie lachend, nun wisse sie Bescheid, sie könne man nicht mehr verdummen. Alberne, blöde Zonenpropaganda!

Zonenpropaganda!? Ich horchte auf. Das war ein Wort von jenseits der Grenze. Ein Wort vom ARD-Frühschoppen-Höfer oder aus der Bild-Zeitung. Gehässig und böse. Es gefiel mir nicht. Es beleidigte mich, obwohl ich weiß Gott alles andere als ein Systemtreuer war. Ist das nicht seltsam und absurd, dachte ich, dieser Staat sperrt seine Bürger ein, bevormundet sie, überwacht sie, schikaniert sie, wo er nur kann – aber dennoch lieben ihn die meisten, verteidigen ihn und sind stolz auf ihn wie auf die eigene Mutter oder den Vater, obwohl sie von denen häufig mit dem Ochsenziemer verprügelt und schon bei kleinen Vergehen im Kohlenkeller eingesperrt werden.

Ja, Zonenpropaganda! wiederholte Julia, trotzig und stirnrunzelnd, als sie sah, wie ich aufgeschreckt war. Primitiv und leicht durchschaubar, gemacht für die Leichtgläubigen und die Dummen, für den gemeinen DDR-Bürger ohne Westfernsehen also, aus Dresden zum Beispiel.

Eh du, aber hallo, auch ich bin Dresdner! rief ich lachend und nahm das Mädchen, halbnackt wie sie war, in meine Arme.

Dich meinte ich natürlich nicht, du Lieber!

Und wir liebten uns aufs Neue, liebten uns, solange die Kräfte und die Säfte reichten. Doch dann, im Abschlaffen, da fing die kleine Julia plötzlich an zu weinen. Und sie heulte geradezu herzzerreißend. Die Tränen flossen nur so. Eines aber, weißt du, vertrag ich nicht: heulende Weiber! Weibertränen machen mich vollkommen hilflos.

Warum? Ach, frag nicht, das weiß der Teufel! Schon früher, in Kindertagen, wusste diese Schwäche meine listige jüngere Schwester auszunutzen. Sie fing einfach an zu flennen – und schon bekam sie ihren Willen. Auch meine Frau hat das eine oder andere vermittels ihrer Tränen durchgesetzt. Ich kann nichts dagegen tun. Wirklich nicht. Hinterher ärgere ich mich über meine Schwäche. Aber was nützt das?

Und so war ich auch jetzt, wie der Hase vor der Schlange, gelähmt und ohne jede Widerstandskraft. Das Einzige, was ich noch vermochte, war, die kleine Julia in die Arme zu nehmen und sie zu fragen, was denn mit ihr los sei. Es gäbe doch für alles eine Lösung …

Da weinte sie wieder los. Ach, sie sei so unglücklich, sie fühle sich eingesperrt und sie wisse, in diesem Staat DDR könne sie niemals so weiterleben, all ihre Wünsche und Ziele vertrockneten, ihre Talente verkümmerten, wenn sie noch was vom Leben haben wolle, und sei es das Kleinste, dann müsse sie dieses Land verlassen. Zu gern hätte sie noch ein Studium aufgenommen, Marketing, Werbegrafik oder so, dazu fühle sie sich hingezogen. Verreisen wolle sie, die Welt sehen, nach New York, nach London, nach Rom, auf die Insel Sumatra oder Ceylon, nach Indien, auf den Subkontinent, zu einer indischen Hochzeit, in einen der herrlichen Tempel dort, auf einem geschmückten und bemalten Elefanten reiten. Doch wie? Wie, verdammt noch mal? Nicht einmal eine Vorstellung, nicht einmal die kleinste Hoffnung, je all das zu erreichen, könne man sich machen. Und das sei das Schlimmste. Es gäbe keine Hoffnung, keinen Ausweg. Hin und her habe sie überlegt und ihr sei nichts eingefallen, außer dem Wahnwitz, heimlich über die Grenze zu verschwinden, doch jeder wisse, das sei viel zu gefährlich und für irgendeinen Tod oder ein Leben als Krüppel, ohne Arm und Bein, für Jahre im Gefängnis wolle sie sich nicht opfern. Oh, ein Leben ohne Ausweg, wie schlimm das sei, jammerte sie und kuschelte sich an meine Brust, noch nie habe sie zu jemandem so gesprochen. Noch nie, nicht einmal zu ihren Eltern. Ich sei der Erste und Einzige, ach, oh Gott ... Ich hatte den Arm um ihre Schultern gelegt, sie zitterte und weinte, weinte und zitterte, minutenlang. Was sollte ich zu ihrer Offenbarung sagen? Konnte ich etwas tun? Konnte man überhaupt etwas tun?

Plötzlich, weißt du, nachdem ich sie ein paar Minuten gestreichelt und sie sich ausgeheult hatte, hob sie den Kopf, blickte mir mit ihren tränenfeuchten Augen ins Gesicht. Wie wäre es, wie wäre es, wenn, wenn ... sie brach ab, gab einen Schluchzlaut ab, senkte wieder das Köpfchen.

Was wäre, wenn ... so sprich, sagte ich, ich verpfeif dich schon nicht.

Sie schüttelte den Kopf, schwieg eine ganze Weile. Ich drängte sie, strich ihr über den Scheitel, na komm, sprich, hab Vertrauen, bitte Julia, ich bin der Letzte, der ... ich brach ab, war mir plötzlich der Melodramatik der Szene bewusst, ich schwieg und in mir keimte der Gedanke auf, wie, wenn das Ganze nur gespielt wäre, wenn Katzschmar recht hätte, wenn dieses Mädchen mich nur benutzen wollte, wenn es ihr nur darum ging, mich auszuhorchen, zu erforschen, wie weit man gehen könnte, und auf einmal schwelte das Misstrauen der letzten Tage, die Erlebnisse mit Otto, diese ganze miese Atmosphäre hier in der Kompanie, am Strich, die Furcht vor den Perversionen des Geheimdienstes, der vor nichts zurückschreckte, auch nicht, sich in der Gestalt von Liebe und weiblicher Verführung bei uns einzuschleichen, all das, solche Gedanken, weißt du, krochen in mir hoch ... doch im selben Moment, verdammt, vielleicht auch, weil sich die Kleine wieder ganz fest und zärtlich an mich geschmiegt hatte, weil sie mich abzuküssen begann, weil ich im Grunde ein schwacher Typ bin, weil ich sie liebte, weil ..., ach, weißt du, ich wusste nicht, warum, jedenfalls unterdrückte ich die ganzen Zweifel, sagte mir, ja, was ich mich nur quälte, es wäre sicher so, dieses Mädchen liebte mich, sie hätte nur zu mir und zu sonst niemandem Vertrauen, nicht mal zu ihren Eltern habe sie davon gesprochen, ich sei ihre letzte Hoffnung.

Sag mir nur alles, meine Kleine, flüsterte ich ihr ins Ohr, überwinde deine Furcht, wir lieben uns, was kann es Größeres geben, also sprich doch, bitte ... Oh, was war ich doch für ein harmloser Idiot damals, wäre ich bloß, denke ich jetzt, bei meinen Zweifeln, diesen natürlichen Schutzfiltern, geblieben, was wäre mir erspart worden, oh, welches Unglück, welches Elend, welche Verheerungen wären an mir vorübergewandert, aber, du weißt ja, es gibt eben in unserem Leben Momente, da legt man irgendeinen Schalter um, wirft den Weichenhebel nach links, wo er unbedingt nach rechts gehört hätte, und das Schicksal, das böse, das unaufhaltsame, nimmt seinen verhängnisvollen Lauf. Jaaa, „was wäre, wenn ...“ – das ist eine schöne Redensart, doch wenn es drauf ankommt, machen wir in den meisten Fällen alle das Falsche.

Ich denke sogar, weißt du, alle Leute tun in ihrem Leben mehr das Falsche als das Richtige, und es kommt häufig vor, dass sie es nicht einmal merken oder wenn, ist es für jede Korrektur zu spät. So sind sie manchmal ein Leben lang unglücklich gewesen und wussten oft nicht warum, hielten es für Schicksal oder dass sie vom Pech verfolgt seien oder machten die Sternbilder verantwortlich. Alles Blödsinn, denn sie ahnten nicht, wenn sie an der einen entscheidenden Stelle in ihrem Leben nicht das getan hätten, was sie getan haben, wäre alles glatt und glücklich verlaufen. So ist das, weißt du. Hab ich nicht recht?

Kein Widerspruch! Ich weiß, es ist so.

Also ging unsere Geschichte weiter – genau wie die berühmte Uhr in der Zeitzünderbombe, wenn man sie aufgezogen und eingestellt hat, so lief sie und tickte ihrem unheilvollen Ende zu:

Ja, mein Lieber, begann Julia, und ihre Stimme klang plötzlich fest und selbstsicher, klang, als ob sie einen plötzlichen Entschluss gefasst hätte und damit endgültig und unwiderruflich herausrücken wollte, was wäre, sagte sie, *wenn wir zusammen nach drüben gingen ...*

Obwohl ich so was erwartet hatte, stockte mir der Atem. Ich schloss die Augen. Oh, mein Gott, dachte ich, nur still, nur still, vielleicht ist es ein Traum, gleich geht er vorüber ... denn es war nicht Erschrecken oder Furcht, es war die schiere Ratlosigkeit, die mir wie ein Schwall kaltes Wasser über den Kopf fuhr ... ich konnte gar nicht so schnell bedenken, was Julias Frage bedeutete, es war ja, wenn ich mich entschlösse, die Umkehrung meines bisherigen Lebens ... nein, es ging nicht, ich konnte darauf unmöglich gleich und unwiderruflich antworten ... ich biss mir auf die Lippen und wartete, was sie noch sagen würde ...

Ja, gemeinsam, fuhr sie fort, wir könnten ... und mit keiner Miene ließ sie erkennen, ob sie gesehen hatte, wie sehr mich ihr Vorschlag durcheinanderbrachte, ja wir könnten ganz neu anfangen, verstehst du, und wir können buchstäblich alles ins Auge fassen, du könntest Malerei und Grafik oder Literaturwissenschaften studieren, und ich ... sie machte eine Pause, nun, ich könnte in die Werbewirtschaft gehen, ein kleines Studium davorschalten, Marketing, Kommunikationswissenschaften oder so. Ach, sie lachte, das wird herrlich ... wohin würdest du gerne ziehen, in welches Bundesland, meine ich? Also, ich liebe Hessen, weißt du, die kleinen Städtchen mit den Fachwerkhäuschen, uralt und verwinkelt, liebevoll restauriert, Wetzlar, Alsfeld oder so ...

Sie plapperte munter drauflos, malte ihr neues Leben in den buntesten Farben, dabei zog sie sich, strip by strip, langsam vollständig an, holte einen kleinen Spiegel aus ihrer Arbeitsjacke hervor, ordnete mit den Fingern die tausend Löckchen ihres wirren rötlichen Haares. Ich sah ihr zu. Ich schwieg, fest die Lippen aufeinandergepresst. Nach einer Weile fiel ihr auf, sie hatte, auch beim Haarordnen, munter weitergeredet, also, sie schien zu merken, dass ich nichts gesagt hatte, sie stutzte, ließ das Mündchen vor Staunen offen, knöpfte den letzten oberen Knopf ihrer Arbeitsbluse zu und fragte: Wieso sagst du nichts? Bist wohl baff, wie? Na, ich verstehe, fuhr sie fort, vielleicht denkst du auch, ich bin verrückt. Lass sie nur reden, die irre Kleine, wirst du dir sagen, vielleicht will sie mich auf die Probe stellen, vielleicht wird sie gleich loskichern – Reingefallen! Angeschmiert! – doch nein, ihr

Gesicht nahm auf einmal einen todernsten Ausdruck an, nein, mein Lieber, sprach sie, mir ist es bitter ernst …

Also, ich höre?

Nun musste ich was sagen. Weißt du, das war der Punkt, wo ich nicht mehr um die Ecke kam, wo ich mich nicht mehr verdrücken konnte. Ach weißt du, Julia … begann ich zögernd.

Oh, wenn du schon so anfängst, mein Lieber, rief sie, mich unterbrechend, dann weiß ich schon. Der Herr Malef hat Bedenken, er ziert sich, hat nicht den Mut. Er müsste ja auch was aufgeben, den geliebten Grenzdienst, seinen Job, seine Frau mitsamt dem Töchterchen zum Beispiel … ihr Ton war mit den letzten Worten spitz und spöttisch geworden, ihre Augen funkelten, in der Stirn stand eine steile Falte. Ich verschloss ihr mit der flachen Hand den Mund.

Bitte Liebes, flüsterte ich, bitte, sag sowas nicht und dann nicht in diesem Ton. Die Sache ist weiß Gott keine Kleinigkeit. Da helfen keine Emotionen und Gefühle. Das will überlegt, geplant, generalstabsmäßig geplant, bis ins Kleinste vorbereitet sein. Und, ja, es stimmt, ich hätte eine Menge aufzugeben. Mein ganzes bisheriges Leben, nicht nur meine Frau und meine Tochter, auch alle anderen, meine Mutter, die Geschwister, viele Bekannte und Verwandte, die Arbeitskollegen. Von denen wird mir ganz bestimmt verziehen, dass ich in den Westen gegangen bin, nicht aber, dass ich Frau und Kind im Stich gelassen habe. Und sie alle werden viel aushalten müssen. Jawohl. Die Stasi, die Kripo, der halbe Staatsapparat wird bei ihnen herumkriechen, Fragen stellen, sie werden Fragebogen ausfüllen müssen, Anträge stellen für die kleinste Kleinigkeit, Karrieren werden plötzlich in Frage gestellt, auch Auslandsreisen, dienstliche und private, selbst, wenn sie bloß nach Varna wollen – ganz schöne Scheiße, in der sie plötzlich alle miteinander durch meine Schuld sitzen. Oh, Julia, es kommt alles so plötzlich, so ungestüm, bitte, glaub mir, ich muss wirklich nachdenken …

Pah! Durch deine Schuld?? Ich hör wohl nicht recht. Aber wenn du erst nachdenken musst, dann wird es nichts … Die Enttäuschung war ihr deutlich anzuhören, noch mehr stand sie ihr im

Gesicht. Wenn wir uns lieben, müssen wir es doch beide wollen, Franz! Jeder mit ganzer Kraft. Mit gleichem Enthusiasmus. Wer zaudert, rief sie verärgert, der verliert seinen Schwung. Und Schwung brauchen wir. Ja, Schwung, um in einem Satz sozusagen hinüberzuspringen, zu fliegen über diese Grenze, die Schwarz von Weiß, Gut von Böse, Freiheit von Zwang und Eingesperrtsein trennt. Ach bitte, bitte, bitte lieber Franz, ich lieb dich wirklich allzu sehr, ich würde so gern mit dir in der neuen Welt ein neues Leben anfangen. Verstehst du das denn nicht, du lieber, lieber Franz?

Doch, sagte ich leise, ich versteh das und es macht mich glücklich. Aber, mein Liebes, mein Kleines, du hast ja keine Ahnung, was es bedeutet, hier über diese Grenze zu gehen, es ist ein Gang auf Leben und Tod. Das will wohlbedacht sein, da genügt dein kleiner Schwung eben nicht, da müssten wir ganz genau planen, alles, aber auch alles bedenken, die Risiken minimieren. Und vor allem: Schnauze halten! Kein Wort, keine Andeutung darf es geben, nicht die kleinste Anspielung. Bitte, versteh das, ich kann dir nicht jetzt und gleich und so aus der Hüfte ein „Ja!“ sagen, das wäre leichtfertig, verantwortungslos und dumm …

Sie schwieg, senkte das rote Köpfchen, nickte. Natürlich wisse sie das, sagte sie nach einer kleinen Weile, doch sie hätte von mir mehr Enthusiasmus erwartet, mehr Freude und Elan … mehr Liebe.

Ich konnte nicht mehr antworten, musste sehen, wie ich fix in die Klamotten und in die Stiefel kam, denn plötzlich hörten wir sich nähernde Schritte, hörten Ästebrechen, dann ein Husten und Keuchen. Ein Bauer, Kollege von Julia, kam angerannt, er blieb hinter einem Haselnussstrauch stehen, bog den Busch auseinander, schnaufte, ließ einen leisen Pfiff hören.

Eh, Julia! Hallo! Komm schnell! Wir müssen weg. Es ist lange über die Zeit. Die Kollegen schimpfen schon. Und zu mir zischte er: Eh, du, Kleiner, dein Postenführer war bei uns, er sagte, wir sollten dich schnellstens holen, sollten dich, so hat er wörtlich gesagt, notfalls von dem Mädchen runterziehen, irgendeine Kontrolle wäre angekündigt, hohe Tiere, irgendwie …

Wir sprangen auf. Hastig, überstürzt. Ich umarmte Julia noch, flüsterte ihr zu, ich denke über alles nach, wir finden bestimmt eine Lösung, komm in den nächsten Tagen mal ans Kasernentor. Die ganze Woche haben wir noch Spätschicht. Also am besten vormittags. Ab Montag werden wir dann in die Nachtschicht gehen, da ist es nachmittags am besten.

Nachtschicht?! flüsterte Julia zurück, sagtest du Nachtschicht? Mensch, das wäre ja die Gelegenheit! Sie küsste mich flüchtig, winkte mir zu und ging mit ihrem Kollegen davon. Ich drehte mich weg, starrte ihr nach, raffte dann die MPi und das Käppi, seufzte noch einmal tief und stiefelte eilig in Richtung Holz-B-Turm, wo Katzschmar auf mich wartete.

Der empfing mich mit seinem dreckigsten Grinsen. Er saß rauchend da, spielte mit dem Seitengewehr. Na, Kleiner, wie viele Mal ist sie denn gekommen, dein Bauernvamp? Hat sie denn ihre Lulli gewaschen, he? Wie viel Liter haste reingepumpt? Na, komm, sag schon.

Halt's Maul! Blöder Affe! Sag du lieber, was los ist vonwegen Kontrolle.

Gar nix is los. War so ne Idee von mir, um dich nicht völlig entsaften zu lassen. Siehst ziemlich abgeledert aus, mein Lieber. Jaa, so ein junges Luder ist für einen verheirateten Krüppel wie dich schon ne Herausforderung. Nee, wir bleiben allein, vorerst. Es gibt keine Kontrolle. Buddy hat sich noch nicht ein einziges Mal gemeldet, denke, der wird im Führungspunkt fläzen, seine Krimis lesen oder einen razzen. Der hat keine Lust, draußen rumzufahren und sich die sauberen Stiefel einzudrecken, lieber furzt er den Bunker voll.

Ich sagte darauf nichts, nahm die Flinte ab, setze mich Katzschmar gegenüber, streckte die Beine aus, suchte nach meinen Juwel, steckte mir eine an. Die Schachtel war halb leer. Oh, da hat die Kleine ganz schön reingeleuchtet, verdammt.

Nach einer Weile fragte ich Katzschmar: Sag mal, Spaß beiseite, hast du mal gehört, dass hier im Abschnitt einer von den Einheimischen rübergemacht ist?

Aha, Katzschmar pfiff durch die Zähne, daher weht also der Wind ...

Komm, spinn hier nicht rum, sag lieber, ob du von so was weißt. Ich frag nur so, ohne konkreten Hintergrund.

Ja, ja, ohne Hintergrund, ich verstehe … das war in leisem Ton gesprochen, plötzlich aber brüllte er los: Für wie dämlich hältst du uns eigentlich, he? Weiß doch längst, dass deine Kleine sich einen Landser wie dich nur deshalb geangelt hat, weil sie rüber will. Ich meine, so eine Soldatenpfeife wie dich, den sie schnell rumkriegt. Ein bisschen ficken, und schon klappt's.

Brüll nicht so, Mensch! Der BGS hört dein Geplärr. Und außerdem: Du spinnst ja. So ne Fantasie wie du möcht ich auch mal haben … Ich biss mir auf die Lippen und ich ärgerte mich, dass ich so schnell losgeplappert hatte, ohne zu überlegen, dass ich wieder mal das Maul nicht hatte halten können. Und dann mit so einer naiven Frage. Ich Idiot. Blöder ging es wirklich nicht. Verdammt, verdammt. Hätte mir doch denken können, wie Katzschmar reagiert und dass er zwei und zwei zusammenzählen kann. Jetzt war guter Rat teuer, um wieder rauszukommen aus der Scheiße.

Katzschmar lachte: Ach, der BGS, die kennen meine Stimme! Reg dich ab.

Er saß breitbeinig auf einer Seite des umlaufenden Bretts und schielte belustigt zu mir rüber. Ha, ha, ich könnte wetten, jetzt überlegst du, wie du deine Frage von den Fluchtversuchen der Einheimischen ungeschehen machen könntest. Stimmts? Hab ich recht, du Ei?

Ich hätte ihm in diesem Moment in die Fresse hauen mögen, aber ich sagte nichts, blickte stattdessen zu Boden, wusste tatsächlich in diesem Moment nicht, wie ich das Ganze umbiegen könnte. Blöde Scheiße, das.

Doch als ich den Kopf hob, da fiel mein Blick durch einen der Beobachtungsschlitze, zufällig, flüchtig und nur ganz kurz hatte ich etwas gesehen, wie eine Art Schatten, dann war das Bild wieder verschwunden: Zwei Männer näherten sich auf dem Kolonnenweg dem B-Turm.

Verdammt, Grenzverletzer! schoss es mir durch den Kopf. Immer hatte man am Strich diese eingedrillte Angst, das Schlimmste müsse jeden Augenblick passieren. Es war fast wie ein Reflex.

Der zweite Gedanke aber, der mir kam, realer und wahrscheinlicher als der erste, war:

Das ist die Kontrolle!

Freilich, ich hatte keinen der Männer, die da antrabten, erkannt, hatte sie ja viel zu flüchtig gesehen, aber es waren keine Zivilisten, soweit besann ich mich, es mussten Uniformen gewesen sein, die ich gesehen hatte. Also klar, die Kontrolle vom FP. Kein anderer konnte es sein. Katzschmar hat mich einfach nur verarscht. Hat er gekonnt gemacht, das Schwein. Aber warum?? Warum belog er mich?? Wollte er die Überraschung und meinen Schrecken auskosten? Was hätte er davon? Jedenfalls, so viel war klar, sie hatten sich angemeldet, Buddy und Co., und kamen nun, unser Revier zu inspizieren …

Dies alles sauste mir blitzartig durchs Gehirn. Was tuuun?? Ich beschloss, mir erst einmal nichts anmerken zu lassen, also blieb ich sitzen, wie ich saß, rauchte weiter, schwieg. Aber es dauerte nur ein paar Minuten, dann waren unten auf den Betonplatten die Schritte der Näherkommenden deutlich zu hören. Katzschmar zuckte zusammen, sagte aber nichts.

Ich rief: Ei, wer kömmt denn da? und hatte gerade noch Zeit, meinem Postenführer den Stinkefinger zu zeigen. Der griente, streckte mir die Zunge raus. Einen Augenblick später erschien Buddys Kopf in der Luke. Wir sprangen auf, zupften unsere Uniformen zurecht. Katzschmar, plötzlich stramm und ganz militärisch, machte Meldung:

„Genosse Oberleutnant! Postenführer Gefreiter Katzschmar und Posten Soldat Malef auf Beobachtungsposten 02/14/45 im Revier am Holz-B-Turm, Planquadrat ‚römisch Dora 23‘ – keine besonderen Vorkommnisse!“

Buddy, der sich beim Ansprechen durch Katzschmar erst gestrafft und beinahe ebenfalls stramm gestanden hatte, erschlaffte nach der Meldung wie ein Plastikspielzeug, aus dem man die Luft ablässt, er setzte sich schnaufend, winkte, als er sah, Katzschmar wollte seine Meldung fortsetzen, mit der Hand: Schon gut, schon gut, Gefreiter Katzschmar! Ersparen wir uns den Rest. Eine Hitze ist das heute. Man schwitzt schon bei der kleinsten Bewegung.

Uffh! Oouuah! Psch! und er wischte sich mit einem Taschentuch die Stirn, nachdem er sich vorher das Käppi, bei dem die Mützenränder schon dunkel von Schweiß waren, vom klatschnassen Kopf gezogen hatte. Schwarze Haarsträhnen klebten quer darauf.

Katzschmar und ich, wir versuchten Blicke mit dem begleitenden Unteroffizier, Strehle, zu tauschen, einem Neuling, er war erst vor ein paar Wochen in unsere Kompanie versetzt worden und fungierte im 3. Zug als Stellvertreter des Zugführers. Jetzt wurde er als eine Art Praktikant in alle Züge geschickt. Er sollte das Grenzerhandwerk umfassend erlernen. Strehle war dem Buddy hinterher die Leiter nach oben ins B-Turm-Innere geklettert. Aber er begriff unsere Blicke nicht, er stierte, neben dem Zugführer stehend, verlegen und ganz und gar Untergebener, vor sich hin. Wir „alte Hasen" wussten, unser Buddy hat einen weichen Keks, er verträgt nichts mehr, er schwitzt, schnauft wie eine Dampflok, hat keine Kondition, und alles nur, weil er frisst und säuft wie ein feudaler Fürst, seine neue Frau, er wohnt seit seiner neuerlichen Heirat gleich hinter der Kaserne in einem Neubaublock, Irmli, sein junger dreißigjähriger Liebling, verwöhnt ihn, wo sie nur kann, will ihm alles recht machen, schaut ihm jeden Schmaus von den Lippen ab, warum weiß der Teufel, andauernd gibt es abends noch, wie man sich bei uns erzählt, warmes Essen, Braten und Süßes hinterher. Kein Wunder, dass unser Buddy immer fetter und fetter wird, und auch seine Frau ist weiß Gott keine Schlanke, fast haben sie schon den gleichen Leibesumfang … Jedenfalls, so warm war es heute nicht, dass man derartig ins Schwitzen hätte kommen können, dachte ich. Aber was macht der Soldat, wenn der Vorgesetzte jammert? Er gibt ihm recht, und so nickten auch wir zu Buddys Klagen, und Katzschmar, die raffinierte Sau, nahm sogar das Käppi ab und wischte sich aus Solidarität Stirn und Hals.

Buddy schien unsere Kriecherei zu gefallen, denn er streckte seine dicken Schenkel aus, grunzte behaglich und bat Katzschmar um eine Zigarette. Was war er doch für ein Schnorrer, unser Zugführer. Er verdiente als Offizier der Grenztruppen ganz gut, ich glaube über eintausendfünfhundert Mark, ein Heidengeld damals, denn dazu kamen noch diverse Zulagen und Spesen, und so einer schlauchte bei seinen Landsern, die nicht mal ein Zehntel davon Sold bekamen, Zigaretten. Doch FK, mein famoser Katzschmar, gab ihm eine von seinen langen Duett, auch mir reichte er generös eine. Wir rauchten. Der Unteroffizier stand unbeachtet daneben. Uns gefiel, dass Buddy sich so familiär gab und seinen Begleiter ignorierte. Hatten wir Soldaten doch immer eine Abneigung gegen jede Art von Uffzen, und auch dieser Strehle bildete da keine Ausnahme. Von Kameraden aus dem dritten Zug wussten wir, er war ein Arsch, der sich mit kleinen Schikanen durchsetzen wollte … Also, ein lockeres Gespräch entspann sich zwischen unserem Zugführer und uns. Er fragte uns nach Privatem, lachte, redete von den letzten Fußballergebnissen, vom Kessel Buntes, wo wieder ein paar Westschlagersänger aufgetreten waren, und er nannte deren Namen und ein paar bekannte Schlagertitel, dann aber, ganz plötzlich mit ernstem Gesicht, jedoch weiter in seinem leutseligen Ton fuhr Buddy fort, sprach, nachdem er vorher noch allerlei Schnickschnack erzählt, sogar einen deftigen Soldatenwitz zum Besten gegeben hatte, ja, er wolle uns was fragen, sagte er, er sei nämlich bei der Anfahrt zum Postengebiet einem Tross von Bauern begegnet, die ihr Heu eingefahren hätten, und da sei ihm beim Anblick der Bauern eine Geschichte eingefallen, die ihm der Major Weingärtel vor ein paar Tagen geflüstert hätte.

Eine unglaubliche Geschichte, Genossen.

Vielleicht nur ein Gerücht. Genaues wisse man noch nicht. Egal. Der Weingärtel habe ihm gesagt, es gäbe da in unserer Kompanie einen Soldaten, der habe mit so einer Genossenschaftsbäuerin angebandelt, und sie träfen sich bei jeder Gelegenheit, auch im Schutzstreifen oder unmittelbar an der Grenze. Wissen Sie was darüber, Genossen? fragte Buddy und blickte von einem zum anderen, nein, Sie sollen Ihren Kameraden ja nicht verraten, beschwichtigte er, als er unsere zugesperrten Gesichter sah, aber andererseits, Sie kennen die Dienstvorschriften und wissen, Derartiges ist strengstens verboten …

Es entstand eine kleine Pause. Buddy, der durchaus nicht den Eindruck machen wollte, als verhöre er uns, lächelte verlegen, auch sein Schatten, der Unteroffizier Strehle, lächelte, und er erinnerte mich in diesem Augenblick mit seinen roten Haaren, seinem verklemmten und verschlagenen Gesichtsausdruck, seiner ganzen lächerlichen Körperhaltung ein wenig an *Uriah Heep*, die literarische Figur aus Dickens Roman „David Copperfield" (ich hatte mir das Buch erst kürzlich aus der Kompaniebibliothek ausgeliehen, und seine Gestalten standen mir noch ganz plastisch im Gedächtnis), und auch Katzschmar, der vorerst seinen „Ich-weiß-von-nichts"-Gesichtsausdruck aufgesetzt hatte, lächelte.

Die Runde der schweigenden Lächler.

Wie mir in diesem Moment zumute war, brauche ich dir wohl nicht zu sagen, ich hätte kotzen können, so schlecht, weißt du, war mir plötzlich geworden. Verzweifelt dachte ich, ob die mich auf diese Weise herauslocken wollten, und wieso der Weingärtel, dieser perverse Hund, etwas davon wissen konnte, ob und was überhaupt bekannt wäre, ob vielleicht einer von den Kameraden (und es wussten ja einige von meinem Verhältnis zu Julia) mich verpfiffen hätte. Tausend Gedanken wirbelten mir im Kopf herum. Verfluchte Scheiße. Und, ich gebe zu, ich bereute in diesem Moment, mit der Kleinen überhaupt angebandelt zu haben. Ja, verdammt, ich bereute es – *Scheißtestosteron!* – ein schlechtes Zeichen für eine Beziehung. Stimmts?

Katzschmar hustete, tat, als ob er das Schweigen brechen wollte, aber bevor er das erste Wort sagte, bot er dem Buddy eine neue Zigarette an. Der perfekte Taktiker! dachte ich. Er beugte sich vor und wie der routinierteste Kammerdiener reichte er seinem Vorgesetzten die geöffnete Schachtel, zog drei Stäbchen stufenweis hervor, damit Buddy besser und bequemer zugreifen konnte.

Natürlich ging Buddy in diese Falle, nahm sich eine Zigarette, bedankte sich sogar. Ja, der Gefreite Katzschmar weiß, was sich gehört … Katzschmar griente, der Fuchs setzte sich gerade, aber doch so lässig hin, um zu zeigen, wie souverän er wäre, zündete sich dann ebenfalls eine an, machte alles durch diese kleine Kunstpause noch spannender und sagte schließlich:

Also, er, Katzschmar, halte das, vor allem, weil die Information von Major Weingärtel käme, für eine Scheißhausparole. Hier feixte er und spuckte auf den Holzfußboden. Aber, fuhr er fort und nahm einen tiefen Lungenzug, aber, Genosse Oberleutnant, nehmen wir mal an – es stimme tatsächlich. So sei es dennoch eine Unmöglichkeit. Denn, es gehörten ja zwei dazu …

Wieso zwei? fragte Buddy … ach, Sie meinen der Soldat und das Mädchen? Das sind natürlich zwei – zwei gehören immer dazu. Meistens. Ha, ha, ha. Und er lachte über seinen Witz, schlug sich auf die dicken Schenkel, dass es nur so klatschte.

Katzschmar, jetzt ganz ernst: Nein, nein verehrter Genosse Oberleutnant, ich meine einen zweiten Soldaten.

Wieso? Einen zweiten … einen zweiten Soldaten??

Na, sind Sie heute schwer von Begriff? Es ist doch klar, wenn das Pärchen sich hier an der Grenze trifft, treffen will, gibt es immer noch einen zweiten Posten, der davon wissen muss, der sozusagen Schmiere steht, der aufpassen muss – außer die machen einen flotten Dreier.

Ach so, ja, natürlich, da haben Sie recht, Katzschmar. Daran habe ich noch gar nicht gedacht. Das ist ja … das ist ja dann eine richtige Kolla … Kolla … boration.

So ist es, Genosse Zugführer, es ist eine Art kollektiver Verschwörung.

Hier machte er wieder eine kleine Pause und blickte zu mir rüber. Ich hätte mir beinahe in die Hose gemacht, so einen Dampf hatte ich, dass Buddy irgendwas ahnen könnte. Aber der war, auch durch Katzschmars Zigarettentrick, in friedlichster und aufgeräumtester Stimmung.

Und was glauben Sie, Genosse Gefreiter? Dass etwa einer aus unserem Zug …? Dass wir sozusagen die Laus im eigenen Pelz sitzen haben? *Eine Filzlaus* natürlich, *ha, ha, ha* – wieder lachte der Dicke über seinen eigenen *Scheiß*.

Katzschmar antwortete nicht sofort. Im Gegenteil, er begann sich umständlich die Nase zu putzen. Mir war, als feixte er in sein Taschentuch. Er will mich foltern, das Schwein, dachte ich, er will meine Qualen hinauszögern, sich womöglich rächen, weil ich ihm am Anfang der Schicht frech gekommen bin. Doch dann sah ich, wie Katzschmar einen kurzen Blick zu *Uriah Heep*, dieser Jammergestalt von einem Unteroffizier, hinüberwarf. Und auf einmal, das sah ich auch, zuckte ein Geistesblitz über das Gesicht des ausgekochten Kerls.

Also, Genosse Oberleutnant, wenn Sie mich so direkt fragen ... Genaues weiß ich natürlich nicht ... indes, was man so tratscht auf den Fluren, unter den Duschen, in den Toiletten und im Speiseraum der Kompanie ....

Oh, Genosse, was tratscht man denn? fragte Buddy neugierig und ihm war anzumerken, dass ihn weniger das Dienstvergehen als vielmehr der Skandal selber oder womöglich ein paar delikate Einzelheiten interessierten. Na, was tratscht man denn so, Genosse Katzschmar?

Nun, mmh, ja, ich glaube mich zu erinnern, antwortete Katzschmar, leise und in betont langsamem, schleppendem Tonfall, ja, ich erinnere mich, vor vielleicht einer Woche gehört zu haben, dass da ein Soldat aus dem 3. Zug ... indes, verbürgen könnte ich mich nicht ...

*Uriah Heep* zuckte, als Katzschmar das Wort „aus dem 3. Zug" ausgesprochen hatte, wie unter einem Peitschenschlag zusammen. Er wurde rot, sein ganzes Gesichte verformte sich zu einer säuerlichen Miene, und als Buddy sich umwandte und den Unteroffizier erstaunt musterte, schlug der die Augen nieder wie eine Jungfrau, der man vorwirft, sie habe öffentlich Unzucht getrieben.

Wissen Sie wirklich nichts Näheres? versuchte der Zugführer meinen famosen Katzschmar weiter auszuforschen und er ließ einen Zischlaut der Erleichterung hören, wahrscheinlich war er froh, weil die Sache nicht seinen Zug betraf. Unter den Soldaten werde doch sonst, sprach er weiter, und sei es aus lauter Prahlerei, ganz ungeschminkt geredet, besonders bei solchen Weibergeschichten. Ist es nicht so? Da kommen doch Einzelheiten zur Sprache ...? Also ...?

Man sah ihm die Lüsternheit an, wie ein perverser Lehrer über seinen der Unzucht überführten Schüler wollte er wissen, was der verdächtige Soldat wo und wann und vor allem wie er es mit dem Dorfmädchen getrieben hatte.

Doch Katzschmar, dem es gewiss nicht schwer gefallen wäre, irgendeine wilde Story aufzutischen, ließ ihn zappeln. Er spielte mit dem Dicken wie die Katze mit der Maus. Und Buddy hatte keine Ahnung, wie ungeheuer er verarscht wurde. Meine Angst, das Unbehagen, meine Furcht entdeckt zu werden war inzwischen der Freude gewichen, diesem Rede- und Wortspiel meines pfiffigen Kameraden zuzuhören. Was war der doch für ein unbeschreiblicher Schurke.

Ooh jaaa, gewiss, Genosse Oberleutnant, sagte Katzschmar schmunzelnd, das ist schon so, gewöhnlich wissen wir so was, doch in diesem Fall ... ich fürchte, da muss ich passen ...

Oh, das ist schade, seufzte der Dicke, wissen Sie wirklich nichts? Nicht die kleinste Kleinigkeit? Mensch, Sie wissen doch sonst alles, Genosse Katzschmar, hören gewissermaßen das Gras wachsen. Das glaube ich Ihnen nicht. So ahnungslos, wie Sie tun, sind Sie gewiss nicht ...

Das stimmt, Genosse Oberleutnant, manchmal höre ich wirklich das Gras wachsen und ich weiß von Sachen, die andere nicht wissen ... aber, wissen Sie, hier handelt es sich um einen Kameraden und da schweigt, wie man sagt, des Sängers Höflichkeit.

Nu mach'n Ses aber halblang, Katzschmar, und der Dicke, der süchtig darauf war, etwas aufzuschnappen, was er am Abend seiner jungen Frau vielleicht als aufmunterndes Appetithäppchen vor dem Schlafengehen servieren könnte, fiel plötzlich in seinen heimatlichen Thüringer Dialekt, den er sonst ums Verrecken zu verbergen suchte, er rutschte ihm sozusagen aus seinem halb offenen, vor Gier mit Speichel gefüllten Maul.

Es tröstet mich zwar, ergänzte der Dicke, dass unser Zug sauber ist, aber ich hätte dem Major Weingärtel zu gerne ein paar Details ... Sie wissen schon ... also Katzschmar, strengen Sie Ihren Grips ein bisschen an, irgendwas wird Ihnen schon einfallen ... und Sie wissen auch was, das weiß ich, also, vorwärts ... oder, oder soll ich den Genossen Unteroffizier hier, er wandte sich nach *Uriah Heep* um. Soll ich den ...?

Ja, sagte Katzschmar mit einem unverschämten Lachen, ja, schicken Sie den Genossen nach unten ins Gelände. Es ist ihm vielleicht sowieso peinlich, solche Dinge über seinen Zug hören zu müssen, Dinge, die … Katzschmar brach ab, griff nach seinem Taschentuch und prustete hinein. Ihm machte das Ganze sichtlich großen Spaß, diesem Teufelskerl …

Sie haben gehört? Genosse Strehle, befahl Buddy in barschem Ton, rekognoszieren Sie draußen das Gelände, sichern Sie den B-Turm im Umkreis von 50 Metern, also vorwärts, marsch … und *Uriah* machte wortlos kehrt, er stieg mit saurer Miene die Leiter hinab und bevor er die Luke über seinem Rotschopf schloss, warf er uns einen hasserfüllten Blick zu. Genau wie *Uriah Heep* bei Dickens, dachte ich, als der zum Schluss von seinem Brotherrn weggeschickt wird, wirklich haargenauso, ist das nicht bemerkenswert?

Kaum war *Uriah Heep* verschwunden, begann Katzschmar, zuerst zögernd, doch dann immer flüssiger und lebhafter, ja beinahe mitreißend, zu erzählen. Und er erzählte, *ach du Scheiße!,* quatschte meine Geschichte aus, die Geschichte meiner Liebelei mit der kleinen Julia, erzählte, was er wusste, die paar Winzigkeiten, die ich ihm berichtet hatte und die er von den Kameraden gehört hatte, den Rest erfand er dazu, schmückte das Ganze aus, diese *Lovestory am Arsch der Welt,* schwelgte in fantasievollen erotischen Details, eine richtiggehende *Illustriertenstory* wurde daraus, wie sie, natürlich nicht bei uns in der DDR-Wochenpost oder der Bezirkspresse oder etwa im ND, dafür aber ganz locker in irgendwelchen Westblättern, zum Beispiel der Bunten, dem Stern oder gar dem Spiegel gestanden haben könnte: *Verbotene Liebe an der Zonengrenze! Grenzer liebt heimlich Bauernmädchen.* Gemeinsam bereiten die beiden ihre Flucht, also einen Grenzdurchbruch, vor, um dann ihre Liebe in westlicher Freiheit leben zu können …

Unser Buddy bekam rote Glühbäckchen, so sehr regte ihn die Geschichte zuerst an und dann auf. *Was? Wie? Wirklich?* Im Wald während des Grenzdienstes haben die …? Und die Genossenschaftsbauern wissen davon? So eine bodenlose Sauerei! Und der Postenführer weiß es auch? Ungeheuerlich! Und einen Durchbruch planen die? Das ist ja, das ist ja, oooch …! Wissen Sie das genau, Katzschmar? Wie heißt der Kerl? Und so was frisst gemeinsam mit uns Sahnegulasch mit Knödeln, bekommt jeden Sonnabend das Grenzerpäckchen, steht alle Tag auf dem Appellplatz und glotzt unsereinem ins Gesicht. So eine verdammte Sauerei! Hopp, hopp, raus mit dem Namen. Nun aber los, Katzschmar! Wir lassen den ganzen dritten Zug von den „Organen“ filzen … die quatschen schon, wenn sie richtig in die Mangel genommen werden …

Buddy war aufgesprungen und tappte in der Turm-Kanzel herum, er schlug mit der Faust an die Bretterwände, dass es nur so krachte, spähte durch die B-Schlitze. Vielleicht dachte er, irgendwer von drüben, vom BGS oder der Bayrischen Grenzpolizei, die hätte zugehört, und wüsste nun von der ganzen Scheiße. Natürlich, das war Quatsch, stattdessen sah er nur *Uriah Heep*, seinen Genossen Unteroffizier Strehle, der lustlos und mit finsterem Gesicht auf dem Plattenweg herumwanderte, und der ab und zu stehen blieb, um einen bösen Blick hinauf zur B-Turm-Kanzel zu werfen. Der Genosse Zugführer hatte die Hände auf den Rücken genommen, aber er war viel zu aufgeregt, um sie dazulassen, andauernd löste er sie, fuchtelte herum; der Dicke war nervös, ständig murmelte er irgendwelche Flüche und sagte immer, wenn er stehen blieb: Katzschmar, den Namen! Los, den Namen … oder Sie sind selber dran! Sie sind ein Mitwisser. Jawohl!

Da bekam nun auch Freund Katzschmar eine rote Murmel. Ich sah, wie er schwitzte. Und ich wusste, er war zu weit gegangen, der Spaß an der Quatscherei, an der Freude, seinen Zugführer zu verarschen, hatte ihm ein Schnippchen geschlagen. Ich sah ihm an, wie er panisch wurde und wie er verzweifelt nach einem Ausweg suchte. Aber ich wusste auch, und hatte die Angst, er war nahe daran, durch ein winziges Versehen, durch eine unbeabsichtigte Indiskretion, mich, seinen Kleinen, seinen Kumpel und Posten, zu verraten. Und das, dachte ich, könnte er ja wohl kaum wollen. Aber auch mir selber war wieder ziemlich unwohl geworden. Auch mir stieg die innere Hitze auf. Weißt du, wenn du deine eigene Geschichte aus einem fremden Mund hörst, freilich ein wenig verfremdet, aber immerhin beinahe echt, und wenn du dann hörst, wie nahe du an der Katastrophe dran warst, der Katastrophe, dass alles auffliegt, dann geht dir der Arsch, dann kriegst du schon dadurch ein Gefühl dafür, wie wahnwitzig das Ganze gewesen war und was du beinahe für eine lebensgefährliche Dummheit gemacht hättest. Vielleicht wollte Katzschmar mir das vor Augen führen? Vielleicht wollte er mir helfen. Ich wusste es nicht. Ich wusste auch nicht, was er für Motive mir gegenüber hatte. Im Augenblick jedenfalls konnte ich mir keinen Reim machen. Der Kerl war für mich so schillernd und undurchsichtig. Ihm war alles zuzutrauen, die schlimmste Gaunerei oder die größte Wohltat …

Jedenfalls, er begann zurückzurudern. Und so, typisch für ihn, sagte Katzschmar abrupt und mit einem frechen Feixen: Pardon, Genosse Oberleutnant, aber ich verrate keinen Kameraden! Und er reichte seinem Zugführer eine weitere Duett.

Ich sah staunend dieser Szene zu und ich dachte bei mir, wenn der Dicke jetzt die Zigarette nimmt, wenn er sie wirklich annimmt und vor unseren Augen ansteckt, dann hat Katzschmar gewonnen und Buddy muss aufgeben. Er hat etwas erfahren, unser Dicker, aber er kann nichts damit anfangen, und wie ich unseren Zugführer kenne, wird er alles für sich behalten und auf eine neue Gelegenheit warten, außerdem wird er froh sein, dass das Vorkommnis nicht in seinem Zug passiert ist. So sieht er für sich keinen unmittelbaren Handlungsbedarf und auch dem Weingärtel wird er nichts sagen. Die beiden können sich sowieso nicht leiden und Buddy wird den Teufel tun und dem Major irgendwas erzählen und sich selber damit jeder Information und jeden Vorteils berauben. Nee, Katzschmar, der raffinierte Pokerer, dachte ich, hat wieder mal gewonnen … also war ich ziemlich gespannt: Nimmt der Dicke jetzt die teure, lange Zigarette oder nimmt er sie nicht? – Na klar, *plumps, der Dicke fiel um*, er nahm die Duett und er zündete sie auch gleich an, gierig und schnell, mit Augen, die seine Sucht verrieten und die anzeigten, dass er sich wie ein Junge freute, dem Katzschmar eine weitere Zigarette abgeluchst zu haben.

Aber auch Katzschmars Augen leuchteten, sie blitzten auf wie die eines Raubtieres. Kein Wort fiel in diesem kurzen Augenblick.

Es herrschte eine spannungsvolle Stille im alten B-Turm, und nur draußen vom Walde her waren die Stimmen von Waldvögeln und die Schritte des auf dem Plattenweg hin- und herschreitenden *Uriah Heep* zu hören. Aber das Schweigen dauerte nur kurz, dann sagte Buddy, die Zigarette zwischen den Fingern drehend:

Also gut, Genosse Katzschmar. Ich akzeptiere das. Obwohl, Sie wissen und kennen die Dienstvorschriften, Sie haben die Pflicht …

Ja, ja, mein *lieber Buddy*, das stimmt. Katzschmar feixte. Er freute sich der gelungenen Provokation, seinen Zugführer mit dem Spitznamen angeredet zu haben, denn dieser hatte nicht einmal gezuckt, als das Wort „*Buddy*" fiel, er schmunzelte nur ein wenig. Seine dunklen Äugelein blinkten belustigt in seinem Fettgesicht, als er sagte:

Das kostet Sie noch eine weitere Duett, Katzschmar!

Zu Befehl, Genosse Zugführer, jeder Spaß hat seinen Preis! Hier bitte! Die allerletzte … sehen Sie, was ich Ihnen opfere?

Der Dicke nahm diese letzte Zigarette, ergriff gleich die ganze Schachtel mit ziemlicher Selbstverständlichkeit, steckte sie ein. Ich wusste, das war das letzte Zeichen an Katzschmar, dass er das Ganze auf sich beruhen lassen würde. Schließlich erhob er sich ächzend.

Weitermachen! rief er uns zu, während er die Luke öffnete, alsdann stieg er die Leiter hinab und wir hörten, wie er *Uriah* zu sich rief. Ein paar Sekunden später sah ich durch die B-Schlitze, wie die beiden davongingen. Voran *Uriah Heep*, mit gesenktem Kopf, wahrscheinlich war er wütend, so zweitklassig behandelt worden zu sein, ihm folgte Buddy, und ich sah, wie er ein paar Mal in die Uniformtasche griff, wahrscheinlich wollte er mit den Fingerspitzen seine Beute ertasten und sich daran erfreuen. Oh, dieser Schnorrer und Spießer …

Auch Katzschmar sah den beiden nach. Er war neben mich getreten und legte mir, da ich noch immer den Davongehenden nachstarrte, seinen Arm um die Schultern, flüsterte:

Na, wie haben wir das gemacht, mein Kleiner? Den haben wir abgebügelt, was?

Es hat dich ein paar Duett gekostet, antwortete ich, das stimmt, aber warum hast du das getan? Warum hast du überhaupt erst davon angefangen? Hättest doch das Maul halten können? Dann hättest du nicht diesen Rückzieher machen müssen. Du weißt, es war nicht ungefährlich, das Ganze. Besonders auch für mich nicht. Warum also? Warum?

Das verstehst du nicht, sagte Katzschmar, da bist du noch zu klein, gib mir lieber eine von deinen Juwel.

Ich gab ihm eine, setzte mich. Warum willst du mir nichts sagen? fragte ich wieder.

Später, Genosse, entgegnete Katzschmar, später …

Der Rest der Schicht verlief ohne Aufregungen.

Als ich jedoch wieder in der Kaserne war und mich am Abend schon etwas früher als die anderen in meine Koje verkrochen hatte, begann mich das Gewissen zu piesacken. Ich musste an Julia denken und ich kam mir dabei wie ein Verräter vor. Nein, ich würde mit ihr nicht über die Grenze gehen. Das stand fest. Aber als ich nachdachte, wusste ich nicht mehr recht warum. Die Liebe zum Vaterland DDR war es nicht. Auch an meine Frau und die Kleine dachte ich in diesem Moment nicht mit großer Festigkeit. Warum also wollte ich kneifen? Hatte mir Katzschmar auf indirekte Weise die Augen geöffnet? Hatte mein Unterbewusstes den Schalter umgelegt? Ich kniff die Augen fest zu, rollte mich zusammen wie ein Hund und versuchte mich zu konzentrieren. Aber es gelang mir kein Nachdenken, geschweige denn eine Konzentration auf irgendetwas, die Gedanken rasten im Kopf umher, ohne dass ich wusste, welche es wären, nichts konnte ich festhalten, alles schwirrte und schwebte – die Kameraden lärmten in der Bude herum, sie klopften Skat und einer hatte das Kofferradio aufgedreht. Vielleicht wollte ich auch nicht nachdenken, wollte ganz und gar nicht nachdenken, damit nur keine Entscheidung fallen müsse. Scheiße, Scheiße.

Auf alle Fälle würde ich mich mit Julia treffen müssen, überlegte ich mit letzter Mühe. Das war ausgemacht. Ich grübelte, wann der Termin wäre, aber ich kam nicht drauf. Es müsste ja schon morgen oder übermorgen sein. Sie hatte es eilig. Auf einmal fiel mir ein, wie sie gesagt hatte, dass eine der kommenden Nachtschichten die Gelegenheit wäre. Das Herz begann hörbar zu klopfen. Verdammte Scheiße. *Die Gelegenheit zur Flucht! Rüber über die Grenze – Plattenweg, 6 m KS, Kfz-Graben, Streckmetallzaun Nummer 1, Minensperre, Streckmetallzaun Nummer 2, noch zwei oder drei Meter Grenzstreifen, dann die Grenzsäule, und drüben war man, in der anderen Welt* – Ich sah das alles ganz und gar plastisch vor mir, beinahe, wie man heute sagen würde, wie in einem Videospiel oder in einem Film. Und ich hörte die Rufe: *Halt, stehen bleiben! Staatsgrenze der DDR!* – ich hörte das Durchziehen der Maschinenpistole, dieses trockene metallische Klacken, wir hasteten vorwärts, im Dunkeln, ohne eine Taschenlampe, Zweige schlugen mir ins Gesicht, es roch nach Nässe, nach altem Gras und feuchtem Laub, ich hörte den ersten Schuss, den Warnschuss, sah eine Leuchtrakete aufsteigen, hörte die erste Salve, wir haben's gleich geschafft, schrie ich, nur noch ein paar Meter, pass auf, dort links liegen sie dichter, tritt näher an die Büsche ran, ich hörte wie die Geschosse um mich her einschlugen, wie sie zwitschernd zwischen die kleinen Zweige fuhren, dann ein Schlag gegen meine Schulter. Seltsam, es tut gar nicht weh, dachte ich. Plötzlich hörte ich eine gewaltige Detonation, sah einen Blitz schräg vor mir in die Höhe fahren, verdammt, Julia hat es erwischt, dachte ich. Aber ich hörte sie nicht schreien. Warum schreit sie nicht? Hat sie es doch geschafft? Oder ist sie tot? Ich konnte nichts sehen. Nicht das Geringste. Wieso ist es so dunkel? Plötzlich. Aus. Schwärze. Stille.

Das alles sah ich, in meinem Bett liegend, eingerollt wie ein Hund, auf der Seite liegend, und ich hörte, ich sah alles wie in einem Film ablaufen, ja ich spürte es sogar, als ob es tatsächlich passiert wäre, und das Herz schlug zum Gotterbarmen laut …

Währenddessen vom Stubentisch: *Grün scheißen die Gänse – raus mit den Möpsen – Schell war Trumpf, du Hirni – Schneider vier, schwarz fünf* – die Kameraden klopfen ihren Skat, lachen, lärmen. Sie sitzen um den Tisch, schon in Schlafanzügen. Einer hat eine Cola-Flasche neben sich stehen. Ich weiß: Das ist garantiert

Wodka-Cola, halb Cola, halb Wodka – ein teuflisches Gebräu vor dem Schlafengehen, eher ein Muntermacher, egal, in wenigen Minuten wird es trillern: *Fertig machen zur Nachtruhe!*

Und es trillert tatsächlich, der Ruf des UvD erschallt echoverstärkt auf dem Gang.

*Kompanie: Nachtruhe!*

Die Kameraden löschen das Licht, aber die Partie ist noch nicht zu Ende, sie spielen weiter, beleuchtet von vier Taschenlampen. Sie haben den Grünfilter vorgelegt, ein gespenstisches Licht schimmert. Die Schatten der Spieler tanzen über Wand und Spinde.

Natürlich konnte ich nicht einschlafen.

Julias Bild stand mir vor Augen. Ich sah ihr Gesicht, die grünen unergründlichen Augen, das rote Haar, die wunderschönen Grübchen auf ihren Wangen, die Sommersprossen, sah sie lächeln, sah, wie die halb geöffneten Lippen eine makellose Reihe wie mit Perlmutt überzogener Zähne entblößten, sah das kleine Muttermal auf ihrer linken Halsseite, oh, wie sich die kleinen roten Ringellöckchen in ihrem Genick kräuselten, wie oft war ich versucht, sie um den Finger zu wickeln; weiter gleitet der Blick und sogar am Hals, der schlank und ohne jede Falte war, konnte ich ein paar Sommersprossen entdecken, und dann die Brüste, mein Gott, nie sah ich schönere, festere, wohlgeformtere, sie waren so wunderbar geschwungen, standen nicht zu eng, sondern strebten ganz leicht nach außen, mit Brustwarzen von zartem Lachsrot wie Rosenknospen so zart, und auch hier gab es ein kleines Wärzchen, ein braunschwarzes Mal, das unter ihrer linken Brust gewachsen war und wie ein Schönheitspflästerchen aussah, ein Mal also, so wie es die edelsten Mätressen am Hofe Ludwigs des Vierzehnten auszeichnete. Man sagt, Madame de Montespan, die einstige Favoritin des Königs, habe ein solches Mal gehabt. In meinen Gedanken, die Kameraden klopften weiter ihren Skat und mir schien, das Wodka-Cola-Gebräu tat schon seine Wirkung, denn die Flüche, die Sprüche und Bemerkungen waren lauter, ungebärdiger und rücksichtsloser geworden, in meinen Gedanken also, während ich weiter im Bett auf der Seite lag, ließ ich jetzt meinen Blick an Julias Körper weiter abwärts gleiten, und, glaub mir, dies tat ich wirklich mit höchstem Vergnügen, denn ihr Nabel, weißt du, das nächste Zeichen ihrer einzigartigen Schönheit, war von höchstem erotischen Reiz …

Wenn ich damals gewusst hätte, was im *Hohen Lied des Königs Salomo* steht, ich hätte es mir wieder und wieder vorgesagt und es nachgelesen, denn genauso wie die Bibel schreibt, empfand ich damals von Julia, auch noch an jenem Abend im Kasernenbett, während die Kameraden ihren Skat klopften, ja so dachte ich von diesem Mädchen, obwohl ich im Innern, wie du weißt, bereits beschlossen hatte, das ganze Abenteuer nicht mitzumachen, zumindest nicht so, wie es Julia wollte … nicht ganz so, nein …

„*… ich vergleiche dich, meine Freundin, einer Stute an den Wagen des Pharao. Deine Wangen sind lieblich mit den Kettchen und dein Hals mit den Perlenschnüren. Wir wollen dir goldene Kettchen machen mit kleinen silbernen Kugeln … Siehe, meine Freundin, du bist schön! Siehe, schön bist du! Deine Augen sind wie Taubenaugen hinter deinem Schleier. Dein Haar ist wie eine Herde Ziegen, die herabsteigen vom Gebirge Gilead. Deine Zähne sind wie eine Herde geschorener Schafe, die aus der Schwemme kommen; alle haben sie Zwillinge und keines ist unfruchtbar. Deine Lippen sind wie eine scharlachrote Schnur, und dein Mund ist lieblich. Deine Schläfen sind hinter dem Schleier wie eine Scheibe vom Granatapfel. Dein Hals ist wie der Turm Davids, mit Brustwehr gebaut, an der tausend Schilde hangen, lauter Schilde der Starken. Deine beiden Brüste sind wie junge Zwillinge von Gazellen, die unter den Lilien weiden. Bis der Tag kühl wird und die Schatten schwinden, will ich zum Myrrhenberge gehen und zum Weihrauchhügel. Du bist wunderschön, meine Freundin, und kein Makel ist an dir …*“

Als ich diese Zeilen später las, fiel mir die Liebe zu Julia ein und das Mädchen erstand vor meinen Augen wie ein Zauber neu. Ja, dachte ich, so ist meine Liebe zu diesem Mädchen damals gewesen, wie in diesem Bibeltext besungen, so war unser beider Liebe, aber es gelang mir nicht, sie zu einem glücklichen Ende zu bringen, die Zeiten, die verdammten, verfluchten Zeiten, die teuflische Grenze, der böse Strich, den der Satan gezogen zu haben schien, und meine Schwachheit haben es verhindert.

Zurück an den Strich: Irgendwann bin ich an diesem Abend dann doch eingeschlafen. Die Trillerpfeife weckte mich, die Kameraden grunzten, rülpsten, furzten, standen einer nach dem anderen auf. Der Tag begann. Aber wir hatten es nicht eilig.

Denn: Wir würden fast einen ganzen Tag frei haben. Mit dem sogenannten langen Wechsel zur Nachtschicht konnten wir den ganzen Vormittag herumgammeln, erst am Nachmittag würde es drei Stunden Politunterricht bei Hauptmann Bünger geben, *Scheiße*, langweilig wie immer, *gähn-gähn*, danach wieder ein Stündchen kurze Freizeit, schließlich Abendbrot und die Vorbereitung zur Nachtschicht. Ich beschloss mir für den Vormittag zwei Stunden Ausgang zu verschaffen und Julia aufzusuchen. Ich wusste, wo ich sie treffen konnte.

Also latschte ich zum OvD, denn Buddy, unser Dicker, den ich zuerst nach dem Ausgang hätte fragen müssen, befand sich nicht in der Kaserne, der lag zu Hause, keine hundert Meter weg, auf dem Sack, machte jetzt nach neun Uhr wahrscheinlich noch Augenpflege oder er lag auf seiner jungen Frau oder er bastelte an seinen Flugmodellen herum, einem Hobby, das er mit Ausdauer fanatisch betrieb. Einmal hatte er sogar eines seiner Modelle mit zum Dienst genommen und vor dem FP damit herumgespielt. Erst ging alles gut, dann aber, ha, ha, hatte es die Flucht ergriffen, das gebastelte Fluggerät, war außer Kontrolle geraten, einige Kilometer einfach weitergeflogen und schließlich über der Minensperre abgestürzt. Das hätte ihn beinahe einen Schulterstern gekostet und ihm ein Disziplinarverfahren eingebracht. Aber man hatte Gnade walten lassen, eine strenge Ermahnung oder eine Verwarnung war herausgekommen, mehr nicht, und es war Jahre her, da befand ich mich noch in ziviler Freiheit und wusste nicht, dass es so einen Menschen wie unseren Buddy überhaupt gab.

Als ich am Dienstzimmer des OvD geklopft hatte und das „Eintreten!“ erklungen war, öffnete ich die Tür und bekam einen Schreck. Mit keiner Silbe hatte ich daran gedacht, dass Major Weingärtel heute der Diensthabende war. Du weißt, mit diesem Kerl stand ich nicht gut, es ekelte mich geradezu vor ihm, seit er einen erfolglosen Anschlag auf meine Sexualität unternommen und ich ihn beim Kompanievergnügen in übelster Ausschweifung gesehen hatte. Und du weißt auch, diese Antipathie beruhte auf Gegenseitigkeit. Auch er konnte mich nicht ausstehen. Und du weißt, er hatte mir damals angedroht, es mir schwer zu machen und mich besonders im Auge zu behalten. Und, *das Schwein*, in diesem Punkt hielt er Wort: Bei jeder passenden Gelegenheit, auch bei den primitivsten Kleinigkeiten, versuchte er, mir Schwierigkeiten zu machen und mir das saure Grenzerleben noch saurer zu machen. Es waren meist Banalitäten wie blöde Stubendurchgänge, Appelle, Übungstage, sogar das Waffenreinigen oder die verhasste Urlaubs- und Ausgangskontrolle. Immer fand er, wenn er dazu kam, etwas bei mir, irgendeinen Verstoß, eine Unkorrektheit, eine Vergesslichkeit oder Schlamperei und er schikanierte mich dann vor der ganzen Truppe. Na, Genosse Malef, was haben wir denn wieder falsch gemacht? Dazu grinste er jedes Mal hämisch, lachte ordinär und ich wusste, er dachte, ach, wäre ich ihm doch damals zu Willen gewesen, was für ein Leben könnte ich haben …

Und jetzt saß er mir, während ich vor ihm strammstehen und salutieren musste, an seinem OvD-Schreibtisch gegenüber und er schien sich zu freuen, genau wie der Honecker im Rahmen hinter ihm, der erst seit ein paar Wochen dort hing und gegen den alten Walter Ulbricht ausgetauscht worden war, freute sich, dass ich endlich wieder ein Anliegen hätte, was er mir schwer machen könnte. Natürlich, noch während ich die Hacken zusammenschlug, fielen mir tausend Gründe ein, warum dieser Kerl mir einen Strich durch meine Rechnung machen könnte. Du weißt, als Soldat hat man ja sowieso ein dauerndes Sündenregister parat, und so überlegte ich, was es diesmal sein würde, das herausgefunden werden könnte.

Doch Major Weingärtel ließ sich Zeit. Er sagte, und dies nicht einmal unfreundlich: Stehen Sie doch bequem, Genosse Malef. Also? Was führt Sie zu mir?

Aber ich war durch die unerwartete Konfrontation mit meinem Feind etwas durcheinander und antwortete nicht. Ich fühlte, wie mir meine Sicherheit entglitt und mit ihr die Zuversicht, heute schnell einen, wenn auch kurzen Ausgang zu bekommen.

Wollen Sie mir ein Vorkommnis melden? fragte der Major. Und ich sah, schon spielte wieder dieser hämische Zug um seinen Mund. Vorkommnisse gibt es ja andauernd, nicht wahr?

Zum Beispiel mit der Bevölkerung im Grenzgebiet, nicht wahr?

Ich schwieg, blass und verwirrt, knallte die Hacken zusammen. Zu Befehl, Genosse Major!

Er winkte lässig ab, sagte: Stehen Sie bequem! Was machen Sie Männchen, wo es gar nicht nottut? Sind Sie etwa nervös, Genosse? Was ist mit Ihnen los, he?

Du hättest sein Gesicht sehen sollen, als ich ihm lächelnd und ohne Umschweife antwortete, es gehe mir gut und ich bitte um Ausgang am heutigen Tag bis 12.00 Uhr.

Sie wollen in den Ausgang, Malef?

Zu Befehl. Ja.

Wohin soll's denn gehen? Wer ist der Glückliche …? Glaub mir, ich hätte ihm eines in die Fresse hauen mögen, so dreckig grinste er mich an, aber ich beherrschte mich, reagierte nicht auf seine Provokation. Es ist privat, Genosse Major! Ganz und gar privat und ohne Interesse für Dritte …

Ohne Interesse für Dritte? Sie wissen, Genosse, hier gibt es für Soldaten nichts Privates, alles muss öffentlich sein, Sie wissen, die Grenzsicherung könnte gefährdet sein. Und plötzlich lauter, zischte er: Die Vorgesetzten müssen über das Privatleben der Soldaten hier am Strich (er sagte „Strich!“ und lachte dazu) vollständig informiert sein …

Gilt das auch umgekehrt, Genosse Major, sollten nicht alle von allen wissen, also auch die Soldaten über das Leben ihrer Offiziere?

Werden Sie nicht frech, Soldat Malef, sonst wird es nichts mit Ihrem Ausgang. Überlegen Sie sich gefälligst, was Sie sagen …

Zu Befehl, Genosse Major. Also darf ich hoffen, jetzt gleich in Ausgang zu kommen?

Nur, wenn Sie mir genau den Grund für den Ausgang und ihr Ziel nennen, will ich sehen, ob es möglich ist. Klar?

Zu Befehl, klar … sollte ich diesem fiesen Schwein, dachte ich blitzschnell, wirklich sagen, dass ich Julia sehen wollte. Auf keinen Fall würde ich das tun. Schließlich steckte er ja hinter den Nachforschungen, über die sich unser Buddy draußen am B-Turm verplappert hatte.

Na?? kam es von Weingärtel, wollen Sie mir jetzt Ihre Gründe und Ihr Ziel für Ihren Ausgang nennen? Oder brauchen Sie doch mehr Zeit, um sich eine Lüge auszudenken? Wenn es so ist, dann setzen Sie sich dort an den Tisch und schreiben Ihr Gesuch auf …

Du kannst dir vorstellen, wie meine Verwirrung wieder anstieg, zumal ich diesem Kerl tatschlich nicht die Wahrheit sagen wollte, ja sagen konnte, du weißt, denk an die Information, die wir draußen am Strich von Buddy bekommen hatten. Also, hier war absolute Vorsicht angesagt. Und ich weiß noch, ich dachte: So eine verdammte Scheiße! Muss denn heute unser friedlicher guter Buddy drüben noch in seinem Bett liegen und ausgerechnet dieser Weingärtel hier Dienst tun … verdammte Kacke aber auch.

Aber meine Stimme klang fest und sicher, und ich fasste den Kerl ohne ein Wimpernzucken ins Auge: Nein, sagte ich, ich brauch mir keine Lügen auszudenken oder mich dort ans Sündertischchen setzen, ich sage Ihnen, was Sie wissen müssen, informiere, wie es Vorschrift beim Ausgang ist, und dann stellen Sie mir bitte den Schein aus. Ja?

Weingärtel schaute mich aus seinen immer etwas feuchten, lüsternen Augen an, er nickte zu meiner Rede, lächelte, spielt dabei mit einem rot-weiß-blauen Kugelschreiber.

Schon gut, mein Lieber, ich höre also …

Nun kam meine Geschichte: Zuerst will ich ein Stück außerhalb der Kaserne alleine spazieren gehen. Ich brauche einfach Ruhe. Muss etwas verarbeiten. Ergänzte, als ich den Major den Kopf heben sah, es ist etwas Privates.

Eine Liebesgeschichte? Der Major feixte. Oh, da bin ich aber gespannt.

Ja, eine Liebesgeschichte, so könnte man es nennen, entgegnete ich ausweichend.

So???? kam es von dem Major. Werden Sie mal deutlich, Genosse. In der Kaserne gehen Gerüchte um, dass Soldaten neuerdings mit Mädchen aus dem Dorf …

Nein, Genosse Major, es geht eher um die Auswirkungen solcher Geschichten …

Was??? Sie haben eine geschwängert? Das ist doch … Genosse Malef, nun aber Klartext!

Ja, Genosse Major, antwortete ich, und ich spielte den Niedergeschlagenen, weißt du, einen, den eine solche Nachricht nicht recht froh stimmt …

Jetzt hättest du wieder seine Fresse sehen sollen. Er war so neugierig und gespannt, ganz rot im Gesicht war er geworden, der Sack, war so geil auf meine Nachricht, dass er womöglich die 9-Uhr-Standardmeldung an den Stab vergessen haben würde – der große Wanduhrzeiger rückte unerbittlich vor – wenn ich ihn nicht daran erinnert hätte. Ich sagte und schlug die Hacken zusammen: Genosse Diensthabender, wenn Sie gestatten – die 9-Uhr-Meldung!

Ganz fahrig und verdattert fuhr er herum. Oh, Gott verdamm mich! Sie haben recht. Die Meldung! Gehen Sie für zwei Minuten aus dem Zimmer und kommen nachher ohne anzuklopfen wieder herein. Ich trat ab, wusste, diese Meldung, obwohl nur eine alberne Formalie, war streng geheim und der Weingärtel durfte niemanden, vor allem keinen Soldaten, dabei haben. Aber sie musste pünktlich auf die Sekunde abgesetzt werden. Sonst kamen vom Stab in Meiningen unangenehme Rückfragen oder gar eine Kontrolle. Manche Diensthabende haben sich deshalb sogar den Wecker gestellt …

Draußen auf dem Gang ging ich hin und her. Ein paar Kameraden kamen vorbei. Manche im Trainingsanzug. Sie lachten, machten blöde Bemerkungen. Ah, zur Privataudienz bei Major Weingärtel! Hat dich wohl rausgeschmissen, weil du's nicht gleich gekonnt hast? Musst wohl repetieren! Ha, ha, ha …

Ich sah ihnen nach, zeigte ihnen den Stinkefinger, überlegte, ob ich den Major noch eine Weile verarschen und in Spannung setzen oder ob ich ihm schließlich die echte Nachricht unverblümt absetzen sollte, nämlich, dass mich ein Brief von zu Hause erreicht hätte, meine Frau erwarte ihr zweites Kind ... Ich wusste ziemlich genau, solche Nachrichten reinigten einen hier am Strich sofort von jedem Verdacht. Ein Soldat, der Vater wird, ein solcher Soldat ist ein zuverlässiger Soldat, er steht unter „Naturschutz“, so einer kollaboriert nicht, so einer ist von den Gerüchten über Liebschaften mit Dorfmädchen oder gar von gemeinsamen Fluchtabsichten ausgenommen. Ein werdender Vater ist standhaft, treu und dient seinem Staat mit besonderer Festigkeit ...

Und es war ja noch nicht einmal gelogen, dachte ich. Meine Frau hatte mir ja tatsächlich vor ein paar Tagen geschrieben, ihre Regel wäre jetzt schon ein paar Mal ausgeblieben, zwar sei sie noch nicht beim Arzt gewesen, denn auch früher schon sei ihr das ein oder zwei Mal passiert, ohne dass sie gleich schwanger gewesen wäre. Aber, so hatte sie weiter geschrieben, diesmal könne es sein, diesmal könne es geklappt haben, sie habe so ein Gefühl, der letzte Urlaub zu Weihnachten und so, der habe ja ...

Fast schämte ich mich, denn ich hatte diesen Brief nicht so recht ernst genommen, hatte ihn die letzten Tage mit mir herumgetragen, denn ich war durch Julias Liebe ganz und gar umgarnt, verwirrt und wie der Kleine Kai von der Schneekönigin verzaubert. Ich hatte nicht viel anderes mehr durchdacht. Und stell dir vor, ich hatte sogar überlegt, es werde bei meiner Frau bestimmt wieder Fehlalarm sein. Ein zweites Kind – unmöglich! Das konnte ich nicht glauben. Wollte es nicht. Sogar die Eifersucht auf meinen alten Freund Frank Degenhardt war für einen Moment wieder hochgekommen. Denn schließlich, er war in der letzten Zeit ziemlich offensichtlich um Linda herumscharwenzelt. Ich hatte es ja bei meinem letzten Urlaub mit eigenen Augen gesehen ...

Doch jetzt, seit gestern, seit die Sache mit der kleinen Julia in ihre neue, ihre letzte Dimension getreten war, da war der Brief von meiner Frau doch wieder in den Vordergrund getreten, und er hatte an Bedeutung gewonnen, ja, ich gebe sogar zu, er war mir von Stunde zu Stunde mehr wie ein Rettungsanker vorgekommen, wie das letzte rechtzeitige Argument – vor allem vor mir selber. Ja, glaub mir, vor allem vor mir selber! Das verstehst du doch? Denn ich freute mich, ihn jetzt quasi als echtes *Totschlagargument* vor diesem Weingärtel benutzen zu können. Ich wusste, wenn er davon hörte, ließ er mich, so wie es alle Vorgesetzten tun würden, ohne Murren in den Ausgang gehen und ich könnte dann unbehelligt zu Julia eilen, um ihr, ja dazu war ich jetzt fest entschlossen und auch überzeugt, um ihr von ihrem Vorhaben abzuraten, zumindest aber, was meine Teilnahme anging. Nein, ich selber konnte da nicht mehr mitgehen. Das war klar. Also, ich wollte die Kleine wirklich beeinflussen, die Sache aufzugeben. Zu gefährlich, lebensgefährlich! wollte ich sagen. Und aus eigener Anschauung Beispiele nennen. Lass es sein, bitte, wollte ich ihr zureden, du kommst da nicht lebend oder unversehrt durch. Und stell dir mal ein Leben mit nur einem Bein vor. Oder mit nur einem Arm, oder ganz ohne Beine. Du kannst ja andere, wollte ich sagen, halboffizielle und weniger gefährliche Wege gehen. Ausreiseanträge würden jetzt häufig gestellt. Manche hätten gute Aussichten. Bei uns zu Hause im Betrieb, zum Beispiel, und ich wollte Beispiele und Namen nennen. Auch. Ein gewisser Anwalt Vogel soll jetzt ziemlich erfolgreich sein. Freilich, das kostet Geld. Trotzdem. Vielleicht klappt es. Vielleicht lässt man dich ziehen. Oder du benutzt irgendeine Landwirtschaftsaustellung, Besuche beim westdeutschen Bauernverband, eine Urlaubsreise nach Bulgarien oder in die Slowakei, wo die Grenzen durchlässiger sind – alles sowas, jedenfalls. Dies alles wollte ich ihr sagen, ihr raten. Aber ich hatte natürlich keine Ahnung, ob mir das auch gelingen würde, vor allem in so kurzer Zeit, ich ahnte, sie würde wütend werden, besonders wütend auf mich sogar, erbost über meine angebliche Wankelmütigkeit ... ich wusste es, würde ich sie weinen hören, du bist ein Schlappschwanz. Du verdammter Feigling würde sie sagen, und mir die Tür vor der Nase zuknallen.

Und *aus und vorbei!* wäre alles ...

Die zwei Minuten sind längst vergangen. Ich trete wieder ins OvD-Dienstzimmer und, selbstverständlich, ich klopfe vorher an, wie es sich gehört, und ebenso selbstverständlich sagt der Weingärtel sein „Herein!"

Ganz aufgeräumt scheint er jetzt. Stehen Sie bequem, sagt er, und sofort hernach, setzen Sie sich doch hier zu mir an den Tisch.

Zögernd nehme ich Platz, nehme das Käppi ab, lege es vor mich auf die Tischplatte. Der Schreibtisch ist mit Blättern und zwei aufgeschlagenen Büchern auf der Seite des Majors bedeckt. Neben ihm, mit einem Vierteldreh seines Drehstuhls erreichbar, auf einem Beistelltischchen das Diensttelefon mit zahllosen roten und weißen Knöpfen und mit zwei Wählscheiben. Auf dem Tischchen liegt auch das hellbraune Lederholster mit der Dienst-Makarov, die Weingärtel, der Bequemlichkeit halber, abgeschnallt hat. Hinter ihm der Fernschreiber und das Morsegerät. Darüber, ich sagte es schon, das große Bild des Staatsratsvorsitzenden Erich Honecker, in Schwarzweiß und unter Glas. Der große Vorsitzende lächelt sein verklemmtes Lächeln. Man sieht es ihm an – er ist ein Machtmensch. Kalt, entschlossen, und doch unsicher. Er weiß nicht, ob sein Lächeln nicht als Schwäche gedeutet wird. Ich finde ihn unsympathisch, mochte ihn nie. Da war der alte sächselnde Walter ein anderes Kaliber gewesen. Irgendwie berechenbarer. Egal. Was sich noch im Dienstzimmer befindet, will ich hier nicht beschreiben. Es lohnt nicht. Typisches Zeug für das Dienstzimmer eines Wachhabenden.

So, sagt der Major, lächelt und fixiert mich. Wen haben wir denn da geschwängert, Genosse Malef? Ist es etwa eine aus dem Dorf? Eine von diesen Dorfschönheiten, von denen man sich hier auf den Fluren erzählt. Es werden ja zurzeit allerlei Geschichten erzählt. Schlimme Geschichten, sag ich Ihnen. Aber das wissen Sie ja selber. Also, kommen Sie, spannen Sie mich nicht auf die Folter …

Jetzt, pass auf! Wenn du mir ins Gesicht geschaut hättest, wäre dir meine Schadenfreude aufgefallen. Ich lehnte mich nämlich zurück, lächelte hundsgemein, ja, ich besinne mich sogar noch, wie ich mit dem Stuhl gekippelt habe, dann habe ich ganz langsam und jedes einzelne Wort betonend gesagt:

In der Tat, Genosse Major, ich werde zum zweiten Mal Vater!

Meine Frau schrieb mir vor drei Tagen die freudige Botschaft. Wollen Sie den Brief sehen? Hier! Ich trage ihn seither immer bei mir – und ich klopfte wie zur Bekräftigung auf die Brusttasche meiner Uniformjacke. Freilich, wenn der Major mich beim Wort genommen hätte, wäre ich der Blamierte gewesen, denn natürlich in der Brusttasche war der Brief nicht, da steckte nur ein Zettel. Der Zettel von der Julia von vor ein paar Tagen. Aber der Major wollte den Brief nicht sehen, ich glaube, der wollte gar nix mehr sehen.

Denn: Weingärtels Züge waren erstarrt. Wie eine Maske sah er aus. Blass und wächsern.

Dann belebte er sich wieder. Ein wenig heiser sagte er: Ach so? Die eigene Frau. Das ist ja gut, dann sind Sie ja aus dem Schneider. Er schwieg eine kleine Weile, suchte in einem Kästchen einen Ausgangsschein, füllte ihn aus, sagte: So, damit ist das klar. Sie können gehen und ihren Vaterkopf auslüften ...

Danke, Genosse Major. Ich sprang auf, nahm Haltung an, wollte das Zimmer verlassen.

Da stand der Weingärtel hinter seinem Schreibtisch ebenfalls auf. Er hatte die Uniformjacke aufgeknöpft, ich sah die hellgraue Offiziersbluse, den rehbraunen Ledergürtel, die glänzenden Offiziershosen. Und, verdammt, ungewollt blieb mein Blick an seinem Schritt hängen, für einen kurzen Augenblick dachte ich: Aha, *Linksträger* ist der Weingärtel! Und mir fiel ein, wie ich einmal lange vor der Armeezeit mit meiner Frau bei einem Herrenschneider gewesen war. Der Schneider sollte mir eine Hose anmessen. Wir hatten von Verwandten teuren und echten Manchesterstoff bekommen. Und da fragte mich der Schneider, ein schleimiger, rothaariger Typ: Sind Sie Links- oder Rechtsträger? Und ich, perplex, hatte nie vorher etwas von Links- oder Rechtsträgern gehört, dachte, der Schneider meinte, ob ich die Aktentasche links oder rechts trüge, und ich fragte ihn, ob er dies wissen wolle, war mir indes der Sinnlosigkeit dieser Frage sofort bewusst, verstummte und hörte voller Scham, wie meine Frau den Schneider aufklärte. Mein Mann ist Linksträger, Herr Zimmermann.

Wie die meisten, sagte der Schneider, und legte sein Bandmaß an, maß mir den Schritt und die Beinlänge, und ich fühlte mich beschissen und wie ein Dummkopf ...

Der Major indes war jetzt hinter seinem Schreibtisch hervorgetreten und einen Schritt auf mich zugegangen, er fasste mich ins Auge und ich sah, wie in seinen Augen Lüsternheit glomm.

Scheiße! dachte ich, wahrscheinlich hat dem Schwein mein Blick auf seinen Hosenschlitz Mut gemacht.

Jedenfalls, er sagt: Ein bisschen Dankbarkeit für den Ausgangsschein könnten Sie schon zeigen, mein Lieber. Das ist nicht zu viel verlangt … Und auf einmal sehe ich, wie sich seine Offiziershose, gleich dort, wo sonst der Linksgetragene ruht, aufrichtet. Der Weingärtel blickt an sich herunter und auch ich blicke dorthin, unsere Blicke treffen auf das grüne Einmannzelt mit der Zeltstange in der Mitte. Camping in der Offiziershose mitten im OvD-Zimmer. Ich mache kehrt und stürme ohne Gruß hinaus, denke in letzter Sekunde an mein liegengelassenes Käppi, jage zurück, ergreife das Käppi und der Weingärtel steht einsam mit seiner Zeltstange neben dem Schreibtisch. In einem Husch bin ich hinaus und ich denke, dass der Major mit seinem Einmannzelt, das garantiert nicht so schnell zusammengefaltet werden wird, mir nicht folgen kann, dass er sich in diesem Zustand nicht in die Tür, geschweige denn auf den Kompaniegang hinaustraut. Den Ausgangsschein habe ich. Was will ich mehr …

Eins, zwei, drei bin ich bei der Wache am Tor, zeige den Schein, feixe den Kumpels ins Gesicht und die Freiheit empfängt mich mit Amselgetriller und Sonnenschein. Ich gehe das Dorf hinunter. In einem der letzten Gehöfte am Ortsausgang Richtung Eucha befindet sich eine Außenstelle der LPG Mulz. In Mulz hat die Landwirtschaftliche Produktionsgenossenschaft „Johannes R. Becher“ ihren Hauptsitz. Ziemlich heruntergekommen, diese Nebenstelle der LPG hier in Hundfeld, Dächer halb kaputt, kleine Kälbermast in einem Nebengebäude, Jauchepfützen auf dem Hof, unordentlicher Misthaufen, ein paar Hühner gackern herum, ein alter, grauweißer räudiger Köter an einer langen Kette knurrt und sträubt sein spärliches Nackenhaar, ein paar Erntemaschinen und Traktoren, angerostet die meisten, aber einsatzbereit, stehen unter einem Schauer. Auf dem Hof neben der Tür zum sogenannten Sozialraum ein Trabant-Kübel, von der Grenze billig abgekauft, zwei Mopeds, eine orangerote Schwalbe, drei Fahrräder. Julias blaue Schwalbe steht etwas abseits.

Sie ist also da! denke ich, als ich auf den Hof komme. Meine kleine Julia ist hier, musst du wissen, die Außenstellenleiterin. Sie wird Brigadeleiterin genannt. Von manchen auch „die Brigadeuse" – der Kommandant also. Sie steht, verstehst du, einem Sozialistischen Kollektiv vor. Weißt du, was das ist – ein Sozialistisches Kollektiv? Gerahmte Urkunden künden davon gleich im Hausflur.

Julia hockt in einer kleinen Bude, ihrem Büro – einem zwanzig Quadratmeterzimmer mit vom Zigarettenrauch gelben Gardinen, in dem es andauernd nach Kälbermilch und Kuhmist riecht, mit durchgetretenen, halb morschen Holzdielen, drei hellbraunen Schränken mit Rolltüren, darin Akten über Akten, und mit einem kleinen Tischchen mit bunter Plastikdecke, darauf stehen Kaffeetassen, verschiedenfarbig, ein paar angeschlagen, mit Namen: Specki, Ludi, Arno, Frolo, Paul, Dorle. Dann um den Tisch noch vier altersschwache Stühle. Zwei stehen am Fenster, die werden zum Frühstück herangezogen. Und natürlich, nirgends darf es fehlen – das Honecker-Bild an der Wand. Doch die Glasscheibe ist angeschlagen. Das Weiß des Bildes bräunlich gesprenkelt. Fliegenschisse. Musste mal sauber machen, Julia, hat der Vorsitzende der LPG bei seinem letzten Besuch gesagt. Doch sie ist bis jetzt nicht dazu gekommen. Julia sitzt, raucht und macht ihre Abrechnungen, sonst telefoniert sie meistens, disponiert, rast draußen herum, plant und befehligt die Einsatztruppen der Außenstelle. Das sind, musst du wissen, außer ihr noch fünf oder sechs Männer, plus eine Frau. Alles Traktoristen, einfache Landarbeiter, mit vom Wetter gegerbten Gesichtern. Die fünfzigjährige Frau, Dorle, ist die Kälberpflegerin, klar. Die meisten Frauen in der LPG sind Tierpflegerinnen. Julia sitzt, allein im Zimmer, in ihrem blauen Arbeitskittel an ihrem alten Schreibtisch und kurbelt mit der alten dunkelgrünen Triumphator-Rechenmaschine Zahlenkolonnen einer Saatgutbestellung durch. Es rattert und rasselt und klingelt bei jeder Eingabe. Sie ist genervt, will fertig werden, muss gleich noch mal hinaus aufs Feld, wo ihre Leute den Acker vorbereiten. Sie tippt mit der Rechten, kurbelt mit der Rechten, während sie in der linken Hand die Zigarette hält, sie nickt mechanisch mit dem

Kopf zu jeder einzelnen Position, blickt nicht auf, ist konzentriert. Und so bemerkt sie auch nicht, wie jemand ins Zimmer getreten ist und hinter ihr neben dem Tisch mit der bunten Plastikdecke und den Kaffeetassen stehen geblieben ist.

Dieser Jemand bin ich – klar!

Ich huste, erst leise und in die Faust, dann, als sie nicht reagiert, lauter. Du hättest sie sehen sollen, wie sie herumfuhr und wie ihre Augen blitzten. Vielleicht dachte sie im ersten Moment, einer von ihren blöden Bauern wäre vom Feld hereingekommen und belästigte sie mit irgendeiner Banalität, wie schon vorgekommen: Du, der Beloruss hat keinen Diesel mehr, muss gleich mal mit dem Fass raus, oder so was ... Natürlich, klar. Sie erkennt mich sofort.

*Du???* stößt sie hervor und zertrampelt ihre halb gerauchte Zigarette mit dem Gummistiefelabsatz. Ich denke, du bist ...

Sie bringt den Satz nicht zu Ende, denn ich bin heran, reiße sie hoch, nehme sie in meine Arme, küsse sie wie wild. Plötzlich. Draußen schlägt der Hund an.

Du, ich glaube, es kommt jemand!

Ach, i wo, sagt Julia, das ist nur der Hasso, er verbellt wieder mal ein paar Krähen, die auf den Hof geflogen sind. Von meinen Leuten traut sich keiner her. Die haben auf den Feldern zu tun, sollen den Acker vorbereiten, wir müssen drillen, das Wetter schlägt um ...

Soll ich dir einen Kaffee machen?

Ich nicke, sage, während sie die Kaffeemaschine anwirft, leise in ihr linkes Ohr, was machst du hier noch so eine Hektik, wollten wir nicht ... willst du nicht ...

Das ist es ja gerade, antwortet sie, man darf nicht auffallen. Alles muss laufen wie sonst auch, wie am Schnürchen sozusagen. Die kommen ohne Voranmeldung, schleichen hier rum, sagen nichts, verschwinden wieder, dreimal in der Woche ... ich kenne die Typen schon, mich leimen die nicht. Alles roger, alles easy, Routinebetrieb wie immer ... bis zur letzten Sekunde, bis zur allerletzten, weißt du.

Plötzlich lässt sie den Maßlöffel in die Kaffebüchse fallen, mein „willst du nicht ...“ ist auf dem Grunde ihrer Seele angekommen.

Sie dreht sich um, wirft mir einen strengen Prüfblick zu, sagt: Was soll das heißen – „willst du nicht"? Für dich hat sich die Sache wohl erledigt?

Hosen voll, was? Der Genosse Grenzer bleibt seinem Staate treu.

Julia, ich bin gekommen, weil … wir müssen reden. Dringend reden.

Was heißt hier: Reden? Für mich ist nach wie vor alles klar – morgen Nacht geht es los.

Julia! Liebling. Ich versuchte sie zu küssen. Aber sie drehte sich weg. Sie füllte den Rest Kaffee auf, goss Wasser in die Maschine. Startete. Der rote Knopf leuchtete auf. Es brubbelte und knasterte in der Maschine, Dampf stieg auf.

Julia: Liebling? Sagtest du Liebling?

Ja, ich sagte Liebling. Warum nicht? Komm setz dich, ich will dir erklären …

Erklären? Was gibt es zu erklären? Am alten Holz-B-Turm sollten wir es versuchen. Dort in der Nähe der GÜST wird man Hemmungen haben, auf uns zu schießen. Da kann der BGS alles prima sehen … und filmen. Du weißt ja, das Abknallen von Flüchtlingen soll nicht öffentlich sein. Die internationalen Abkommen, die staatliche Anerkennung, die UNO …

Julia, bitte.

Was hast du denn? Schon ne Bremsspur in der Hose? Mensch, Franz! Reiß dich zusammen.

Ach, mein Kleines, sagte ich, du weißt ja nicht, worauf wir uns da einlassen würden … willst du dein weiteres Leben als Krüppel verbringen? Auch wenn niemand schießt, sind da noch die Minen. Diese lieben Dingerchen, die aussehen wie harmlose Schuhcremeschachteln. Aber man sieht sie ja nicht. Und ich kann dir nicht sagen, wie man die dort am B-Turm verlegt hat. Ob im Schachbrettmuster oder anders … Man kann sie nämlich wirklich nicht erkennen, alles vergrast und mit kleinen Büschen zugewuchert. Sind auf 7 kg eingestellt. Wiegst du weniger als 7 kg? Bist du ein Wildkaninchen? Die hopsen manchmal herum und schaffen die Durchquerung ohne Schaden, aber schon ein Reh … und die wiegen die Hälfte von dir! Erst vorige Woche hat es wieder eines erwischt, es lag da, ohne Vorderbeine, und lebte noch, blökte und schrie, einer von uns hat ihm dann den Gnadenschuss gegeben ... Julia, ich bitte dich ...

Aber Julia reagierte nicht auf meine Rede von den Rehen. Sie machte ganz enge und böse Augen, rief nur: Einlassen würden??? Der Herr verwendet also schon den Konjunktiv ...

Ach, Julia, ich wollte dir sagen ... dir sagen ... – es versagte mir die Stimme, weil, der Mut, weißt du, das ist so eine Sache, auch der Mut hatte sich bei mir aus dem Staube gemacht ...

Ich bin eigentlich hergekommen, stammelte ich, um dir zu sagen ... zu sagen ... ich wollte ....

Ja??? Bitte, ich höre.

Ich wollte dich bitten, drauf zu verzichten. Zu gefährlich. Wirklich, viel zu gefährlich. Wir könnten doch auch hier ... ich, ich, ich verlass meine Frau ... wenn, wenn du willst ... ja, das tue ich, wenn du es willst – und im selben Moment dachte ich, was ich doch für ein erbärmlicher Arsch wäre. Ja, weißt du, ich schämte mich zwar, aber trotzdem machte ich so weiter ... Warum? Keine Ahnung.

Julia indes, die aufgestanden war, weil die Kaffeemaschine mit einem großen Zischen signalisierte, sie habe ihre Arbeit getan, Julia bekam einen Lachkrampf. Sie beugte sich über die Maschine, schaltete sie aus und lachte, lachte ohne Pause mindestens zwei Minuten.

Nein, sowas, rief sie, immer noch prustend, er will seine Frau verlassen, und das sagt er mir einfach so. Als ob er mir die Scheidung zum Geschenk machen wolle. Was seid ihr Männer doch für einfach gestrickte Typen. Glaubst du, ich gebe jetzt meinen Plan auf, bloß, weil du mir auf einem silbernen Tablett deine Scheidung servierst? Wenn du mit mir in den Westen gehen würdest – was, so glaube ich jetzt, auf einmal nicht mehr der Fall ist –, wäre deine Ehe ja sowieso perdu ... nein, nein, oh Franz, du bist wahrhaftig eine Kanaille. Und wieder lachte sie, hysterisch und laut.

Ich trat auf sie zu, umfasste sie. Diesmal ließ sie mich gewähren, ja sie legte ihren Kopf sogar auf meine Schultern, plötzlich fing sie an zu schluchzen. Bitte, bitte, sag mir, dass ich träume und dass das alles nicht wahr ist. Morgen Nacht gehen wir gemeinsam rüber und alles wird wunderbar und schön werden. Ist es so? Morgen Nacht. Bitte, sag, dass es so ist, Franz.

Ich fühlte, dass ich jetzt, nach allen Andeutungen und Bedenken, die Wahrheit sagen musste. Ich kam nicht mehr drum herum. Ich gab mir, wie es so schön heißt, einen Ruck und sagte, indem ich Julias Kopf zwischen meine Hände nahm: Nein, mein Liebes, daraus wird nichts. Ich geh nicht mit. Und ich kann dich nur bitten – gib es auf, du kommst da nicht lebend oder zumindest nicht ohne Blessuren rüber. Ich weiß das, ich fühle das, hab sogar schon davon geträumt. Und, glaub mir, ich geh nicht mit, weil es etwa zu gefährlich wäre, nein, es ist so: mein Risiko, meine ganze Lebensplanung und all das, das ist einfach zu hoch. Es lohnt sich nicht. Ich wiederhole, wir könnten auch hier glücklich werden – ich lass mich tatsächlich scheiden und wir fangen irgendwo neu an. Bitte, Julia. Außerdem: Man kann auch anders rüber.

Doch das Mädchen befreite sich aus meinen Händen, schüttelte den Kopf. Zu spät, mein Lieber, zu spät. Ich werde das durchziehen, wie ich gesagt habe, morgen Nacht und Punkt. Irgendwie, sprach sie leiser weiter und ging zu ihrem Schreibtisch zurück, irgendwie wusste ich das sowieso schon, und jetzt, nachdem ich erfahren habe, du würdest zum zweiten Male Vater, da war es mir klar – mit uns beiden, das wird nichts. Aussichtslos. Vorbei! Ein Grund mehr, hier abzuhauen. Also, erspar mir deinen Schmus. Ich glaub nicht dran …

Ich war fassungslos. Woher wusste sie, dass ich Vater werden würde.

Ich fasste sie bei den Schultern, schüttelte sie. Woher weißt du? Los, sag es. Los!

Doch Julia schüttelte den Kopf. Man hat eben so seine Quellen. Ich weiß es eben. Das muss dir genügen … sie machte eine kleine Pause, schaute mir ins Gesicht, sagte: Eine kleine Bitte hätte ich noch …

Aber ich war noch viel zu perplex, um ihre Bitte zu hören. Wer konnte ihr das gesagt haben? Wer war das Schwein? Und vor meinem Gedächtnis paradierten die Kameraden, Soldaten und die

Offiziere vorbei. Wer könnte …? Schnulli? Katzschmar? Karli? Holzknie? Buddy?

Wer war der Flüsterer? Wer, verdammt? Verdammt, verdammt, verdammt …

Julia war vor mich hingetreten. Sie wiederholte: Ich hätte tatsächlich eine kleine Bitte an dich, wenn du schon nicht … sozusagen ein Abschiedsgeschenk. O. k.? Also?

Ja, gern, entgegnete ich und kam mir vor wie ein absoluter Arsch, gern, wenn ich die Bitte erfüllen kann. Los, sag, was du willst.

Das Mädchen wandte sich um, trat an ihren Schreibtisch, schob ein paar Blätter beiseite, setzte sich halb auf die Armlehne ihres alten Holzstuhls, wippte mit einem Bein, schaute mir ins Gesicht. Plötzlich nahm sie einen Bleistift in die Hand und tippte damit in meine Richtung, genauso wie ein Lehrer, der seinem Schüler etwas eintrichtern will.

Ich bitte dich, begann sie, ich bitte dich, meine Flucht, wie es in eurem Sprachgebrauch heißt, abzusichern. *Abzusichern!* Das heißt: Du wirst dafür sorgen, dass du in der nächsten Nachtschicht am Holz-B-Turm eingesetzt wirst, du wirst weiter dafür sorgen, dass dein Postenführer einer ist, der absolut keine Schwierigkeiten macht, oder ihn, wenn das nicht geht, ruhigstellen …

Ruhigstellen? fragte ich, und meine Verwirrung stieg auf einen vorläufigen Höhepunkt. Was waren das für Töne? Wie entpuppte sich dieses Mädchen auf einmal? Wer war sie, diese Julia? Konnte ein Mädchen, eine junge Bäuerin von knapp dreißig, solche Worte gebrauchen? Das war ein Jargon, der nicht aus der gewöhnlichen Sprache einer LPG-Bäuerin stammen konnte. Mir stiegen üble Vermutungen auf, aber sie unterbrach meine Gedanken.

Ja, *ruhigstellen*, sagte sie schnell, *notfalls* ruhigstellen. Du weißt, was ich meine?

Nein, das weiß ich nicht. Soll ich ihn erschießen? Oder entwaffnen?

Tu nicht so, du weißt, was zu tun ist. Hast mir ja schon ein paar Mal die Sache mit dem ausgebauten Schloss erzählt. Also … wirst du das für mich tun oder nicht? Es ist das vielleicht letzte Mal.

Wenn du mich gesehen hättest – ein Haufen Scheiße. Aber was hätte ich schon tun sollen? Was hätte ich tun können, frag ich dich – außer *JA* sagen. Nix, das sag ich dir, nix konnte ich tun. Also sagte ich brav: O. K., ich werde da sein und dafür sorgen, dass vonseiten der Grenzer nichts passiert. Kannst dich drauf verlassen. Muss ich eben nochmal mit Holzknie schöntun. Wenn es schief geht und ich übermorgen nicht in dem Abschnitt eingesetzt werde, sag ich dir Bescheid. O. K.? Dann musst du die Sache eben nochmal verschieben. Klar?

Sie lächelte, schien zufrieden. Rauchen wir eine?

Wir rauchten. Auf dem Hof trippelten ein paar Tauben. Hasso, der Hofhund, döste vor sich hin, ließ sich die Sonne auf die Nase scheinen. Seine Kette lag in losen Schlingen neben ihm.

Ich schaute auf die Armbanduhr, es ging auf Mittag, ich musste zurück in die Kaserne.

Wir küssten uns und als ich sie im Arm hielt, da wallte in mir die Leidenschaft noch einmal auf, aber es war nur ein kleiner Ausbruch, der bald wieder verging. Vielleicht lag es an der mangelnden Zeit, ich weiß es nicht ... Julia fing auf einmal zu weinen an. Sie flüsterte irgendwas, das ich nicht verstand. Plötzlich aber entzog sie sich meiner Umarmung, ging zu ihrem Schreibtisch und setzte ohne ein weiteres Wort ihre Abrechnungsarbeiten fort. Die Triumphator-Rechenmaschine klingelte, ratterte, rasselte. Ich stand da, verdattert und wie dumm. Ich weiß noch, wie ich dachte: Scheißweiber! dann verließ ich den Raum. Die Tür fiel ins Schloss. Wir hatten uns grußlos getrennt.

In der Kaserne angekommen und an den dreckig grinsenden Wachen vorbei, ging ich in unsere Stube hinauf. Auf dem Gang traf ich Holzknie. Na, wie war's? fragte er und lachte. Da wusste ich, es war rum, wo ich gewesen war. In unserer Stube Gewusel, die Kameraden bereiteten sich auf das Mittagessen vor, holten ihre Bestecktasche aus den Spinden, einer putzte noch schnell seine Stiefel.

Eh, du Sau, mach das doch draußen, hab gerade die Bude sauber gemacht!

Der Stiefelputzer war Katzschmar, der sich aufregte war mein kleiner Karli. Katzschmar winkte nur ab und wienerte das Leder auf Hochglanz. Karli war zum Fenster gegangen, er starrte wütend hinaus. Ich wusste, der Kleine könnte sich über Katzschmar aufregen, wie er wollte, der würde keinen Deut Rücksicht nehmen. Ich trat zu Karli, legte ihm die Hand auf die Schulter. Lass nur, sagte ich leise, und lauter, seine Majestät hat eben Sonderrechte.

Aber Katzschmar schaute nur kurz auf und spuckte auf sein Stiefelleder. Die anderen standen herum und warteten auf Ottos Kommando. Du weißt, Essengehen nur in der Gruppe. Einzeln gehen gibt es nicht. Und so brummte Otto: Los, wir müssen runter an den Fressnapf. Tretet raus und quatscht nicht so laut. Das mit dem Quatschen war ein durchaus ernster Hinweis. Meist lauerte auf dem Gang irgendein Vorgesetzter, manchmal sogar unser Dicker, um uns die Freude am Fressen zu verkümmeln: *Hier wird nicht gequatscht! Das Ganze kehrt und nochmal von vorn.* Und dann mussten wir wie im Kindergarten zurück in die Stube und wieder raus und antreten und ausrichten und wir hörten „Gefreiter Soundso – warum ohne Koppel?“ oder „Soldat X – Ihre Stiefel sehen saumäßig aus!“ und so weiter und so fort.

Also, Otto hatte schon recht: Schnauze halten und möglichst leise machen, dann gab's den wenigsten Ärger.

Schon als wir den Gang entlang und die Treppe zur Kantine hinabgingen, krochen die Gedanken in mir hoch, wie ich die Sache mit *Julias Grenzdurchbruch* bewerkstelligen könnte. Und, glaub mir, ich blieb dabei vollkommen cool. Vor allem überlegte ich: wen würde ich mir als Postenführer auswählen, und würde es klappen, dass Holzknie, dessen Aufgabe es meistens war, die Postenpaare und Reviere zusammenzustellen, alles so machte, wie ich es wünschte. Also hieß das – zuerst den Postenführer auswählen und dann den Holzknie krallen.

Das war jetzt das Wichtigste. Klaro.

Es gab *Kasslerbraten mit Kartoffeln und Weinkraut.* Ein Scheißfraß und wir wussten, unser Bulettenschmied, dieser Rostocker Brillenheini, hatte mit so was immer die wenigste Arbeit.

Wie bei Louis, sagte Katzschmar und er meinte den kürzlich gesehenen französischen Film „*Brust oder Keule*“, wo Louis de

Funès von einem schlampigen Koch gezwungen wird, dessen vergammeltes Sauerkraut und fauliges Fleisch bis zum Letzten aufzuessen. Louis bekommt Ausschlag und verliert seinen berühmten Geruchssinn als Restauranttester.

Ein paar von uns lachten.

Alles Scheißfertigprodukte! sagte ein anderer und würgte, als ob er kotzen wollte.

Sogar die Kartoffeln bekommt die faule Sau geschält, im Plastikbeutel verschweißt von der Großküche in Römhild, rief ein Dritter. Wir wussten – woher, weiß ich nicht mehr –, die großen Kasslerstücke lagen bei unserem Smutje wochenlang in der vollgestopften Speisekammer, selten im Kühlschrank, weshalb sie danach schmeckten – ranziges, abgelagertes, pappiges Fleisch, grau wie Scheuerlappen, aber mit viel Fett. Wir standen in der Schlange an der Essensausgabe. Viele maulten ganz offen. Wie die Verpflegung – so die Bewegung! Eh, Smutje – bei der nächsten Übung bist du dran. Da zwingen wir dich, einen ganzen Kessel von deinem Scheiß alleine aufzufressen …

Der Koch, der an der Essenausgabe stand, lächelte verlegen, zog an seinem weißen Halstuch, rückte an der Kochmütze, zuckte schließlich die Achseln. Sollte heißen: Er könne nichts dafür, es gäbe einen vom Kompaniechef bestätigten Essensplan.

Mit ein wenig heiserer Stimme stotterte der Smutje: Zu … zu … zum Ausgleich, m-m-morgen gibt's Gummiadler!

Ach du Scheiße, rief einer, willst du uns vergiften?

Vor mir in der Reihe stand *Agostini*. Ein blonder Hühne mit Pickeln und Brille. Er wohnte nicht mit in unserer Bude, sondern übern Gang, wo die 2. Gruppe hauste. Das heißt, er hieß natürlich nicht *Agostini*, sondern Frank Maibaum und er stammte aus dem schönen Erzgebirgsstädtchen Hohenstein. Weshalb er auch, das sag ich dir, ein Erzgebirgisch zum Gotterbarmen sprach.

*Agostini* nannten wir ihn nur, weil er in unserem Zug der Krad-Fahrer war. Manchmal sagten wir auch Giaco zu ihm, nach dem Vornamen des Italieners *Giacomo Agostini* …

Verstehst du, unser Maibaum fuhr eine Zschopauer ETZ 250 ccm. Und Giacomo Agostini aus Brescia in der Lombardei – du weißt, das war der berühmteste Rennfahrer der damaligen Zeit. Wenn nicht überhaupt der allerberühmteste aller Zeiten. Gewann fast jedes Rennen, der Kerl. 15 Mal Weltmeister. Natürlich nicht auf MZ, sondern auf seiner legendären MV Agusta. Ein Star. Klar. Und deshalb Namensgeber für unseren Maibaum. Obwohl der, na ja, berühmt, wohl kaum. Und er war bei uns auch eher für sein *Langsamfahren* berüchtigt statt für Rasereien. Ich glaube, den vierten Gang hat er nicht ein einziges Mal benutzt. Und Vollgas ein Fremdwort für ihn.

In jedem Zug gab es ja drei Kraftfahrzeuge, einen LO zum Mannschaftstransport und so, einen Gelände-Trabbi mit Segeltuchdach und ein Motorrad. In Einheitsgrün allesamt. Also bei uns saß Agostini auf der Feile, sprich der Frank-Uwe Maibaum auf der ETZ. Aber, weißt du, so lang er auch war, so ein „Plaatsch" war er auch. (Verzeih mir, „Plaatsch" kommt aus dem Sächsischen und bedeutet so viel wie Trottel.) Andauernd war etwas an seiner Maschine, meistens Kleinigkeiten – ein kaputter Blinker, die Rückleuchte defekt, Kette locker, Zündkerze verrußt, der Tankdeckel undicht, hinten hält die Luft nicht, Federgabel ausgeschlagen und so weiter, alles Pipifax und man wusste nicht, ob er sich nicht selber diese Vorwände schuf oder übertrieb oder sich was ausdachte, um von lästigen Kompaniearbeiten, manchmal sogar von der Ausbildung oder dem Politunterricht, befreit zu werden. Denn klar: Die Karre musste unbedingt einsatzbereit sein. Und die Offiziere oder noch schlimmer, die Unteroffiziere, null Ahnung von der Technik, höchstens der Schirrmeister, ein Stabsfeldwebel mit dem schönen Namen Knurrhahn, sah in solchen Dingen durch, aber der konnte ja nicht immer zur Stelle sein.

Also Maibaum insgesamt, obwohl „Plaatsch" und Trottel, trotzdem Vorsicht – ein erzgebirgisches Schlitzohr. Ein Pfiffikus ganz bestimmt. Ansonsten tat er ziemlich naiv. Wusste meistens von nichts, egal, ob Politik oder Sonstwas, Kultur, Beat, Film, Fernsehen.

Dos weeß iech net! Hob iech noch net gehört.

Ich stand also hinter ihm in der Essensschlange, und plötzlich schoss es mir durch den Kopf:

Das ist mein Mann!

Der eignet sich für die Julia-Sache, dachte ich. Warum? Keine Ahnung. Nur Gefühl. Denn, pass auf, noch was! Maibaum kann das Maul halten, manchmal sagt er an drei Tagen nur zwei halbe Sätze. Und über sein Privates habe ich noch nie das Kleinste gehört. Also, klar – um den werd ich bei Holzknie für morgen bitten ... aber einen Moment dachte ich auch an Katzschmar, wäre der nicht der Allerbeste? Doch, widersprach ich mir, dem konnte man so wenig vertrauen, wie man ihm im umgekehrten Fall trauen konnte, nach wie vor ein undurchsichtiger Typ, eine schillernde Figur, nee Katzschmar auf keinen Fall ... Und die anderen? Otto, Schnulli und so weiter? Ach nee, da war der Agostini schon die beste Wahl. Also, was soll das Zweifeln und Zaufern, Maibaum ist beschlossen und nun muss nur noch Holzknie ...

Aber, halt, wo ist der überhaupt?

Ich reckte den Hals, aber nirgends entdeckte ich den Feldwebel. Vorhin auf dem Gang, als ich vom Ausgang zurückgekommen war, hatte ich ihn ja erst getroffen, aber verdammt, mir fiel auf einmal ein, dass er da ja in Ausgangsuniform gewesen war, sogar mit Schirmmütze und Lederkoppel. Wollte er in Ausgang? Oder hatte er eine Fahrt zum Regiment nach Meiningen, was manchmal vorkam? Oder war er etwa in den Urlaub abkommandiert? Verdammte Kacke.

Was nun?

Ich fragte einen Unteroffizier, der mir im Wege stand. Er versuchte gerade mit seinem vollen Teller um mich herumzubalancieren. Es war zufällig *Uriah Heep*. Er blieb stehen, hörte sich meine Frage schweigend an, musterte mich dann mit finsterem Blick, sagte, ach ja der Genosse Kniewedel, der sei vor einer Stunde in den VKU gefahren. Hätte wieder Schwein, käme auf diese Weise um zwei Nachtschichten herum. Am Freitag wäre er wieder da ...

In meinem Kopf Panik. Verstehst du, alles, aber auch alles stand auf einmal in Frage. Was sollte ich machen? Wie konnte ich die Postenzusammenstellung beeinflussen? Den Buddy traute ich mich nicht zu fragen, obwohl der, wenn ich vielleicht irgendeine plausible Erklärung für meinen Wunsch, mit Maibaum zum Holz-B-Turm zu gehen, gefunden hätte, womöglich sogar zugestimmt hätte. Denn ich hatte das unbestimmte Gefühl, er mochte mich, ja, ich gefiel ihm offenbar, wenn er auch bei jeder Gelegenheit ironische Bemerkungen gegen mich ausstreute.

Mensch, sag mir, und die Panik rast im Kreis, was hätte ich machen sollen? *König Zufall* walten lassen? Alles drauf ankommen lassen?

Plötzlich – der Rostocker Brillenheini sprach mich an. Der Koch: Eh, Malef, was starrste denn so? Was willst de nu? Gar nix oder nur Kompott? Mensch, träumst du? Mach's Maul auf. Sonst los – rück beiseite, die andren warten.

Ich war in der Essensreihe nach vorn gerückt und sollte jetzt mein Fressen bekommen. Ich schrak auf, stotterte irgendwas. Na los, Smutje, murmelte ich nach einer Kunstpause und ein wenig abwesend noch, tu dir keinen Zwang an, hau ne anständige Kelle drauf, aber nicht zu wenig Fleisch, das sag ich dir, auch wenn's zum Kotzen schmeckt, Fleisch muss sein, und nicht zu knapp, du geiziger Knochen. Klaro? Der Koch beachtete mich nicht weiter, bediente mich, füllte den Teller.

Der Nächste bitte!

Ich nahm den Teller und ging an meinen Platz. Essbesteck in der Arschtasche. Jeder hat bekanntlich in der Kantine seinen Platz. Und wehe, es sitzt mal ein anderer drauf. Dann gibt es Stunk. Wie bei den Schweinen am Trog, die wollen auch immer von derselben Stelle fressen. Aber da wir immer in Schichten zum Essen gingen, sozusagen zugweise, klappte das mit den Stammplätzen meistens ohne Schwierigkeiten. Meiner war am Fenster zum Hof. Äußerste Ecke, Holzbank, am Ecktisch mit der rot geblümten Plastikdecke. Ich setzte mich.

Eh Giaco, mach mal ein bisschen Platz.

Nämlich, pass auf: Neben mir, gebeugt, Maibaum. Er antwortete nichts, rückte mit seinem Arsch ein paar Zentimeter nach links, saß schon ein paar Minuten am Tisch und schaufelte den Fraß ohne links und rechts zu gucken in sich hinein. Hatte Kohldampf? Oder Lieblingsfressen?

Ich: Du sitzt heute aber falsch, Giaco.

Agostini: Host de wos dawider?

Ich: Nee, im Gegenteil, wir sitzen sowieso zu selten nebeneinander, höchstens mal beim Polituntericht … hi, hi.

Agostini: I was net, was de willst …

Ich: Wir könnten mal zusammen auf Schicht gehen, mein halbe Verwandtschaft stammt aus dem Erzgebirge, da gibt's viel zu reden …

Agostini: Su? Woher sein die denne?

Nun musst du wissen, die Erzgebirgler – heimattreu. Kaum fängt man an vom *Geberschе* zu reden, oder dass man diesen oder jenen oder dies oder jenes Dorf oder Städtchen kennt, dann kriegst du die nicht mehr los. Kleben an dir wie Seiffener Spielzeugleim. Deshalb, der Giaco, als ich davon sprach, die Hälfte meiner Verwandten stamme von da oder wohne im Erzgebirge, der Agostini also lebhaftes Interesse. Ganz klar. Er hatte sogar die Gabel mit dem letzten Stückchen Kassler in der Luft stehen gelassen, starrte mich an, lächelte verklärt …

Ich also, entgegne: Ach, so um Aue und Lößnitz und Zwönitz herum. Das sind die, welche ich mit meiner Frau sozusagen mitbekommen habe, aber meine Mutter stammt aus dem Osterzgebirge, Frauenstein und so …

Agostini, mit offenem Maul: Dos gloobst fei net?

Ich: Doch, es ist so. Deshalb sage ich – wir sollten mal ne Schicht miteinander machen. Hätten viel zu erzählen.

Agostini: Do host fei werklich racht, dos sulltn mer emaol.

Ich hinterlistiger Typ feixte mir ins Fäustchen. Den hätte ich erst einmal auf meiner Seite, aber gleich fiel mein Mut wieder in sich zusammen. Wie könnte ich erreichen, dass ich mit ihm zusammen rauskäme, ohne dass Holzknie es bewerkstelligte? Ich sah keine Chance. Weshalb ich – klingt blöd was? – ich dachte nämlich: Soll es eben der Zufall richten. Vielleicht klappt es ja. Und wenn nicht, dann müsste ich Julia benachrichtigen und sie würde alles noch einmal verschieben müssen. Anders keine Hoffnung. Klaro. Freilich, ich hätte mich, wie ich schon sagte, an den Buddy ranwanzen können. Aber nein. Zu feige. Konnte mich einfach nicht überwinden – und es wäre ja auch besser so – ohne Buddy – dachte ich.

Ich stocherte in meinem Fressen herum, stopfte lustlos das lappige, graue Fleisch in mich hinein, wickelte das Weinkraut um die Gabel, zerdrückte die glasigen Kartoffeln in der Soße. Scheiße! dachte ich, wer hätte gedacht, dass ich mich in so eine blöde Sache hineinziehen lassen würde. Auch die kleine Julia fiel mir ein, und sie tat mir leid, dass sie so stur war und unbedingt alles auf eine Karte setzen wollte. Ich stand auf, klopfte Giaco auf die Schultern, brachte meinen Teller halb aufgegessen zurück zur Durchreiche. Scheißfraß! sagte ich halblaut. Der Koch, der hinter der Durchreiche stand und die Teller zurücknahm, warf mir einen bösen Blick zu …

Nachmittags dann Politunterricht. Zeitungsschau wie immer. Hauptmann Bünger, selber lustlos, leierte was vom letzten Plenum des Politbüros, sah von seinem Pult kaum auf. Und ob du's nun glaubst oder nicht, die Hälfte von uns döste oder schlief, die andere Hälfte schrieb Briefe oder machte Kreuzworträtsel. Nur ein paar ganz Eifrige, die Genossen in unserem Zug, es waren nur eine Handvoll Soldaten bzw. Gefreite, lauschten aufmerksam, einer machte sich sogar Notizen. Das war Steno, wir nannten ihn so, weil er alles in seiner Schnellschrift mitschrieb, der war in seinem Heimatbetrieb, einem Karl-Marx-Städter-Metallbaubetrieb, ehrenamtlich Parteigruppenorganisator. *Parteigruppenorganisator!* Was die für Namen erfinden? Also, Steno, humorloser Strebertyp, wir schnitten ihn, wo wir konnten. Ansonsten aber harmlos, ein Theoretiker, Praktisches, Hammer und Nagel und so waren nicht seine Sachen. Um ihn war fast immer ein kleiner freier Raum. In der Stube saß er etwas abseits am Fenster und las in irgendwelchen russischen Historienschinken. *„Stepan Rasin"*. *„Die Reiterarmee des General Budjonny"*. Ostrowski und solche Schriftsteller hatten es ihm angetan. Schichten mit ihm waren sogenannte Schweigeschichten. Also, der Steno schrieb mit und Polit Bünger, der sein schläfriges Auge ausgerechnet auf ihn gerichtet hielt, war es zufrieden und schien uns andere kaum zu bemerken, oder, was du viel eher glauben kannst, er ignorierte uns einfach. Denn er war natürlich kein Blödmann und wusste, wie wir seinen Unterricht „liebten". Aber er, ein Stiller, liebte keine Konfrontation, zog seinen Unterricht durch, machte sein Häkchen dahinter. Lächelte. Erledigt. Er freute sich auf zu Hause. Seine Klassiker lesen. Ruhe haben.

Auch solche Offiziere gab es am Strich …

Dann Abend. Draußen dämmert es. Wir, aufgereiht, dienstbereit uniformiert, stehen und warten auf Buddy und seine Befehlsausgabe. Heißt, die Bekanntgabe der Reviere und Postenpaare. Danach dann Vergatterung der ganzen Kompanie auf dem Hof. Da steht der Chef vor uns, wie immer cholerisch brüllend und auf den Stiefelspitzen wippend.

Also, wir stehen vielleicht drei Minuten auf unserem Gang und flüstern leise miteinander. Plötzlich Getrampel, Buddy kommt angeschnauft, er pflanzt ich auf, rückt das Koppel über seinem Blähbauch zurecht, gibt seine Befehle, teilt die Kladden an die Postenführer aus, darin die Revierkarten und die Chiffren für die Meldungen. Ich bin gespannt. Die letzte Nacht vor der entscheidenden Nacht. Wer wird heute mein Postenführer sein? Wie gesagt – Holzknie nicht da. Der Glückspilz hat Urlaub. Keine Vorwarnung also. Überraschung pur.

Du kannst dir vorstellen, wie mich der Donner rührte, als ich höre:

*Gefreiter Katzschmar und Soldat Malef zum Eichaer Wald!*

Das ist ein sogenanntes Sahnerevier. Zwar als B-Punkt wieder so ein kleiner enger Betonbunker, aber ansonsten viel Ruhe. Gut, nach hinten sind die Hunde an ihren Laufkatzen ein wenig unbequem, weil, du musst wissen, diese Biester machen fast die ganze Nacht Lärm, sausen an ihren Stahlleinen hin und her, haben oft tagelang kein Futter bekommen, damit sie richtig scharf werden. Und ich sage dir, die sind auch wirklich scharf, die reißen jeden, den sie kriegen können, in Stücke, das Futter wird ihnen vom LO mit langen Spießen zugeworfen, keiner, selbst von ihren Pflegern nicht, traut sich in ihre Nähe – aber dafür keine Überraschungen. Dort kommt niemand vorbei. Und jetzt das Schönste. Hör zu: großes Geheimnis! Im Revier gibt es die sogenannte „Heimi-Buche". Wo sie steht, wissen nur wenige und nur Auserwählte, immer nur die Heimis, also Soldaten im letzten Diensthalbjahr, dürfen sich auf ihrem hellgrauen Stamm, der einen Umfang von zehn Metern haben soll, einritzen. Mal sehen, obwohl noch kein Heimi, ob ich Katzschmar überreden kann, mich hinzuführen, denn der kennt auf alle Fälle ihren Standort. Also, Eichaer Wald – prima Revier, das Richtige vor dem großen Ding in der nächsten Nacht ... Mir hüpft das Herz. Komisch, sag ich dir, worüber man sich zu freuen lernt ...

Wir also die Treppen runter. Vorher noch Waffenempfang. Ach, wie ich meine Liddie liebe, die gute Braut, und sie lächelt mich an mit ihrem rehbraunen Plastikkolben und dem mattglänzenden Lauf. Auf dem Hof dann wieder antreten. Vergatterung. Der KC in Höchstform. Brüllt wie ein Fußballtrainer am Spielfeldrand. Parolen, Dienst am Vaterland, heilige Staatsgrenze, jeder Feind ist zu vernichten! Erschöpft und heiser entlässt er uns und klettert in seinen Jeep, brennt sich, noch auf dem Hof, eine Zigarette an.

Wir. Alles Aufsitzen. Rauf auf die Ladefläche. Der Letzte lässt die Plane runter. Scheiße, die Fahrt. Alle Knochen tun einem weh. Ein Gerüttel und Geschüttel, weil Straße nach Eicha in kolossal schlechtem Zustand, vor allem das letzte Stück, ein Feldweg: Loch an Loch, dazwischen größere Steine. Das Kotzen kann einen ankommen. Der Scheißfraß vom Mittag schon auf dem Rückmarsch. *Uuaah, Uulf, Uumpf* ... Mensch, gekotzt wird hier nicht! Behaltet euren Dreck im Magen. Wer hier was rauskleckert – vierzehn Tage LKW-Dienst. Schrubben, bis die Besen glühen ...

An einem steinernen Wegekreuz dann, alt, uralt, verwittert und halb umgesunken, mussten wir runter vom Bock, Katzschmar und ich. Komisch, ich sah das Wegekreuz und es schien mir, als leuchte es von innen, als käme von unten her ein sanftes, blaues, geheimnisvolles Strahlen. Ich getraute mich Katzschmar nichts davon zu sagen. Weißt du, ich dachte, Blödsinn, lächerlich, was soll da leuchten. Der feixt mich bloß aus. Vielleicht ist es auch nur der Tarnscheinwerfer des wendenden LO gewesen, der darüber hinhuschte. Weiß der Teufel.

Also – Schnauze halten. Außerdem: Wir hatten sowieso noch kein einziges Wort gesprochen. Den ganzen Abend nicht. Auch jetzt, während wir die ersten Meter gingen und die Rückleuchten vom LO in der Ferne verschwammen, schwiegen wir. Kein Grund zum Verzweifeln. Ist eben so. Weißt du, Schweigen kann auch wahnsinnig gut tun. Am Bunker angekommen – immer noch kein Wort gefallen. Schweigeschicht? Eine Schweigeschicht bedeutete eine Bestrafung. Wofür wollte mich Katzschmar strafen? Quatsch! Wer weiß, was ihm im Kopf herumgeht. Er wird schon noch herauskommen mit den Schmalzstullen. Nur Geduld.

Aber, Geduld, weißt du – nicht meine stärkste Seite. Meistens halte ich es nicht lange aus.

Ich hab auf die Uhr gesehen, vorsichtshalber. Nach einer halben Stunde – *pfatz!* Geduldsfaden gerissen.

Was ist los FK? frage ich, Stimmbänder kaputt?

Erst sagt er nichts, dann unvermittelt und patzig, beinahe mit Trotz: Geh mir nicht auf'n Sack, Mann. Hast du was zu sagen, was wichtig ist? Mir ist heute nicht nach Quatschen, muss nachdenken … und, die Schicht ist lang. Werden schon noch reden. Also, halt's Maul, Kleiner!

O.k., wenn er „Kleiner“ sagt, dann kann nichts Ernstes dahinterstecken. Dann muss ich warten, bis der Genosse Postenführer geruht, seine Aufmerksamkeit mir zuzuwenden. Klaro.

Und es dauerte auch nur etwas über eine Stunde, dann war es so weit. Wenn auch nicht das geschah, was ich erwartet hatte. Nicht etwa irgendeine Rede oder eine Erklärung, nein, Katzschmar sagte zu mir, kurz, knapp, sogar barsch:

Komm, wir machen eine Erkundungsstreife – ins Hinterland …

Er meldete sich beim Führungspunkt vom nächstgelegenen Anrufemast, meldete sich vorschriftsmäßig „mit Entschluss“, gab irgendwelche chiffrierten Daten durch, „führen Grenzstreife von Planquadrat Soundso zu Planquadrat Soundso durch, melden uns x plus 50 Minuten wieder vom alten Standort“, alles klang ganz routiniert und unterkühlt. Wir gingen los …

Katzschmar hatte mir nichts weiter erklärt und so wusste ich auch nicht, wo wir hinmarschierten. Wie gesagt, auch jetzt redete er nichts. Diesmal lief er vorneweg, ich hinterher. Wird schon noch, sagte ich mir, der wird schon noch auftauen und ich hatte das unbestimmte Gefühl, bald irgendeine Überraschung zu erleben. So latschte ich hinter ihm her und hielt den Mund. Es war eine dunkle, sternenlose Nacht, mit schnell ziehendem Gewölk. Am frühen Abend hatte es geregnet. Es roch schon frühherbstlich, obwohl mitten im Sommer. So liefen wir eine knappe halbe Stunde. Erst freies Feld und Wiese, dann ein Wäldchen, dann wieder eine Wiese, diesmal Weide, wo kürzlich die Rinder gewesen waren. Tretminen noch und noch. Es roch nach Kuh. Schließlich dichter Mischwald, der typische Wald der Gegend, mit zahlreichen Buchen, Eichen und Linden, auch ein paar Schwarzpappeln, dazwischen Fichten, Kiefern, Birken. Genaues konnte ich nicht ausmachen, war ja auch egal. Es war finster wie im Bärenarsch. Und es wurde immer schwärzer, je tiefer wir in den Wald eindrangen. Ich lauschte. Doch nichts Verdächtiges war zu hören. Die typischen Geräusche, welche man nachts im Wald hört, ich kannte sie inzwischen: Ästeknacken, Rascheln, das leise Rauschen der Baumkronen, die verschlafenen Rufe eines Waldvogels. Eine Sinfonie der Töne und Geräusche, ohne Pausen, einförmig, unaufdringlich.

Wo führt der Kerl mich nur hin? dachte ich. An die „Heimi-Buche“ dachte ich nicht. Naturgemäß nicht. Warum auch. Wie es immer ist, an den Nächstliegende denkt der Mensch zuletzt. Und es war ja auch ziemlich unwahrscheinlich, dass mich Katzschmar jetzt und hier an diesen heiligen und geheimnisumwitterten Ort führen würde. Ich war ja noch lange kein Heimi und durfte den Baum schon deshalb nicht sehen. So waren die Regeln. Das war mir klar. Und Katzschmar hielt sich an die Regeln. Also wohin, verdammt? Wohin??

Jetzt aber, pass auf! Stell dir vor, mitten in unserem Trott blieb mein Vordermann plötzlich stehen. Unvermittelt und mit einem Ruck. Beinahe, auch, weil es so stockdunkel war und wir dicht hintereinander gingen, wäre ich auf ihn aufgelaufen.

Kannste nich was sagen? brummte ich, hätte mir beinahe deine Knarre ins Gesicht gerammelt. Blöder Knaller, eh. Katzschmar nämlich trug seine MPi wie ein Krähenförster, Trageriemen extrem verlängert, Kolben nach unten und leicht nach vorn, sodass der Lauf wie ein Dorn über seine rechte Schulter schräg in die Höhe ragte. Man konnte sich, hinter ihm gehend, wenn man nicht aufpasste, ganz schnell „aufspießen" ...

Na na, warnte Katzschmar leise und unterdrückte ein Lachen, nicht diese Töne, Genosse Soldat. Außerdem: Wer auffährt, ist immer schuld. Sicherheitsabstand!

Was'n los? fragte ich.

Wirst du gleich sehen, Kleiner. Dreh dich mal rum.

Folgsam machte ich eine Kehrtwendung. Ich wusste, jetzt kommt sie – die Überraschung.

Jetzt, Arme runter! kommandierte der Postenführer, stillgestanden! Keinen Mucks!

Katzschmar trat von hinten an mich ran, er verband mir die Augen. Erst zuckte ich zusammen, dann ließ ich es geschehen. Ich fühlte mit beiden Händen. Er hatte ein langes Tuch genommen, es war weich, vielleicht seine „Oma" – so nannten wir den Kopfschutz, grau und aus einem wollartigen Stoff, der im Winter hilfreich war, weil er Kopf und Hals gleichzeitig schützte. „Oma" hieß er, weil man darin aussah wie ein altes eingemummeltes Mütterchen.

So, jetzt wieder umdrehen! kommandierte Katzschmar. Du läufst jetzt hinter mir her, fass den Lauf der MPi an, damit du nicht stolperst oder verloren gehst. Wir werden jetzt eine knappe Viertelstunde so laufen, dann sind wir am Ziel und ich nehm dir die Augenbinde wieder ab. Du wirst sehen, was von euch noch keiner sah und was du auch nicht wieder sehen wirst. Die Augen hab ich dir verbunden, damit du den Weg dahin niemals findest. Klar?

Wozu so ein Mummenschanz? wagte ich zu fragen.

Keine Antwort.

Gehen wir etwa zur „Heimi-Buche"?

Keine Antwort.

Ich hätte es auch so nicht verraten, werde es auch nicht wegpfeifen.

Keine Antwort.

Los, sag, was du vorhast und wohin es geht, FK? Oder … oder … ich bleib hier stehen und rühr mich nicht von der Stelle.

Wieder keine Antwort. Stattdessen spürte ich einen heftigen Schlag in die Kniekehlen. Er war mit dem MPi-Kolben ausgeführt. Mach keine Zicken, Kleiner, sagte Katzschmar, sonst schlag ich beim nächsten Mal vorne drauf. Los jetzt.

Er ging los, ich ergriff wie befohlen seinen MPi-Lauf und trippelte hinter ihm her.

Katzschmar machte große Schritte, ich weiß nicht, ob er das mit voller Absicht tat, um mich zu massakrieren, ich jedenfalls fiel vom Trippeln in eine Art Trab. Krampfhaft hielt ich den kalten metallenen Lauf fest, denn mir war klar, wenn ich losließ, würde ich im nächsten Moment auf die Schnauze fallen.

Geht's noch? fragte Katzschmar. Ich antwortete nicht, keuchte verzweifelt und trabte weiter. Los, durchhalten, Kleiner, und lass den Lauf nicht los, sonst … Schnauze im Dreck.

Du kannst dir nicht vorstellen, wie mir zumute war, so wie ein Blinder durch den Wald zu stolpern und immer im Kopf die Gedanken: Du musst festhalten! Festhalten! Was soll das? Wo geht es hin? Und warum mit verbundenen Augen? So ein Blödsinn!

Die angekündigten fünfzehn Minuten verrannen nicht, es kam mir wie eine Ewigkeit vor. Von den Waldgeräuschen hörte ich nichts mehr, nur unsere stapfenden Schritte und raschelndes Laub, brechende Zweige, auf die wir traten. Auch geriet ich in Schweiß, das Wasser rann mir nur so ins Genick, unter dem Tuch kochte die Gesichtshaut.

Sind wir bald da? Mach mal ne Pause. Bitte.

Keine Antwort, im Gegenteil, Katzschmar schien seine Schritte zu beschleunigen.

Bitte, bleib stehen, ich kann nicht mehr.

Halt durch, Kleiner. Kneif die Backen zusammen, scheiß dir nicht ein …

Bitte. Stehenbleiben. Die Binde verrutscht … das war von mir gelogen und ein Trick, aber er wirkte. Katzschmar blieb tatsächlich stehen, fuhr herum, betastete die Augenbinde, zog sie fester, brummte: Wenn du mich nochmal verarschst, Kleiner, dann setzt's was. Nichts ist locker gewesen, du Scheißer. Komm, weiter ... Wir haben keine Zeit, müssen pünktlich zurück sein, und als ich was zu sagen ansetzte, zischte er: Halts Maul jetzt, oder ... Weiberallüren!

Wir gingen weiter. Ich spürte, dass der Wald lichter wurde, ein Lüftchen wehte, unsere Tritte hatten einen anderen Klang. Wir liefen durch Pfützen, es patschte, Wasser spritzte hoch.

Halt, eine emporragende Wurzel! rief Katzschmar und stützte mich am Arm.

Gleich geschafft, Kleiner!

Ein paar Augenblicke gingen wir weiter, dann ein plötzliches Halt!

So, jetzt darfst du, sagte Katzschmar und seine Stimme hatte einen fast väterlichen Klang. Er nahm mir die Binde ab. Es war tatsächlich eine „Oma". Im ersten Moment sah ich nichts, denn es war ja dunkel, eine Stunde nach Mitternacht. Aber, es war nicht so schwarz wie eben noch im Wald. Wir standen auf einer kleinen Lichtung. Und nun pass auf! Am Himmel rissen, als wäre es bestellt worden, in diesem Augenblick die Wolken auf, die Silberscheibe des Mondes kam durch und tauchte alles in ein fahles mattes Licht.

Wir standen, wie ich sagte, auf einer Lichtung. Nicht groß war sie, vielleicht wie ein Achtelfußballfeld, umstanden von dichtem Unterholz und einer Galerie verschiedenster mittelgroßer Bäume, die ihre Schatten auf die freie Fläche warfen.

Und in ihrer Mitte – ein weit ausladender riesiger Baum.

Eine Buche, von gewaltigem Umfang, mit heller, im Mondlicht silbergrau schimmernder Rinde. Majestätisch stand der Baum, schwarzgrau und schweigend, die Äste wie zum Schutz gebietend ausgebreitet, die freie Fläche ringsum füllten sie aus. Es schien, als ob sie den Waldrand wie mit Fingerspitzen erreichen könnten oder als ob die anderen Bäume aus Achtung und Ehrfurcht zu einem sie umgebenden Kreis ausgewichen wären. Wie ein Symbol, wie ein Mahnmal, ach was, wie etwas ganz und gar Heiliges wirkte dieser Baum.

Katzschmar brauchte nichts zu sagen. Und er sagte auch nichts. Denn das war sie – die *„Heimi-Buche"*.

Ich stand eine Weile stumm und staunte. Eine plötzliche Feierlichkeit hatte mich ergriffen. Als ob man auf einen heiligen Hain tritt oder in eine uralte Kirche oder an die Grabstätte der Ahnen – so war mir. Und ich beschloss, ich würde nicht als Erster den Mund aufmachen, ich fühlte, das kam mir nicht zu. Schweigend hatte ich Katzschmar die „Oma" zurückgegeben, schweigend hatte er sie genommen und weggesteckt.

Und plötzlich, jetzt hör zu, sprach Katzschmar zu mir, und ich erschrak, wie ich in der nächtlichen Stille auf einmal eine Menschenstimme hörte, und es war so ungewöhnlich und vieldeutig, was er sagte, vielmehr, was er von sich gab, dass ich fast den ganzen Rückweg und auch später noch darüber nachdenken musste. Denn Katzschmar stand ganz stille, unbeweglich und wie festgeschraubt, fast, als ob er beten wollte, und er deklamierte die folgenden Verse:

*Heilige Buche im Eichaer Wald,*
*bist schon viele hundert Jahre alt,*
*hast manchen Soldaten kommen gesehen,*
*Hunderte an dir vorübergeh'n,*
*von denen der eine und andere tot,*
*gemeuchelt von Mördern und ohne Not,*
*gib drum, du Heilige Buche mir,*
*den Segen und Leben und Liebe hier …*

Ich, du kannst dir vorstellen, ich war völlig perplex, wie vom Donner gerührt durch dieses archaische Ritual, wagte mich nicht zu mucksen. Scheiße! Was ist das? Eine alte germanische Feier? dachte ich, wo bin ich hingeraten? Gibt es denn sowas überhaupt? Ist das wirklich oder träum ich etwa? Richard Wagner fiel mir ein und Parsifal und das ganze furchtbar alberne und so typisch deutsche Heldenpathos … wenn sich jetzt wie von Zauberhand ein Orchestergraben aufgetan und die Wagnersche Musik mit all ihren schmetternden Trompeten- und Fanfarenstößen, dem ganzen hymnischen Rausch, eingesetzt hätte, es hätte mich nicht mehr in Erstaunen versetzen können …

Katzschmar hatte seine Deklamation beendet, er hielt inne und legte die flache Hand mit großer Feierlichkeit auf die hellgraue Rinde des Stammes, er verharrte, als ob er sich besinnen müsste, verharrte vielleicht fünf Sekunden, ehe er weitersprach.

Dabei war seine Rede jetzt an mich direkt gerichtet, aber, stell dir vor, er sah mich nicht an, sein Blick ging stattdessen in eine unbestimmte entrückte Ferne. Katzschmar, der Ritter der Heiligen Buche, wie ein keltischer Druide kam er mir vor, und in feierlichem Ton sagte er zu mir: Nun wirst du ein Geweihter sein, Kleiner. Wenn du den Stamm der Buche mit der flachen Hand berührst, gehörst du zu uns. Nimm es als große Auszeichnung, dass man dich schon vor deiner Grenzervolljährigkeit hierherführt, nimm es als eine große Tat von mir, deinem Gönner und Freund. Aber ich weiß, warum ich dies tue, glaube mir, ich weiß es ganz genau. Eine große Prüfung steht dir bevor, und für die solltest du gewappnet und geschützt sein durch den Heimi-Bund und sein Symbol, unsere alte Buche. Und wir nehmen dich hiermit feierlich auf in unseren Bund, durch mich, einen seiner ersten Brüder. Also komm, leg deine flache Hand auf den Stamm, auf die nackte Haut dieses Baumes, berühr sie, unsere Heilige Buche …

Halb verstand ich, was er sagte, halb zweifelte ich, dass dies alles ernst gemeint wäre, und einen Moment lang dachte ich sogar, es wäre ein grandioser Klamauk, gleich kämen andere Heimgänger, Gefreite, Soldaten unserer Kompanie hinter dem Stamm hervor und lachten sich halb tot über mich naiven Trottel.

Aber es kam niemand. Ich war mit Katzschmar, dem Ersten Bruder des Heimi-Buchen-Bundes, wie er sich nannte, allein, allein im Eichaer Wald, allein bei der sogenannten Heiligen Buche. Langsam sickerten seine Worte auf den Grund meines Bewusstseins und ich erschrak.

Was hatte er mit „eine große Prüfung steht dir bevor“ gemeint?

Konnte er von der bevorstehenden Aktion mit Julia wissen? Das war ganz und gar unmöglich. Das konnte nicht sein. Trotzdem, bei Katzschmar war ich mir nie ganz sicher gewesen, welches Spiel er spielte, und immer war ich überrascht, wie gut er informiert war. Alles wusste er, alles erfuhr er, immer war er im Bilde.

Woher stammte dieses Wissen? War er ein Stasi-Spitzel? Nein, nein, das schien mir abwegig und unmöglich. Aber warum dann seine Hinwendung zu mir in der letzten Zeit? Und gerade jetzt, da ich mit Julia ... Dies schien beinahe auffällig.

Also gut. Ich trat an den Stamm heran und legte meine Hand auf die Rinde. Sie fühlte sich feucht und kalt an. Ich Blödmann, was hatte ich erwartet? Etwa Pulsschlag und eine menschliche Körpertemperatur? Trotzdem, stell dir vor, der Wahnsinn, auf einmal fühlte ich einen Puls, ein gleichmäßiges, schnelles Klopfen unter meiner Handfläche. Was war das?

Katzschmar trat heran, legte mir seine Hand auf die Schulter. Na, spürst du deinen eigenen Puls? Das ist die Aufregung, mein Lieber. Nichts weiter. Du darfst, wenn du willst, jetzt noch eine Einritzung machen, ein Monogramm oder sowas hinterlassen. Wir erlauben es dir. Eine Riesenehre. Schau, wer sich hier schon alles verewigt hat. Streng die Glotzen an. Du siehst es trotz Dunkelheit. Der Samm ist hell.

Und ich blickte am Stamm empor, blickte zur Seite, nach links, nach rechts, überall sah ich zahllose Gravuren und Einritzungen. Zwanzig, fünfzig, Hunderte. Manche schon alt und von der ihre Wunden schließenden, wuchernden Borke des Baumes oder grünlichem Moos halb überwachsen. Andere noch ganz neu, das weißgelbe „Baumfleisch" entblößend. Ungelenk, mit zittriger Hand manche, andere routiniert, mit sicheren Fingern eingekerbt, künstlerisch anspruchsvoll. Auch die Buchstaben, die Zahlen, die Sprüche waren von großer Vielfalt. Zahlen in arabischer, in römischer Schreibweise, große und kleine Buchstaben, den Anfang der Namen bezeichnend oder komplette Wörter, Worte wie „Liebe", „Treue", „Ehre", aber auch ganze Namen, alle möglichen Familiennamen und Vornamen, von Müller bis Bogenhusen, von Lehmann bis Kurzweg-Schradt, Namen landauf, landab, typisch norddeutsche Namen, sächsische, bayrisch anmutende Namen, stammend aus Südthüringen, lustige und zotige Spitznamen, sexistische Worte, auch eine eindeutig pornografische Zeichnung, dann wieder Scherzworte, auch Schimpfworte und ausgesprochenen Blödsinn wie „Wer das liest, ist doof!".

Einer hatte mit breitem Messer geritzt *„Ich diene der Deutschen Demokratischen Republik"*, darunter eine Jahreszahl 1968, ein anderer „Meinem Vaterland", wieder einer in runenhafter Schrift nur das Wort *„Deutschland"* und schließlich ganz oben, fast außer Reichweite entdeckte ich den Spruch *„Deutschland – einig Vaterland"*, diesmal mit ganz neuer Datierung, *Februar 1972*, also erst vor einem halben Jahr in die Rinde der Heiligen Buche geritzt ...

Katzschmar schwieg die ersten Minuten, er lächelte, ließ mich lesen, ließ mich staunen, er kommentierte nichts, wiederholte nur: Ritz dich ein, Kleiner, indes, es ist kein Zwang. Bedenke aber, dass es wahrscheinlich ist, dass du niemals wieder hierherkommst.

Ich nahm das Seitengewehr, zog es aus der Lederhülle, begann an einer freien Stelle in Brusthöhe meine Arbeit. Erst wusste ich nicht, was ich einritzen sollte, dann fiel mir etwas ein.

Stell dir vor! *Toller Einfall!* Ha, ha, ha ... da würden die Genossen der Sicherheit, wenn sie überhaupt je hierherkämen, lange brauchen, um dahinterzukommen. Ich ritzte nämlich in altgriechischer Sprache einen kleinen Satz ein, du weißt, drei Jahre Altgriechisch an der Penne, der Satz hieß: *„χύθηκε αρκετό αίμα"* – bedeutet auf Deutsch: *„Es ist genug Blut geflossen!"*

*Revolutionärer Satz das! Und sowas hier am Strich! Die Rache des Bildungsbürgers* – Katzschmar, der mir zugeschaut hatte, konnte die Worte natürlich nicht entziffern. Klar. Hätte mich schwer gewundert, wenn doch ... Deshalb: Ein wenig unwirsch fragte er: Eh, Kleiner, was kritzelst du da? Ist das etwa Russisch? Ich schüttelte den Kopf:

Nein. Das ist Altgriechisch, Genosse Postenführer!

Altgriechisch? Eh, wieso ...? Vielleicht ein Spruch vom alten Sokrates?

So ungefähr, sagte ich und unterdrückte ein Lachen, aber, bitte, frag mich nicht weiter – ich will ihn nicht verraten, diesen Spruch. Er soll mein Geheimnis bleiben ...

Gut, gut, meinetwegen, o. k., brummte Katzschmar, irgendwer wird's schon rausbekommen. Hoffentlich ist's keine Schweinerei ... oder schlimmer, ein Pornospruch ... oder was Politisches.

Nein, beruhigte ich ihn, sowas nicht, eher was Philosophisches. Was Weltphilosophisches.

Na gut, lassen wir das jetzt, sagte Katzschmar und schaute auf die Uhr. Wir müssen los. „Zwanzig nach" will mich der Buddy vom Mast an unserem Bunker hören. Klaro? Komm also her, ich muss dir wieder die Augen verbinden.

Aber, aber ... ist das nötig, ich denke, ich bin jetzt ein Geheimbündler?

Quatsch nicht, es ist notwendig, sagte Katzschmar, wenn ich es sage, also komm her. Ich trat an ihn heran, drehte mich folgsam um und Katzschmar verband mir mit „meiner Oma" die Augen. Der Stoff roch schon ein bisschen verschwitzt. So riecht also mein Schweiß, dachte ich. Und jetzt würde noch mehr dazukommen.

Wir gingen los. Mir fiel auf, der Weg war nicht derselbe: Andere Geräusche, andere Bodenbeschaffenheit, es roch anders. Ich fragte: Das ist doch nicht derselbe Weg?

Keine Antwort von Katzschmar.

Eh, wiederholte ich, ein anderer Weg, warum?

Wieder keine Antwort.

Nach einer Minute: Halt dich an der MPi fest und komm. Übrigens, wer viel fragt ... Und er ließ offen, welche Antwort er geben wollte.

Eine knappe halbe Stunde Fußmarsch. Dann „Oma" runter. Ich sah: Über uns der Vollmond. Am Horizont färbte sich der Himmel hell. Aber überall noch die Stille der Spätsommernacht. Es war kurz vor drei Uhr morgens. Gleich würden die ersten Vögel erwachen. Wir kamen o. V. am alten Standort an, Katzschmar meldete sich am Mast beim FP, ich kroch in den Bunker. Als er zurückgekommen war, machte er, wie am Anfang der Schicht, nicht das Maul auf. Ich wusste nicht warum und ich fühlte mich verunsichert. Was wollte er mir beweisen? Wozu schwieg er derart eisern? Ein Test? Ab und zu dachte ich an das eben Erlebte, an die uralte Buche, an die dort eingeritzten Sprüche, an Katzschmars schwülstige Rede, den Schwur und an meinen griechischen Spruch. Plötzlich kam der mir albern und überzogen vor. Großspuriges Oberschülergehabe. Ja, ich schämte mich sogar. Sowas

Blödes. Was für ein Affe hatte mich nur geritten? Wäre ja wie eine Art Visitenkarte. Verdammte Scheiße. Blöde Angeberei, und in mir verfestigte sich der Glaube, eine regelrechte Dummheit begangen zu haben. Im Zusammenhang mit dem Vorhaben für die kommende Nacht wäre der griechische Spruch ganz bestimmt ein Indiz und ich führte die Stasi geradewegs zu mir. Sie würden den Spruch entdecken, vielleicht kontrollierten sie die alte Buche Tag für Tag, ja ganz bestimmt taten sie das, und da ich die griechischen Worte noch mit meinen Anfangskürzeln verziert hatte, würde dem dümmsten Ermittler klar werden, wer hier dahintersteckte. Ach, ich hatte denen einen Fingerzeig gegeben, wie ein Tier, das vor seinen Verfolgern herumspringt, um sie erst recht auf sich aufmerksam zu machen. Angst kroch mir die Seele hinauf wie Sodbrennen nach zu fettigem Essen, Herzklopfen, Schweiß kam dazu – all das quälte mich. Und von diesen Ängsten und Zweifeln und dem weiter anhaltenden Schweigen Katzschmars geplagt und gequält, verging der Rest der Nacht, schmolzen die letzten Stunden zu Minuten, die Schicht verging ohne irgendein Vorkommnis und wir ritten wieder auf dem hölzernen Rücken des LO in die Kaserne ein.

Ohne ein Wort trennten wir uns, Katzschmar und ich. Ich sehe ihn noch, wie er sich nach der Waffenabgabe am Ende des Flures zu mir umwandte, mir einen langen, unendlich langen Blick zuwarf, ohne ein Wort, wie gesagt, mit schreiendem Schweigen, und wie wir dann jeder unserer Wege gingen, hinein in den Alltag der Kaserne. Das war um etwa acht Uhr am Morgen.

Elf Stunden später. Am Abend desselben Tages um sieben Uhr wurde zur Befehlsausgabe gepfiffen. Zug! *Antreten! Befehlsausgabe!* Wir mussten uns auf dem Flur aufstellen. Gruppenweise. Dann das übliche Warten. Mein Herz klopfte wie wild. Das Karussell kreiste, ich hatte nichts tun können. Holzknie war im Urlaub. Und an Buddy hatte ich mich nicht herangetraut. Mochte nun kommen, was kommen wollte. In wenigen Minuten würde klar sein, mit wem ich hinaus in die Nacht müsste und in welchen Abschnitt wir kommen würden. Würde Julia eine Chance haben oder nicht. Sollte ich beten? Würde Gott mich, einen elenden Atheisten, einen Wortbrüchigen, einen notorischen Feigling, anhören? Wir standen und warteten. Buddy, der die Befehlsausgabe vornehmen würde, ließ sich wie immer Zeit. Wahrscheinlich kam er direkt von zu Hause, hatte noch am Abendbrottisch gesessen oder seiner jungen Frau unter den Rock gegriffen, der Ältesten die Hausaufgaben durchgesehen, im Fernsehen eine Kindersendung angeschaut oder irgendwas gebastelt oder gelesen oder auf dem Klo gesessen und Kreuzworträtsel gelöst. Mochte die Bande doch da drüben warten, würde er sich sagen und auf die Uhr schauen, er käme schon im rechten Moment. Er käme immer im rechten Moment, als Zugführer. Dann würde er seiner Frau einen Kuss geben, sich Kampfanzug und Gürtel anlegen, Pistole umschnallen, das Offizierskäppi vor dem Spiegel aufsetzen und die paar Meter zur Kaserne hinübergehen, in aller Ruhe, an der Wache vorbei, zur hinteren Tür herein, die Treppen hinauf, beim OvD die Befehlskladden in Empfang nehmen und dann die Schwingtür aufstoßend zu uns auf den Gang treten. Breit feixen: Und schon bin ich da, Genossen!

Der diensthabende Unteroffizier brüllte *„Achtung!"* – wir standen stramm. *„Guten Abend, Genossen!"* – *„Guten Abend, Genosse Oberleutnant!"*

Wir durften bequem stehen. Der Dicke pflanzte sich vor uns auf und sein Gesicht – feist, breit, feixend, voll unterdrückter hämischer Vorfreude, nahm einen wichtigen Ausdruck an. Fast, ich sagte es schon, wie das Gesicht des Duce damals auf seinem Balkon in Rom. Sogar auf den Zehen wippte er, unser Buddy. Genau wie der Duce damals. Und seine Stiefel, blank gewichst, glänzten und knarrten. Er wusste – wir alle wahnsinnig gespannt, weil, der entscheidendste Augenblick des Tages: *Wer mit wem, wohin?*

Und jetzt pass auf! Meine Nerven – zum Zerplatzen angespannt. Alles um mich her – wie in Zeitlupe: Der Dicke zieht die braune Lederkladde aus dem Brustausschnitt seiner Uniformjacke – er trägt wie wir den Ein-Strich-kein-Strich-Tarnanzug, natürlich mit seinen Oberleutnantsschulterstücken und der goldenen Spange, aber die Schulterstücke sind nicht silbern, sondern in tristem Feldgrau, nur die Spange glänzt. Warum trägt er sie? Angeber, der – er wirft einen Prüfblick über unsere Köpfe, schaut keinem ins Gesicht. Dann lässt er uns stillstehen. Ein albernes Gehabe, denn zur Befehlsausgabe gibt es dazu keine Notwendigkeit. Er will nur den Zugführer rauskehren. Blöder Affe. Ist so alt wie ich, der Kerl – sechsundzwanzig. Zwei Kinder hat er schon, obwohl erst drei oder vier Jahre verheiratet.

Mit wichtigtuerischer Miene schlägt er die Kladde auf. Opernsänger mit Notenheft bei einer konzertanten Aufführung! Er zieht seine dunklen, starken Augenbrauen hoch, wieder Opernsänger, bevor der vom Dirigenten den Einsatz bekommt. Doch unserem Buddy gibt keiner den Einsatz, den gibt er sich selber. Aber, pass auf, bevor er das erste Wort herauslässt, verzieht er den Mund, lässt seine großen gelblichen Zähne sehen wie ein Pferd beim Anschirren. Er hat wulstige, dickblutrote Lippen über einem Fettfaltendoppelkinn. Ich denke an seine Frau, sie ist klein und halbwegs hübsch. Was empfindet sie, wenn er sie küsst? Oder wenn er sie mit seinen Dickfingern begrabscht? Was empfinden Ehefrauen überhaupt beim Küssen? Ekel? Begierde? Lust? Abscheu? Langeweile? Oder einfach gar nichts?

Buddy hält seine Vorrede, die Rede vor der Rede. Quatscht irgendwas, was er am Abendbrottisch aus der Zeitung gelesen oder im Fernseher bei der „Aktuellen Kamera“ gesehen hat:

Quatscht einfach nach, was der Sprecher Klaus Feldmann mit wohlklingender Stimme herausposaunt hat – die Partei, die Partei, die Beschlüsse der Partei, der Kampfauftrag, der Frieden, den wir angeblich jeden Tag sichern, blah, blah, blah. Ich sehe aus den Augenwinkeln bei den Kameraden die gleiche Langeweile, dasselbe Angeödetsein wie ich es empfinde, aber wir stehen im Stillgestanden und wir dürfen nicht wackeln und wir dürfen nicht quasseln und eigentlich dürfen wir sogar nicht einmal denken. Im Stillgestanden wird nicht gedacht, da werden einfach nur die Muskeln angespannt. Spruch von unserem KC. Famos, was? Klaro.

Endlich ist er fertig, unser Dicker. Jetzt kommt die Hauptsache. Der spannende Punkt:

*Wer geht wohin und mit wem?*

Der Buddy weiß, dass wir darauf lauern, und so macht er es spannend, er lässt sich Zeit. Ja, er beäugt uns ein paar Sekunden genüsslich aus seinen dunklen, beinahe winzigen, vom Gesichtsfett halb zugewucherten Äugelein. Und da! Ich sehe – ist es Zufall, ist es Absicht – seine Blicke gleiten schon zu den Paaren, die er gleich für acht Stunden per Befehl vereinen wird. Natürlich hat er unsere Aufstellung, die Verteilung der Reviere im Kopf, er hat sie sich ja schließlich ausgedacht. Nach welchem Prinzip wissen wir nicht genau. Es ist wie ein Würfelspiel oder wie Kartenmischen. Manchmal kann man es durchschauen oder erahnen. Meistens nicht. Wir lassen uns überraschen. Du weißt, ich schrieb es schon, jeder von uns hat natürlich seine Vorlieben, mit wem er gerne an den Strich gehen würde und mit wem weniger. Es gibt unter uns nur ganz wenige wirkliche Freundespaare. Das liegt auch an dem Prinzip dieser Postenaufstellung, es sollen keine Freundschaften entstehen, immer sollen wir einander ein bisschen fremd sein, einander auch ein wenig misstrauen. Der Sicherheit wegen, wird uns eingeredet, wenn wir mal danach fragen. Auf alle Fälle, Fazit, es werden gerne Paare zusammengestellt, die längere Zeit oder noch gar nicht zusammen auf Grenzdienst waren. Verstehst du jetzt, dass ich deshalb heute, dass ich jetzt, kurz vor der Verkündung der Einsatzbefehle, besondere Hoffnung habe, genau den Postenführer zu erwischen, den ich mir eigentlich gewünscht habe – den Maibaum nämlich, unseren Giacomo Agostini? Aber es bleibt ein Hoffen, denn ich habe keine Ahnung, wie der Dicke für die kommende Schicht die Karten gemischt hat. Du weißt, mein Joker Holzknie im Urlaub. Über den hätte ich sichere Chancen gehabt. Oder sagen wir – vielleicht hätte ich die gehabt. Noch größeres Würfelspiel, klar – die jeweiligen Reviere. Ich müsste ja, wie du weißt, wenn ich Julia bei ihrer Aktion helfen will, am Holz-B-Turm eingesetzt werden. Wird das klappen? Wirklich, absolute Glückssache. Ich fühle, wie mein Herz zu klopfen beginnt. Der Dicke, immer noch bei seinem Augenspiel, nickt jetzt zufrieden. Seine Lippen glänzen feucht, ein Speicheltröpfchen links im Mundwinkel.

Er sagt in seinem öligen Ton: Es werden folgende Postenpaare befohlen!

Buddys Augenbrauen sind auf ihrem höchsten Punkt angekommen, die Stirn liegt in Falten. Und nun beginnt er die Reviere und die dafür vorgesehenen Postenpaare vorzulesen. Mein armes Herz blubbert wie verrückt. Namen und Namen und Reviere. Eine endlose Reihe, obwohl so viele sind wir ja gar nicht, vier Gruppen à zehn Mann, macht vierzig, dazu vier Unteroffiziere, der stellvertretende Zugführer. Halt! Holzknie fehlt ja. Wer wird ihn ersetzen? Keiner? Seine Stelle muss ein anderer einnehmen. Wer? Sie bleibt heute unbesetzt. Die Namensnennung geht weiter. Der Dicke lässt sich Zeit. Langsam, und dabei immer wieder aufblickend, liest er aus seiner Kladde vor. Er liebt die Überraschung, er lauert auf die Freude oder die Enttäuschung auf unseren Gesichtern wie ein hämischer Familienvater, wenn seine Kinder zu Weihnachten ihre Geschenke auspacken.

Ich bin noch immer nicht dabei.

Ich sage dir, du glaubst es nicht, das war Folter pur. Was ist los? denkt es in mir – *in meinem Kopf Gedankenkarussell.* Werde ich ausgelöst aus dem Grenzdienst? Werde ich zur Wache abkommandiert? Muss ich, wie schon einige Male, den LO fahren? Oder den P3 vom Alten? Bin ja Ersatzkraftfahrer und deshalb immer in Bereitschaft.

Oder ist man mir auf die Schliche gekommen?? Ist jetzt alles aus?? Erfolgt hier vor der Truppe meine Enttarnung und dann die Verhaftung? Ab nach Schwedt? Oder schlimmer – Bautzen, Torgau und so weiter? *Genosse Malef! Wie uns die Genossen der Sicherheit mitgeteilt haben, sind Sie an einem Anschlag auf die Staatsgrenze der Deutschen Demokratischen Republik beteiligt. Sie werden hiermit …* – nein, Gott sei Dank – alles nur meine blöde Fantasie, alles Einbildung. Der Dicke liest weiter Namen und Reviere vor, macht dabei immer auch ein paar dumme Bemerkungen. Witze über diesen und jenen, meist Abfälliges. Ist so seine Art. Er liebt nicht nur unsere Überraschung, nein, er freut sich, wenn wir uns ärgern, wenn er uns quälen und erniedrigen kann. Sadist, der. Ein Schwein ist unser Dicker, auch wenn er unter den

Vorgesetzten unserer Kompanie noch einer von den Sympathischsten ist. Da kannst du dir vorstellen – was wir noch so haben. Aber du kennst ja schon ein paar – den Weingärtel, den Bünger, unseren Alten …

In meinem Kopf weiter Panik. Und. Das Herz galoppiert mit Höchstgeschwindigkeit. Lange halt ich das nicht mehr durch, verdammt. Schweiß tropft mir ins Genick. Hinter mir steht Otto. Er wird sehen, wie mir das Wasser läuft. Was wird er denken? Ob ich krank bin? Ob mir der Arsch geht? Aber, er weiß ja nicht, warum – ich beruhige mich. Hoffentlich alles nur alberne Angst. Dennoch, wieder blödes Gedankenwirrwarr: Ja, verdammt, irgendwas stimmt nicht, rede ich mir ein. Katzschmars hartnäckiges Schweigen in der letzten Nacht fällt mir ein. Warum ist er so wortkarg gewesen? Der Kerl weiß ja seltsamerweise immer alles. Vielleicht auch diesmal. Hing sein Schweigen mit mir und mit der heutigen Befehlsausgabe zusammen? Ich blicke zu ihm hin. Doch der starrt nur stur geradeaus. Mir scheint sogar, er lächelt. Sein Teufelslächeln. Er hat sein Revier bekommen. Bunker rechts der GÜST. Das Nachbarrevier von dem, welches ich haben will, welches ich brauche, wenn … Warum bekam er dieses Revier? Ein Zeichen? Überhaupt: Welche Rolle spielt Katzschmar? Ich weiß es noch immer nicht. Ich denke an die Sache mit der Grenzsäule und dem BGS. Warum, verdammt, geschieht nichts? Warum bleibt Katzschmar unbehelligt? Das Ganze geschah immerhin vor einem reichlichen halben Jahr. Und dem Schnulli haben sie wegen seinen Scheißbriefen den Arsch aufgerissen … Seltsam, ich kann mir keinen Vers drauf machen. Doch zurück zur Befehlsausgabe. Der Dicke liest aus seiner Kladde, Name für Name, Postenpaar für Postenpaar – nur ich komme darin nicht vor. Meine Panik wächst und wächst. Der Schweißausbruch geht weiter. Das Wasser läuft. Mein Kragen bestimmt schon pitschnass.

*Plötzlich – mein Name!*

*Franz Malef! Und … als Nächster … Gefreiter Maibaum* – also *Giaco! Giaco! Mensch! Gefreiter Maibaum und Soldat Malef …* also alles normal. Keine Auslösung, kein LO-Dienst oder P3, keine Wache, nichts, stinknormaler Grenzdienst … *stinknormal!*

Ich jubiliere. Oh, ah, ha, ha. Alles scheint aufgegangen! Wie war das möglich?? Zauberei? Warum, warum, warum …? Ach egal, Scheiß drauf, keine Ahnung. *Hamdullilah!*

Aber jetzt hör zu! Auch das gewünschte Revier, nämlich den alten „Holz-B-Turm" krieg ich – d. h. das Revier wird uns zugewiesen. *Der Holz-B-Turm dem Postenpaar Maibaum/Malef!* Ist das nicht wie ein Wunder? Ja, tatsächlich ein Riesenwunder! Großes Rätsel. Ich kann es gar nicht fassen. So ein Zufall. Oder ist so was Glück? Oder alles zusammen? Ich schaue zu Giaco rüber. Der lacht, die Brille ist ihm angelaufen, scheint sich zu freuen, der lange blonde Lulatsch.

Ja, der Kerl freut sich! Vielleicht, weil ich ihm am Mittagstisch von meiner Liebe zum Erzgebirge gesprochen habe? Endlich, wird er sich denken, geht er mal mit einem raus, mit dem er über seine Heimat reden kann. Mit einem, der ihn versteht und der ihn nicht verspottet. Mit einem, der nicht „*Holzäppelgebirge*" oder „*Schluchtensauser*" sagt und der nicht das Erzgebirgische als „*Halskrankheit*" verunglimpft. Weißt du, was ich in diesem Moment gedacht hab? Das wird *eine wunderschöne Schicht* am Strich, so wird sich der Giaco gesagt haben. *Wetten?*

Ich blicke kurz zu Katzschmar rüber. Nur kurz, verstehst du. Eine Viertelkopfdrehung. Aber, im Stillgestanden – keine Bewegung, auch keine Kopfbewegung erlaubt. Der Dicke sieht alles. Also schnell rübergeglotzt. Zack, rüber und zurück. Klaro? Doch der Gefreite Katzschmar zeigt keine Reaktion, der steht eisern im Stillgestanden! und seine Miene ist undurchdringlich.

Minuten später. Unten auf dem Hof. Nach Waffenausgabe und Antreten, nach Vergatterung und Anschnauzen durch den Alten. Ich, neben Giaco. Die ETZ wie ein gesatteltes Pferd links von uns. Reihenfolge des Ausrückens heute: Vornweg Schykora im Trabbi mit dem Zugführer, unserem Dicken, und einem weiteren Postenpaar, sitzen in der engen Kiste wie die Sprotten, dann LO mit dem Haupttross, alles aufgesessen in Nullkommanix, zum Schluss, als Nachhut sozusagen, Giaco und ich, auf der ETZ 250.

Dann Abmarsch. Natürlich, verstehst du, langsamer geht's kaum. Im Schritttempo. Kaffeebohnen sozusagen. Mit knapp

30 km/h, weil befohlene Marschgeschwindigkeit, schleichen wir durchs Dorf. Nach zwei Kilometern rauf auf die Landstraße ins Postengebiet. Aber auch da nicht viel schneller. Höchstens 40. Weißt du, wie man sich auf einem Motorrad fühlt, das nur 30 oder 40 fährt? Und Giaco natürlich Schlangenlinien. Die Karre schüttelt, als ob der Vorderreifen im Arsch ist. Agostini muss immer wieder mit einem Bein abstützen. Weil, verstehst du, Kippgefahr. Aber, pass auf, er nimmt die Beine sowieso kaum hoch, der Giaco, der schleift mit seinen langen Rotten nur millimeterhoch über dem Asphalt. Aber gut so. Dadurch Stütze links und rechts wie beim Kinderroller. Und ich, beide Hände am Angstgriff. Die MPi schlägt mir ins Kreuz, als ob ich einen Zauberprügel mit mir rumschleppe. Fängt ja gut an, denke ich. Schnauze voll, von Anfang an. Ach, hab vergessen – beim Motorradfahren müssen Helme getragen werden. Aber, verstehst du, natürlich keine Helme, wie man sie im zivilen Leben trägt, so formschön und bunt, nein, wir müssen unsere Blechschüssel auf den Kopf setzen – den Stahlhelm. Weißt du, wie das schwere Ding drückt und wie es den Kopf hin und her biegt, bei jeder Erschütterung, bei jeder Kurve. Später, im Revier angekommen, reißen wir uns diese hässlichen Dinger sofort runter, Käppi auf. Also, Motorradstreife nichts Besonderes, keine Romantik oder Bequemlichkeit. Und wenn es regnet oder Sturm peitscht, dann erst – Riesenscheiße.

An der Kreuzung Obermaßfeld, Richtung Sülzfeld und Henneberg trennt sich unsere Fahrzeugkolonne. Giaco und ich, wir müssen durch ein Waldstück Richtung Bauerbach, die anderen, der LO und der Trabbi-Schykora mit dem Dicken fahren weiter, unterhalb Meiningen und dann, nach Südwesten, immer wieder, Revier für Revier, Postenpaare absetzend, der Trabbi mit dem Dicken muss zum Schluss wieder zurück zum FP, der in Westenfeld liegt.

Die Straße, die wir jetzt befahren, Giaco und ich, ist halbwegs glatt, asphaltiert, hat kaum Löcher und ist nicht sehr kurvenreich, wenn auch ziemlich schmal, sodass zwei Autos kaum aneinander vorbeikommen. Ich klopfe Giaco auf den Rücken: Eh, jetzt aber Spule, Alter. Das Gezuckel halt ich nicht länger aus.

Doch Agostini, der erst getan hat, als ob er mich nicht verstünde, schüttelt den Kopf. *Nee*, brüllt er zur Seite, *dos gieht fei net. Iech darf net schneller foahrn. Värzsch, mehr net. Außerdem spar iech esu Sprit, kumm mit eener Füllung zwee Tage hie* … oh Sancta Simplicitas, denke ich, so ein Hammel, und halt das Maul. Mein Stahlhelm drückt, er scheint mit der Zeit schwerer geworden und jetzt das Doppelte zu wiegen. Hoffentlich sind wir bald da. Aber das Bald dauert noch eine reichliche halbe Stunde. Die letzten paar hundert Meter wird auf dem Kolonnenweg entlanggerumpelt, du weißt, das sind diese durchbrochenen Betonplatten, uneben verlegt und mit Stößen, es schüttelt einen durch und durch. Und ein Motorradfahrer muss tatsächlich höllisch aufpassen, damit er mit dem Vorderrad nicht in die Betonspalten gerät. Und dann noch fast ohne Licht. Oder nur mit diesem Tarnstrahler, der wie eine Gummimütze über den Scheinwerferkopf der ETZ gestülpt wird, das Motorrad sieht aus wie ein Bankräuber, und nur ein schmaler, dünner Streifen Licht quillt vorn heraus, hat die Leuchtkraft von einem Streichholz im Finstern; das Rücklicht schimmert kümmerlich in Blau und ist nach fünfzehn Metern schon nicht mehr zu sehen …

Dann. Plötzlich. Wir sind da. Der alte Holz-B-Turm begrüßt uns wie ein hölzerner gespenstiger Riese, mit langen, schräg gestellten Beinen, einem gitterartigen Schwanz – das ist die Einstiegsleiter – und einem klobigen düsteren Kopf mit dunklen Schlitzaugen. Das ferne Licht der GÜST schimmert hinter der Baumwipfelkante des Waldes hervor und spendet ein diffuses bläuliches mondähnliches Licht …

Giaco stellte seine Karre ab, tarnte sie mit ein paar Zweigen und, jetzt stell dir vor, er redete mit dem Gerät, sagte: *Schnarch net esu laut, meine Alte! Iech bie net lang, kumm bald wieder …*

Wir kletterten hinauf in die Kanzel. Die Leiter knarrte wie immer. Als wir uns eingerichtet hatten, die Waffen abgelegt, uns Erleichterung verschafft hatten, indem wir auch die Patronentasche abschnallten, die Fressereien bereitgestellt hatten, schwiegen wir eine Weile, spähten mit den Gläsern in die Umgebung. Ich sagte nichts wegen Agostinis Motorradansprache, wollte den guten Giaco nicht hochnehmen, nein, ich wollte ihn nicht frozzeln; war auch plötzlich ziemlich angespannt und ich glotzte verstohlen auf meine Armbanduhr. Noch ungefähr drei Stunden, bis Julia auftauchen würde. Noch verdammte drei Stunden! Drei Stunden können lang und kurz in einem sein. Oh, auf was hab ich mich eingelassen, begann ich in einem fort zu denken. Auf was nur eingelassen, verdammt. Das wird schiefgehen. Das endet in der Hölle. Weißt du, mir ging nun doch der Arsch. Und auch das Schwitzen fing wieder an.

Eine Viertelstunde war vergangen. Schweigen im Walde, hüben und drüben. Auf einmal kam ein Gespräch zwischen Giaco und mir zustande. *Du, soag emoal*, fing er an, er hielt ein kleines Büchlein in der Hand, leuchtete mit der Taschenlampe drauf, nahm dann seine Brille, die er weggesteckt hatte, *su, miet de Brill sah iech itze bessr,* er blätterte ein paar Seiten durch, steckte den Finger als Lesezeichen dazwischen, hob den Kopf. Er habe, sagte er, seit einigen Monaten eine Art Tagebuch geführt, doch das Ganze rege ihn so sehr auf, je mehr er schreibe, desto deutlicher werde es ihm, was hier geschehe, habe mit Gott und dem Frieden nichts zu tun und er wisse auch nicht, ob sein Aufschreiben überhaupt Sinn habe und vielleicht werde es ihm sogar als Spionage ausgelegt, wenn er hier Interna des Kasernen- und Grenzerlebens aufschreibe ... *War wess, ob dos emol rauskimmt* ... was ich dazu sage? *Mirwaang bluß sei mr's gange,* ergänzte er, um seine Seele, denn er sei ein christlicher Mensch, wie die meisten Erzgebirgler, und nun bekäme er langsam eine Art Gewissensnot ... seine Familie habe sowieso nie verstanden, warum er den Grenzdienst nicht verweigert habe, wegen der Religion und seiner Gläubigkeit, aber da sei auf der anderen Seite das Studium, das er absolvieren wolle, Meteorologie, Meteorologie in Warschau, und da habe er sich gesagt, er werde das schon überstehen, doch nun, da werde es ihm sauer wie nichts – Gott sei Dank sei seine Dienstzeit in zweieinhalb Monaten vorbei und er werde dann entlassen. Aber auch keinen Tag länger werde er es aushalten, keinen einzigen Tag, hoffentlich gehe alles gut und es geschehe nicht noch was Schlimmes. Dafür bete er jeden Tag, wenn er raus an den Strich müsse ...

*Verstiehst mer, Franz? Wann du e Gefiehl fer unsereen host, soag ewoas, iech bitt diech …*

Vielleicht begreifst du? Was sollte ich sagen?? Zuerst, klar, ich war überrascht. Sozusagen vollkommen *baff!* Solche Geständnisse am Strich – das gab es nicht oft, und ich staunte auch, dass der Giaco sich mir so schnell und klar offenbart hatte. Immerhin, er war Postenführer, ich bloß sein Posten, also formal sein Untergebener. Freilich, gut, ich war ein paar Jahre älter, hatte Familie, hatte Frau, ein Kind, und der arme Giaco mit seinen Neunzehn – *er war Neunzehn!* – was konnte der schon wissen? Was kannte der schon? Was hatte der schon erlebt?

Aber auf einmal, weißt du, *rettender Gedanke* – ich dachte, vielleicht reden wir erst einmal über Heimat und Familie, über Gemeinsames, über das Erzgebirge und so. Das beruhigt …

Doch während ich das beschloss und ihm noch nicht geantwortet hatte, da kroch wieder das Böse und Furchtbare in mir hoch, das Schreckliche, was in ein paar Stunden unweigerlich geschehen würde, und wer konnte wissen, was dann passierte … und der arme Giaco tat mir plötzlich leid, furchtbar leid, weißt du. *Das Gewissen, mein Gewissen …* es klopfte an meine Tür. In was hätte ich ihn da bloß hineingezogen? dachte ich.

Und er hatte ja keine blasse Ahnung, das arme Schwein …

Ja, Scheiße, antwortete ich schließlich und bot meinem Gegenüber eine von meinen Juwel an, Scheiße, weiß Gott, aber sei froh, du hast es ja bald geschafft. Was soll schon noch groß passieren. (Oh, was war ich doch für ein Lumpenkerl.) Welchen Tag schneidet ihr heute? Und erzähl mal – du kommst aus Hohenstein?

*Ach, mier schnedt heit dahn hunnertdreizahnten Daach. Hier, guck* – und er holte einen kleinen Igel hervor, aus Holz oder Plastik, ich sah es im Dunkeln nicht genau, schaukelte ihn vor meiner Nase, weshalb ich ihn nicht viel besser erkennen konnte – *hier dos ies mei Bandmaß, do dorinne … Nee, Hohnsteen, net direkt.* Und seine Stimme – jetzt beinahe fröhlich und gelöst: *Dos heeßt, iech wuhn schu dorte, aber iech stamm net von doa …*

Ich frohlockte, es schien geklappt zu haben. Mit meiner Frage nach seiner erzgebirgischen Heimat schien ich ihn fortgelockt zu haben vom verfänglichen Thema „Grenze“ und der ganzen Scheiße … auch mir selber würde dieser Schwenk jetzt besser passen, lenkte er mich doch ein wenig ab, von dem … was da … ach, verdammt …

*Weeßt*, sprach Giaco weiter, *meine Mutt ies zwar ne Huhnsteenern und desdorweechen bi iech itze ooch doa, aber dor Voatr kimmt vun uhm, hinner Schwarzenberg weeßt, vun de Berche …*

Und Agostini begann mir seine ganze, oder sagen wir, zumindest die halbe Familiengeschichte zu erzählen. Offenbar hatte er sie lange niemandem mehr erzählt oder aber es machte ihm Spaß, jedenfalls, er redete und redete … und ich hörte zu. Und, weißt du, ich füge dies hier nur ein, damit du weißt, wie ich mich fühlte – diese zwei Stunden (die Grenz-Beobachtung war zur Nebensache geworden) sind mir damals vorgekommen wie eine Insel, wie ein Roman oder wie etwas ganz und gar Romantisches, wie die Erinnerung an eine andere, unglaublich ferne und trotzdem glücklichere Welt, und es hat mich tief berührt, glaub mir, tiefer als ich mir dessen im Augenblick des Zuhörens bewusst wurde …

Sein Vater, so erzählte Giaco, sei bei der Wismut gewesen. *Glei nachn Kriech*, noch in seiner abgerissenen und geflickten Soldatenkluft, frisch aus der Gefangenschaft, da sei er von einem ehemaligen Kriegskameraden auf der Straße angesprochen worden, er suche doch sicher Arbeit und da könne er doch mit in die neu gegründete Wismut-AG eintreten. Die würden, so der Kamerad, nicht viel fragen, brauchten jeden Mann und zahlten gut, auch gäbe es reichlich Deputat und viel Schnaps, sogar bei der Wohnung würde geholfen. Und wenn man wolle, bekäme man sogar neue Papiere. Nun wäre sein Vater, so Giaco, Ende 1943 nach einem längeren Lazarettaufenthalt in die Waffen-SS versetzt worden, einfach so, er hätte nichts dagegen tun oder sagen können, wie das eben so gewesen wäre während des Krieges, und er hätte sich auch nichts dabei gedacht, normaler Frontdienst eben. Und das wäre die erste Zeit auch so gewesen, bis sie dann in Italien an einer Säuberungsaktion gegen Partisanen eingesetzt worden wären … da hätte er begriffen – Waffen-SS keine normale Einheit. Und dann, nach dem Krieg, aber auch schon in der Gefangenschaft bei den Tommies, da wäre seine Waffen-SS-Zeit ihm übel angerechnet worden, stundenlange Verhöre und so weiter, und da hätte, so Giaco, sein Vater Angst gehabt, jetzt noch nach seiner Entlassung irgendwie in ein Internierungslager zu kommen. Also, wenn die bei der Wismut nichts weiter fragten, wäre ihm das recht gewesen. Und so hat er das Angebot seines Freundes erleichtert angenommen. Als Hauer unter Tage in drei Schichten hätte er gearbeitet, in Schlema. Fast zwölf Jahre. Dann in der Verwaltung. Kein Schwein hätte ihn jemals wieder irgendwas wegen seiner Waffen-SS-Zeit gefragt. Sogar in die Gewerkschaft, in die Deutsch-Sowjetische-Freundschaft und in die SED-Partei sei er eingetreten.

Anfang der Fünfziger dann hätte sein Vater bei einem Tanzvergnügen in Aue seine künftige Frau, *meine Mutt verstiehst?* so Giaco, kennengelernt. Die wäre bei einer Freundin zu Besuch gewesen und aus Hohenstein, also von weit her, gekommen. Dort, in Hohenstein, hätte sie in einer Buchhandlung gearbeitet. Diese Buchhandlung gäbe es heute noch, sagte Giaco und lachte, *de Mutt arbeit heit noch da, in der Weinkellerstroaß, net weit vum Markte, weeßt …*

Jedenfalls, so Giaco weiter, Zweiundfünfzig sei dann er, der Frank, auf die Welt gekommen, und nach ihm noch ein Bruder und eine Schwester. *Dor Gust und de Susi.* Die erste Zeit sei der Vater gependelt, zwischen Hohenstein am Wochenende und Schlema, wo er gearbeitet hätte, später auch über Tage, mit dem Motorrad wäre er hin und her gefahren, eine tolle Maschine damals, die er sich gekauft hatte. Eine AWO-Sport, 4-Takt, 350 ccm. Und Giaco, der begeisterte Motorradfan, ahmte das Motorengeräusch der AWO nach „*Tuffn-tuffn-tuffn-turrrr-turrr*". Genauso hätte die geklungen, und schon mit zwölf hätte ihn der Vater auf einem Feldweg mal fahren lassen. Damals wäre seine Liebe zum Motorrad ausgebrochen. Stundenlang hätte er die Maschine des Vaters geputzt, und manchmal heimlich, ohne Not, dieses und jenes Teil auseinander- und wieder zusammengebaut. Einmal hätte er den Lampenring nicht mehr rasch genug draufbekommen, aber schon hätte er die Schritte des Vaters vor dem Schuppen gehört …

*schwaar isis net, wenndes bringst ... oabr ie hob's net gebracht ... doa is dr Schwitzr ze warm gwasen, soag iech dir ...* na ja, der Vater hätte nicht sehr geschimpft, eher ein bisschen gelacht.

Dann wär der Vater nicht mehr nach Schlema gefahren, hätte in der Bezirksstadt Karl-Marx-Stadt eine Stelle bekommen, in der höheren Verwaltung der Wismut, und da hätte er auch mehr verdient. Einen P70 hätten sie sich bald gekauft, später einen 311er Wartburg ... ihnen sei es gut gegangen, damals. Sogar in den Urlaub wären sie gefahren, mit dem Wartburg und stolz wie die Spanier, an die Ostsee *nauf*, nach Bansin, was nur wenige Familien damals gekonnt hätten. Oh, was er dort für Steine und Muscheln gesammelt hätte, auch ein paar Stücke Bernstein. Wenn er gleich nach einem Sturm an den Strand gegangen wäre, hätte er die gefunden. Manchmal hätte er dann am Wasser gestanden, zum Himmel gestarrt und überlegt, wie das wäre mit dem Wetter, wie es sich entwickle, wie es entstehe und wieder wandle, wie ein großes Geheimnis wäre es ihm vorgekommen und so wäre zu dieser Zeit schon, in den Sechzigern, der Gedanke in ihm aufgekommen, einmal Wetteransager zu werden, was später in den Wunsch, Meteorologie zu studieren, sich gewandelt hätte ... ach, seufzte Giaco, was für eine glückliche Zeit wäre das gewesen, damals Mitte der Sechziger, und an die Mauer und die Grenze hätte kaum einer gedacht. Freilich, ein paar Bekannte wären immer plötzlich verschwunden gewesen, von denen es dann geheißen hätte, sie wären *nach den Westen gemacht*, aber im Prinzip immer nur ganz wenige ... *Dann aber, wie merschtens, wam's zu gut gieht ...* eines Tages hätten sie beim Vater in der Volkröntgenaktion ein paar Schatten auf der Lunge gefunden. Natürlich, die Mutter, aufgelöst und die ganze Woche geheult. Wir Kinder, so Giaco, auch ziemlich durcheinander, keiner hätte gewusst, was nun kommen würde. Null Ahnung. Doch Entwarnung! Der Vater – erst mal zur Kur. Nach Wolkenstein. Wismut-Sanatorium, *weeßt?* Drei Wochen und dann nochmal Verlängerung. Wieder drei Wochen und wieder und wieder. Fast ein Dreivierteljahr wäre der Vater krank gewesen. Glücklicherweise hätten die von der Wismut eine Spitzenversorgung in Punkto Gesundheit und Krankenkasse gehabt. Lohn vom Vater und so wäre zu 100 Prozent weitergelaufen. Berufskrankheit, *verstiehst*? Aber dann mit einem Schlag Schluss. Von heute auf morgen. Eben noch gesund und schon tot. Lungenblutung. Blutsturz. Und der Vater wäre erst Mitte fünfzig gewesen. Da könne man sich denken:

Die Mutter am Ende ... und wir drei Kinder auch, so Giaco ...

Agostini schwieg eine Weile. Es war still in unserer B-Turm-Kanzel. Von draußen die Geräusche der Nacht. Ein Nachtvogel schrie. Im nahen Wald knackten ein paar Äste. Irgendwo bellte ein Rehbock. Nichts Besonderes. Obwohl, mir kam es so vor, als ob ich, nachdem Giaco mit Reden aufgehört hatte, ein leises Brummen gehört hätte, ein Summen, das aber gleich wieder verschwand, so, stell dir vor, wie von einer Hummel, die dicht am Erdboden nach Blütenpollen sucht. Allerdings, jetzt kurz nach 23 Uhr, wieso Hummelflug? Egal. Ich vergaß es wieder.

Giaco, ich hatte ihm noch eine Juwel gegeben, erzählte weiter, sprach von der schweren Zeit, nachdem sein Vater gestorben war, und wie seine Mutter die Kinder hätte durchbringen müssen. Seine Geschwister und er, sie wären ja nun größer geworden, gingen in die Schule. Er als der Älteste schon auf die Erweiterte Oberschule. Nach Karl-Marx-Stadt hätte er gemusst, mit dem Schulbus hin und her, manchmal im Sommer mit dem Fahrrad, aber, *verstiehst*, zu weit auf Dauer, am liebsten hätte er Vaters Motorrad genommen, das immer noch im Schuppen in einer Ecke stand, einstaubte, verrottete und rostete. Aber die Mutter – nein, keine Fahrerlaubnis, kein Geld. Indes, *das Lahm ging fürder*. Und er und der Bruder und die Schwester, sie wollten und sollten ja einen Beruf lernen, studieren, und so weiter, das ganze Programm ... aber immer wieder Geldmangel begrenzte alles, sie hätten der Mutter zugeredet, doch wieder zu heiraten, ihr Leben zu verbessern. Der Leiter der Buchhandlung, Herr Gliehs, hätte damals *ahn Aang uff seine Mutt gehoabt*, aber die – kein Interesse!

*Nee, ieh verloss dahn Vatr net.* Na ja, so Giaco ... *wos sull iech dadarzu soagn.*

*Plötzlich!* Giaco bricht seine Erzählung ab. Weil, ich hab ihm mit einem Zischlaut das Wort abgeschnitten. *Still! Tschsch …*

Mensch! Hörst du nicht?

Der Giaco aber, wahrscheinlich hat er gedacht, ich spinne, sagt: *Net hiehern! Waghern! Du Klappser. Ieh her nix itze …*

Ich: Was?? Sag bloß, du hörst nichts? Das ist doch ganz deutlich.

Giaco: *Och, des Wummern? Des werd bluß ne Alouette sin. Dor BGS fliecht Kontrolle. Siehs weitor nischt. Guck moal raus. Vleisch siehst se.*

Ich: Eine Alouette? Nachts? Um die Zeit?

Und, irgendwie fühlte ich: *Jetzt geht die ganze Scheiße los …*

Das Brummen war jetzt laut und deutlich zu hören. Es war tatsächlich eine Alouette. Wir alle kannten das Geräusch der kreisenden Rotorblätter und das Blubbern des Motors. Hatten die Hornisse schon Hunderte Male gesehen, allerdings immer am Tage, wenn sie, jeden Winkel der Grenze exakt ausfliegend, in einer Höhe von zehn oder fünfzehn Metern über der Sperre flog, oder besser über der Grenzlinie, denn über der Sperre hätte sie nicht fliegen dürfen – DDR-Hoheitsgebiet. Sonst, Verletzung der Staatsgrenze, weißt du? Und wir haben dann auch manchmal die Gesichter der Piloten genau sehen können: Männer im besten Alter, keine Jünglinge, Bundesgrenzschutzbeamte in ihren Uniformen oder auch in Lederjacken. Einmal hat einer den Arm gehoben, gelacht und herübergegrüßt. Wir natürlich, das waren damals Otto und ich, wir – Standbild, ohne zu wackeln. Weil, Kontaktaufnahme mit dem Gegner – strengstens verboten.

Also, ich nahm das Glas, spähte durch den B-Schlitz. Suchte den Nachthimmel ab, sah die Hornisse nicht gleich. Dann entdeckte ich ihre Positionslichter. Sie flog direkt und im Tiefflug auf unseren B-Turm zu, war aber etwa noch einen halben Kilometer entfernt.

Giaco, jetzt ganz Postenführer, gab den Befehl – und, wie seltsam, er sprach beinahe reines Hochdeutsch, das heißt: fast. Komm, *runner* vom Turm! Wir müssn zum Anrufemast. Müssn Meldung machen. *Lus!*

Wir stiefelten hinunter und liefen in schnellen Schritten zum Anrufemast, der vielleicht 30 Meter links neben dem Holz-B-Turm stand, ein oder zwei Meter ab vom Kolonnenweg. Dort postierte sich Giaco, bereitete die Verbindung vor, wartete indes noch mit der Meldung, während er mir befahl, mich ins Gras neben den Mast zu hocken und mit dem Glas den anfliegenden Hubschrauber zu beobachten. Die Alouette kam schnell näher. Und der Lärm, den sie verursachte, glaub mir, Schmerzgrenze, vor allem vielleicht, weißt du, weil es vorher so still gewesen war, so Natur pur. Die Alouette schwebte, als ob sie an unsichtbaren Seilen hinge, über dem Wald, jenseits der Sperre. Und ich sah, trotz der Dunkelheit, wie die Baumkronen gefegt wurden, beinahe wie im Sturm. Plötzlich, du glaubst es nicht, tagheller Schein. Die hatten ihren Suchscheinwerfer eingeschaltet. Ungefähr so stark wie der Bootsscheinwerfer auf unserem LO-Dach. Sie schwenkten wie mit einer übergroßen Taschenlampe hin und her, und ich zog instinktiv den Kopf ein, als der Lichtkegel in meine Nähe kam.

Giaco rief: Die Schweine! Was soll das?

Und er machte jetzt doch Meldung an den FP. PF 14 mit Meldung, brüllte er in die Sprechmuschel, er schrie, um den Lärm des Hubschraubers zu übertönen, und schirmte mit der linken Hand das Mikro ab: 23 Uhr fünfzehn. Alouette II des BGS aus Richtung Mellrichstadt, erkennbare helle Kennzeichnung an Unterseite D-GSK–S-45-678-GERMANY, im direkten Anflug auf Postengebiet, mit eingeschaltetem Suchscheinwerfer, steht augenblicklich direkt gegenüber BT 15/78 auf gegnerischem Staatsgebiet, Höhe ca. 15 Meter, beobachte weiter, Meldung nach Lage, spätestens in x+10 …

Obwohl ich ein paar Meter abseits im Gras hockte, hatte ich jedes Wort verstanden. Was will der BGS hier? dachte ich ängstlich, ausgerechnet jetzt, wo die Sache mit Julia steigen soll. Alles taghell ausgeleuchtet. Wie soll sie da rüberkommen? Und, seltsam, irgendwie war ich sogar froh. Doch im selben Moment überlegte ich, dass das ja für Julia der beste Schutz wäre. Wenn der BGS alles ausleuchtete, konnten wir kaum eingreifen, schon gar nicht schießen, denn es war klar – die filmten das Ganze von oben.

Trotzdem, woher wussten die ...? Woher, verdammt? Wer hatte hier ...? Was wird hier gespielt?

Aber, ich kam nicht zu weiteren Überlegungen, denn Giaco, der seine Meldung beendet hatte, reckte plötzlich den Hals, stierte nach vorn, krümmte seinen langen Oberkörper, setzte ein Bein vor, streckte den rechten Arm aus, alles geschah ganz langsam, wie in Zeitlupe, ganz so wie ein Gepard in der afrikanischen Savanne, der eine Gazelle entdeckt hat ... ich folgte seinem Blick. Und tatsächlich! Vor uns, vielleicht 40 Meter entfernt, bewegte sich eine Art Gazelle, ein ganz besonderes Wild. Wir sahen einen Husch, einen Schatten, wie der wieselflink aus dem Unterholz auftauchte, dann über den Kolonnenweg, über den K6, durch den Kfz-Graben flitze.

Ich wusste sofort – das war Julia! Das konnte nur sie sein. Ich schaute auf die Uhr. Es war 23 Uhr fünfunddreißig. Die verabredete Zeit.

Sie trug eine kurze Leiter, legte die am Streckmetallzaun an, eins-zwei-drei war sie drüber, und begann nun, die Leiter vor sich hinwerfend, durch das Minenfeld zu robben. Ein schlauer Plan. So verminderte sie den Bodendruck. Keine Mine konnte auslösen.

*Halt! Stehenbleiben! Staatsgrenze der DDR!* brüllte Giaco mit Donnerstimme. Er riss seine Kalaschnikow von der Schulter, wollte anlegen. Er war ein guter Schütze und auf die kurze Entfernung hätte er todsicher getroffen. Ich sprang hin, schlug ihm die Waffe aus der Hand.

Bist du verrückt?! schrie er und wollte sich nach seiner Flinte bücken.

Nein, du bist blöd! schrie ich. Willst du heute Abend in der Tagesschau als schießwütiger DDR-Grenzer auftreten? Siehst du denn nicht, die filmen alles! Und wirklich, man sah in der schwach beleuchteten Vollglaskanzel der Alouette eine Kamera auf uns und das Geschehen gerichtet. Wir können nichts machen! rief ich resigniert, nur zugucken. Vielleicht eine Warnsalve. Das ist alles! Ruf wenigstens im FP an und mach Meldung. Die sollen schnellstens herkommen. Vielleicht hat der Dicke eine Idee?

Das machst du! befahl Giaco, du rufst an, ich geh den Kerl rausholen.

Hier, halt meine Knarre, die stört nur dabei. Und er gab mir seine MPi und rannte los. Offenbar hatte er noch nicht erkannt, dass der Kerl ein Weib war. Doch die Sache war hochriskant. Erstens – die Minen. Giaco hätte ein Brett oder einen kleinen Stamm oder sowas mitnehmen müssen, um wie Julia den Bodendruck zu verringern. Obwohl Grenzer, wusste er nicht, wie und wo die verdammten Minen lagen. Das wusste keiner von uns. Und zweitens – was wird der BGS tun? Tatenlos zuschauen? Bloß filmen? Weiter nichts machen?

Auf alle Fälle, ich ließ mir Zeit mit dem Anrufen. Erst wollte ich sichergehen, dass Julia es geschafft hätte. Und ich gab, warum weiß ich nicht mehr, denn ich hätte auch damit warten können, eine Warnsalve ab. Ratatata – raus waren 20 Schuss. Natürlich, ich ärgerte mich sofort, jetzt hätten das Ganze auch die Nachbarreviere gehört. Katzschmar fiel mir ein. Scheiße.

Giaco hatte inzwischen den Zaun überwunden und kroch auf allen vieren Julia hinterher. Jetzt sah er, dass der Flüchtling ein Weib war. Er brüllte ihr zu. Bleib stehen, verdammte Sau, komm zurück. Doch Julia dachte nicht daran. Sie wandte sich nicht einmal um, rutschte ihre Leiter vor sich her, wälzte sich dann drauf, war nur noch ein paar Meter vom rettenden zweiten Zaun entfernt. Da warf sich Giaco nach vorn und erwischte Julia am linken Bein. Sie wehrte sich, strampelte, traf Giaco mit dem Gummistiefelabsatz im Gesicht. Er verlor seine Brille. Aber ohne Brille, weißt du, der Giaco – ein Blinder. Er hatte eine ziemlich starke Brille. Er brauchte sie. Du mit deinen Senfgläsern, hatte mal der Schykora zu ihm gesagt. Also Giaco fluchte laut, ich hörte nicht genau, was er gesagt hatte, aber es war nicht unbedingt etwas Salonfähiges oder Feines. Ein erzgebirgischer Fluch wahrscheinlich. Er tastete um sich, wollte die Brille wiederbekommen. Da schlug Julia wie ein wildes Pony noch einmal aus, versetzte ihrem Verfolger einen Schlag an die Schulter, und zwar so kräftig, dass er zur Seite kippte. Er suchte Halt. Griff zu. Ein Grasbüschel bekam er zu fassen, fasste mit dem anderen Arm noch einmal nach, streckte die Hand aus, um das Weib erneut festzuhalten. Ein regelrechter kleiner Kampf entstand. Die beiden wälzten sich im nachtfeuchten Gras. *Plötzlich. Ein ohrenbetäubender Knall.* Eine Fontäne aus Feuer und Dreck stieg senkrecht in die Höhe. Vielleicht fünf Meter hoch. Jemand schrie. Ich hörte sofort, das war mein guter Giaco. Und ich sah auch, die Mine hatte ihn getroffen. Er zappelte wie ein getroffener Hase, sank dann zur Seite, rührte sich nicht mehr. Julia war offenbar unverletzt. Sie leistete keine Hilfe, sondern robbte weiter, erreichte den Zaun. Plötzlich waren da auch zwei Männer. In Zivil. Mit Gesichtsmasken. Wie sie in die Sperre gekommen waren – keine Ahnung. Sie wuchteten das Mädchen über den Zaun. Entfernten sich, indem sie Julia in die Mitte nahmen. Das waren die letzten Bilder von ihr. Ich konnte nichts mehr sehen. Die Alouette drehte sich um ihre Achse und ging ein paar Meter weiter zu Boden, landete. Den Motor schalteten sie nicht aus. Offenbar nahmen sie Julia auf oder halfen ihr irgendwie weiter. Mir kam es vor, als ob ich einen VW-Kübel gehört hätte. Ich weiß es nicht, konnte ja nichts mehr sehen. Ich sah nur meinen Giaco in der verdammten Sperre liegen. Oh, Giaco Agostini, das arme, arme Schwein. Immer trifft es die, welche am wenigsten dafürkönnen, dachte ich. Die Unschuldigen. Ja, die Unschuldigen müssen alles bezahlen. Wie ein vergessenes Kleiderbündel lag er da, mein Giaco, ganz still, nichts hörte ich von ihm. Kein Jammern, kein Stöhnen.

Kannst du dir vorstellen, wie mir zumute war?

In der Aufregung hatte ich ganz vergessen, den FP anzurufen. Das tat ich jetzt eilig. Aber sie sagten mir, sie wären schon zu uns unterwegs. Buddy und der ganze Tross. Ich wartete, indes nicht lange, dann hörte ich den LO näherkommen. Auch ein Trabbi war dabei. Und sogar der Alte auf seinem P3 war angekündigt.

Das Ganze war, du glaubst es nicht, so schnell vor sich gegangen, viel schneller, als ich es hier niederschreiben kann. Eine Action-Thriller-Szene wie im Kino. Aber ganz ohne Eintritt. Ich war wie betäubt, begriff nicht, dass Julia nun für immer auf und davon war und dass es Giaco offenbar erwischt hatte. Ich nahm es erst richtig auf, als sie Giaco aus der Sperre holten. Er war tot. Rührte sich nicht mehr. Es hatte ihm eine Hand und das halbe Gesicht weggerissen. Er sah furchtbar aus. Blutverkrustet. Wo früher das rechte Auge, die Wange, das rechte Ohr gewesen waren – jetzt eine blutige klumpige Masse, mit Haaren und Gras und Erde verklebt. Nicht wiederzuerkennen. Die rechte Hand fehlte. Man hatte sie nicht gefunden. Wer weiß, wo sie hingeflogen war, lag jetzt vielleicht in einem Strauch oder Gebüsch oder unter Gras. Ein Fuchs würde sie morgen wegtragen. Seine Brille indes hatte man neben ihn auf die Trage gelegt. Irgendeiner hatte sie drei Meter weiter gefunden. Unversehrt. Mit intakten Gläsern. Ist das nicht seltsam, die Brille findet man, aber die Hand bleibt verschwunden?

*Ich setzte mich ins Gras und heulte los.* Ja, stell dir vor, ich, ein sechsundzwanzigjähriger Mann, heulte wie ein Schlosshund. Sie ließen mich flennen, kümmerten sich eine ganze Weile nicht um mich. Hatten zu fotografieren, zu protokollieren, zu vermessen, zu besprechen. Plötzlich tippte mich einer mit der Stiefelspitze an. Komm steh auf, Kleiner. Du wirst rausgelöst. Es geht ab in die Kaserne. Ich übernehme deinen Abschnitt bis zum Schichtwechsel. Es war Katzschmar, der neben mir stand. Er gab mir die Hand, half mir auf, lächelte. Wie war er hierher gekommen?

Dann die ersten Verhöre. Mein Gesicht war noch tränennass, da wurde ich befragt. Der mir schon bekannte Stasimajor vom Regiment in Meiningen war erschienen. Du weißt, er hatte mich in der Sache mit Schnulli verhört. Wieso er so schnell zur Stelle sein konnte? Ich besann mich nicht an seinen Namen. Der Major, er schien freundlich, verständnisvoll, stellte sich vor:

Major Kannegut! Er deutete sogar einen militärischen Gruß an. Dann: Kommen Sie doch bitte mit mir. Ich nehme Sie gleich mit in die Kompanie. Sie sind abgelöst. Doch vorher – sagen Sie: Stimmt es, dass der verstorbene Genosse, der Gefreite Maibaum, Ihnen seine Waffe gegeben hat, bevor er … ? und der Major zeigte auf die Minensperre. Wir fanden Sie nicht bei ihm, sondern sie lag hier, bei Ihnen. Also kann er sie nicht mitgenommen haben. Ist das so?

Ich nickte. Ja, das stimmt, Genosse Major.

Und Sie hatten keine Bedenken, fragte der Major weiter, allerdings jetzt schon bohrend, dringlich und mit gerunzelter Stirn, hatten keine Skrupel, von Ihrem Postenführer die Waffe anzunehmen, obwohl Sie doch wissen mussten, dass er jetzt sozusagen unbewaffnet wäre …?

Wieder nickte ich, sagte: Die Situation. Wir konnten doch sowieso nicht schießen …

Wieso *nicht schießen*? Sie *konnten* nicht …?

Weil, der BGS war mit einer Alouette da und die filmten doch alles.

Woher wissen Sie, dass der BGS Filmaufnahmen machte?

Wir sahen es. Durch die Kanzel. Die ist doch aus Glas.

Im Dunkeln? Ein paar Minuten vor Mitternacht?

Ja, die Kanzel war ein wenig beleuchtet.

Und, da sahen Sie, dass Sie gefilmt wurden?

Ja, wir dachten …

Aha, Sie dachten, dass Sie gefilmt würden. Aber Sie wussten es nicht. Und da schlussfolgerten Sie leichtfertig, wegen dieser Filmerei könnten Sie nicht von der Schusswaffe Gebrauch machen. Weshalb?

Weil, weil, weil ich dachte, wir würden dann im Westfernsehen als schießwütige DDR-Grenzer gezeigt …

Eine sehr romantische Vorstellung, Genosse Malef. Das muss ich schon sagen. Aber, Sie kennen die Schusswaffengebrauchsbestimmung Ihres Staates, der DDR, und Sie kennen auch die Grenzdienstvorschriften? Oder kennen Sie die etwa nicht?

Ja. Doch, die kenne ich, Genosse Major.

Gut. Und daher wussten Sie auch, dass ein Grenzdurchbruch als ein krimineller Akt mit allen Mitteln zu verhindern ist. Auch mit den Mitteln der Schusswaffe. So lautet der Befehl.

Ja, Genosse Major, das wusste ich, aber ich dachte …

Was Sie dachten, ist unerheblich. Tatsache ist, dass wir jetzt einen vollendeten Grenzdurchbruch haben und dass ein Angehöriger unserer Grenztruppen *tödlich verunglückt* ist.

Ich nickte und schwieg.

Und Sie wissen, dass dies alles durch Ihre Schuld entstanden ist … ja, durch Ihre Schuld!

Durch meine Sch … Sch … Schuld? Ich begann zu stottern, vor Angst, vor wahnsinniger Angst, weißt du, stotterte ich. Und auf einmal ahnte ich auch, was nun kommen würde … es fuhr mir sozusagen in die Knochen und ins Maul, deshalb stotterte ich, deshalb schlotterte ich – in Unehren entlassen, Knast, für den Rest meines Lebens gezeichnet. *Ein Vorbestrafter. Aus.*

Doch der Major, stell dir vor, plötzlich milder gestimmt, warum? – keine Ahnung, vielleicht, weil unser Polit, der Hauptmann Bünger, der aus dem Dunkeln aufgetaucht, an ihn herangetreten war und ihm irgendeine Neuigkeit oder einen höheren Befehl ins Ohr geflüstert hatte, der Stasimajor jedenfalls brummte:

Na gut, Genosse Malef. Lassen wir das jetzt. Sie stehen noch ein wenig unter Schock. Wir verstehen das. *Sie wissen, uns ist nichts Menschliches fremd.* Und wir wollen jetzt nicht weiter in Sie dringen … wie ich Ihnen schon sagte, Sie werden abgelöst und in Ihre Kompanie gebracht, und morgen oder übermorgen, dann sehen wir weiter … Klar? Gute Nacht.

Zu Befehl! sagte ich, schlug die Hacken zusammen. Der Major grüßte, wandte sich ab, ging langsam davon. Als ich mich nach seinem Fahrzeug umsah, winkte mir Bünger, der in unserer Nähe stehen geblieben war: Nein, nein Genosse Malef, das ist die falsche Richtung. Sie fahren mit uns. Kommen Sie. Und er führte mich zu dem mit blubberndem Motor wartenden P3 des KC. Steigen Sie mal schon ein. Einen Moment noch. Ruhen Sie sich aus, inzwischen. Es geht sofort los. Der Kompaniechef und ich, wir kommen gleich. Er muss nur noch … und er ließ offen, was der KC zu erledigen hatte, entfernte sich.

*Ich staunte Bauklötze.* Du glaubst es nicht? Oh doch, ich war *baff*! Im Führungsfahrzeug sollte ich mitfahren! Mensch, weißt du, was das heißt, zusammen mit dem KC und dem Polit zurück zur Kaserne? Und nicht als Fahrzeuglenker, sondern als gleichberechtigter Mitfahrer. Wahnsinn. Das war etwas ganz Seltenes und extrem ungewöhnlich. Da steckte irgendwas dahinter? dachte ich sofort. Oder bilde ich mir das nur ein? Nein, nein. Warum war der Major so unvermittelt umgeschwenkt? Warum war der Bünger so freundlich und besorgt?

Lauter Fragen – aber vorläufig keinerlei Antworten.

Das sollte auch noch eine Weile dauern. Ein paar Minuten waren vergangen. Ich, sowieso kein Zeitgefühl und mit Puls 100, saß im Fond des Jeep. Der KC kam, hinter ihm Bünger, beflissen, die kleine Halbtür auf der Beifahrerseite öffnend, weil, weißt du, der Fahrer war müde oder faul, einfach sitzen geblieben oder fast schon eingeschlafen. Aber der KC, kein Wort des Tadels gegen seinen Fahrer, begrüßte mich mit Handschlag. Na, Genosse Malef, da haben wir uns ja eine Sache aufgeladen. Egal, jetzt erst einmal „nach Hause". Los, Horn, geben Sie Gas.

Der Fahrer, ein wortkarger und unsympathischer Zehnender, trat dem P3 ganz schön *auf den Pinsel* und der Jeep mit seinem Achtzylinder-Horch-Motor schoss aufheulend davon. Wurden ganz schön durchgeschüttelt, solange es über Feld- und Waldwege ging, dann auf der Landstraße lag der Wagen ruhiger, jagte „heimwärts", natürlich nicht mit den befohlenen 40, sondern mit mindestens dem Doppelten oder mehr. Oh, der schluckt was weg, dachte ich, und mir fiel ein, wie Unterfeldwebel Horn, der Chef-fahrer und ein furchtbarer Angeber, mir mal gesagt hatte, 25 Liter seien normal für die Karre ... natürlich kein Diesel, wie heute vielleicht, weißt du, nein, ganz normale Plempe, Benzin, 91 Oktan ... Super gab's damals bei uns noch nicht.

Unterwegs Schweigen. Keiner sagte was. Der KC hatte sich eine Zigarette angesteckt, Duett oder sowas, auch der Bünger rauchte, hatte mir sogar sein Päckchen F6 schweigend hingehalten. Aber ich wollte nicht. Nein, danke. In meinem Kopf – ziemlicher Gedankensturm.

Was würde mich erwarten? Morgen oder übermorgen – hatte der Stasimajor gesagt, sähe man weiter. Was würden sie mir vorwerfen? Ob sie etwa von meiner Beihilfe zu Julias Flucht wüssten? Ob ich bestraft würde? Und wenn ja – wie? Käme ich nach Schwedt oder wohin sonst? Was passierte mit mir? Überhaupt, die ganze Sache – dubios. Je mehr ich nachdachte, desto dubioser wurde sie. Vieles wäre ja sehr seltsam gewesen, dachte ich. Der Hubschrauber pünktlich zur Stelle. Und dann das mit dem Scheinwerfer. Ob sie nun gefilmt hätten oder nicht, es blieb alles merkwürdig und verworren. Schließlich die beiden Männer in der Sperre, die Julia herausgeholfen hatten. Auch Julias Abtransport. Mit dem Hubschrauber oder einem Auto. In jedem Fall: Man hatte sie erwartet. Wie eine Inszenierung – das Ganze. Minutiös vorbereitet. Welche Rolle hatte Julia wirklich gespielt? Was oder wer steckte dahinter? Wer war dieses Mädchen? Und ich, ganz klar – der Dumme. Das Alibischwein.

Wir kamen in der Kaserne an. Die Wachen, als sie mich im Jeep vom Chef sahen, staunten. Sie wussten noch nichts von dem Vorfall draußen. Ich weiß nicht, was sie dachten, es waren ja meine Kameraden, aber was Gutes haben sie bestimmt nicht gedacht. Garantiert stellten sie sich einen Disziplinarfall vor oder dass ich krank wäre. Der eine, wie er den Schlagbaum herabdrückte, schaute uns hinterher, griente, winkte dann seinen Kameraden herbei, und sie flüsterten irgendwas, boxten sich, als ob sie sich freuten, gegenseitig auf die Brust.

Beim Aussteigen sagte der KC, jovial und vertraulich, indem er mich, ganz wie ein römischer Centurio, am Unterarm fasste, ich solle doch nach oben gehen und erst einmal schlafen. Gegen Mittag dann, der UvD werde mich holen, werde es bei ihm eine Besprechung zum Thema geben. Ich bleibe zunächst vom Dienst abgelöst. Und als ich ein entsetztes Gesicht machte, ergänzte er, meinen Arm, den er immer noch hielt, fest drückend, nur zu Ihrer Sicherheit, Genosse Malef, und wegen des Schocks. Der Polit, Hauptmann Bünger, nickte väterlich.

Ich ging nach oben, einigermaßen verwirrt. Das hatte ich von Offizieren, wie dem Bünger, und erst recht vom KC, durchaus nicht erwartet. Sooo viel Freundlichkeit, du weißt, und besonders beim Militär, das macht misstrauisch. Wieder grübelte ich, während ich mich auszog, auch noch während des Waschens, dachte ich darüber nach. Was steckt bloß dahinter? Warum war man so väterlich nachsichtig zu mir? Und mich beschlich wieder die große Angst. Vielleicht wäre das alles nur Ablenkung und die große Keule käme noch. Ich legte mich nieder. Doch an Schlaf – nicht zu denken. Erst als der Tag schon graute, sackte ich weg. Indes, nur kurz, denn die Kompanie kam von der Schicht. Das war gegen sieben oder sieben Uhr dreißig. Ich schaute nicht auf die Uhr. Natürlich, wenn hundert Mann geballt auftreffen, wenn die Fahrzeuge an ihren Platz gestellt, die Waffen abgegeben werden, wenn die hundert Soldaten in ihre Stuben rammeln, sich umkleiden, dann zum Essen und später zum Waffenreinigen gehen – großer Lärm. Sogar Riesenlärm. An Ruhe nicht zu denken. Und, ganz klar, es hatte sich rumgesprochen, die halbe Kompanie kam in unsere Stube, sie defilierten an meinem Bett vorbei, als ob sie kondolieren wollten, manche quatschen mich an, fragten immer wieder dasselbe. Wie das passiert sei und warum und wieso der Giaco zu Tode gekommen wäre. Ich stellte mich schlafend. Antwortete nicht. Indes, das nützte nichts, klar, denn keiner glaubte, dass ich wirklich schliefe. Also rüttelten sie mich. Komm, wach auf! Tu nicht so! Einer versuchte sogar, mir die zugekniffenen Augen zu öffnen. Bis endlich Otto, der seine Ruhe wollte und, schon die Bestecktasche in der Hand, fürchtete, das Ganze ginge von seiner Essenszeit ab, alle hinausjagte, mit dem UvD drohte und die Tür zuknallte. Einer war neben meinem Bett stehen geblieben, und ich sah durch meine halb geschlossenen Augen seinen sorgenvollen, traurigen Blick. Es war Karli. Schließlich setzte er sich auf die Bettkante, streichelte mich, sagte: du arme Sau! Komisch, wie doch solche brachialen Worte ihre besänftigende Wirkung entfalteten. Als ob man mit einer Peitsche gestreichelt würde. Ja, die raue Soldatensprache. Ob du's glaubst oder nicht, sie tat gut. Auch Katzschmar, das sah ich, trödelte absichtlich herum. Offenbar wollte er eine Gelegenheit abpassen, mit mir alleine zu reden. Aber es gelang nicht. Denn Otto mahnte und alle gingen hinaus. Ich hörte, wie sie zum Essen in die Kantine hinuntertrampelten. Leiser werdendes Stiefelgetrappel. Eigentlich hätte auch ich zum Essen gehen sollen. Aber, verstehst du, erstens kein Appetit und zweitens, ich wollte das Angestarrtwerden und die Fragerei vermeiden. Das würde sowieso noch schlimm genug werden. Wieder versuchte ich zu pennen, aber, klar, mein Körper war noch nicht zur Ruhe bereit. Aber, auch Nachdenken nicht möglich. Im Kopf Gedankenflug, kreuz und quer. Konzentration – Pustekuchen.

Dann, die Kameraden zurück vom Essen, indes nicht viel Zeit, das Waffenreinigen stand an. Sie verhielten sich auffällig rücksichtsvoll, beinahe leise, flüsterten, knallten die Spindtüren nicht, polterten auch nicht mit ihren Stiefeln, keiner machte ein Kofferradio an. Und auch nach dem Waffenreinigen, liebevolle Anteilnahme. Jeder versuchte so schnell es ging in seine Falle zu kommen. Klar, die Schicht war anstrengend gewesen, trotzdem seltsam, dieser Sinneswandel. Ich tat immer noch, als schliefe ich. Aber ich sah, wie Katzschmar, einem Kater gleich, um mein Bett schlich. Entweder traute er sich wirklich nicht, oder es ergab sich nach seiner Meinung keine Gelegenheit. Zu viele Kumpels, zu viele Zeugen in der Nähe oder was weiß ich. Er gab auf und zog sich wie die anderen in sein Bett zurück.

Dann, es war zehn vor zwölf Uhr mittags. Plötzlich draußen auf dem Gang – Schritte. Die Tür wurde geöffnet, indes ziemlich leise, denn alles schlief noch, zum Mittagessen würde erst gegen dreizehn Uhr getrillert, also vorsichtige Tritte, obwohl Stiefelknarren kaum zu unterdrücken, näherten sich meinem Bett (woher wusste der UvD, und niemand anderes konnte es sein, wo meine Koje war?). Eine Hand rüttelte an meiner Schulter und eine Stimme flüsterte:

Genosse Malef? Hallo, Genosse Malef? Aufstehen.

Ich nickte unmerklich, damit der Kerl erkennen konnte, er hätte den Richtigen geweckt.

Genosse Malef? wisperte der UvD und ich roch seinen abgestandenen Atem, Sie sollen zum Alten kommen. Er erwartet Sie in zehn Minuten. Und da ich die Augen nicht gleich geöffnet hatte: Haben Sie mich gehört?

Statt einer Antwort furzte ich unter der Bettdecke, der UvD richtete sich ruckartig auf, machte ein empörtes Gesicht, sagte aber nichts. Ich lächelte ihn an, richtete mich langsam auf, rieb mir die Augen, die, obwohl ich nicht geschlafen hatte, ziemlich verquollen waren. Der UvD schlich aus dem Zimmer. An der Tür blickte er zu mir zurück, schüttelte den Kopf, vergewisserte sich, ob ich auch wirklich aufstehen würde. Mein erster Blick – auf die Armbanduhr.

Noch sieben Minuten! Scheiße! Ich ging zu meinem Spind, fischte die Klamotten vom davorstehenden Hocker, zog mich an. Nein, nicht sehr leise. Auch beim Stiefelanziehen war ich ziemlich rücksichtslos. Sollten die Kameraden ruhig munter werden. Und ich lachte böse in mich hinein.

Ich ging zum KC. Dienstzimmer im ersten Stock. Vorher Pinkeln. Wichtig, entleerte Blase, sonst Druck und Unruhe. Ich klopfte beim Alten an. Herein! sagte seine Stimme.

Drinnen, ich schrak zurück, außer dem Alten und dem Polit noch unser Dicker und der Stasimajor Kannegut – aha, jetzt hab ich mir seinen Namen gemerkt – vier Mann also, große Besetzung.

Wie geht es Ihnen? fragte der KC, nachdem ich gegrüßt und ordnungsgemäß Meldung gemacht hatte, treten Sie näher. Ich sagte: Danke, Genosse Kompaniechef, es geht mir ganz gut.

Das freut uns. Bitte setzen Sie sich.

Und er wies mich an das kleine Tischchen. Ich kannte es. Hatte schon dran gesessen. Es war das Verhörtischchen, das Arme-Sünder-Tischlein. Ich setzte mich also, legte das Käppi brav neben mich auf die Tischplatte, faltete die Hände. Wartete.

Nun berichten Sie mal, wie sich alles zugetragen hat, sagte der KC und sein Ton war noch immer väterlich, der Major Kannegut ergänzte, aber bitte mit allen Einzelheiten.

Ich berichtete. Und, ich weiß nicht warum, hatte vielleicht mal irgendwas von Körpersprache oder so gelesen, ich bemühte mich um sogenannte Coolness, um Lässigkeit und Ehrlichkeit, ich tat ganz natürlich, obwohl innerlich in allen Nervenenden zuckend, redete wie ein sich seiner Schuld nicht bewusster Junge, der unvermutet in eine dumme Situation geraten ist. Und ich sah, es wirkte, die Offiziere hörten mir mit Verständnis zu, nickten an den richtigen Stellen, lächelten sogar, schienen überzeugt, da wäre einer, der ein Ding gefangen hat, das er nicht bestellt hat. Alles ging gut, ich erzählte, schmückte ein wenig aus, hob Giaco in den Himmel, oh, in den Himmel, da war er ja nun bereits, und, stell dir vor, ich dachte schon, ich hätte es überstanden, bis plötzlich der Major Kannegut eine Frage stellte. Es werde erzählt, sagte er, ich, der Soldat Franz Malef, hätte mit der Republikflüchtigen, dieser Julia Pinter, ein intimes Verhältnis gehabt. Ob das stimme?

Du kannst dir vorstellen – Zusammenbruch aller Hoffnungen. Panik. Die wissen alles.

Doch mit dem Mut der Verzweiflung, letzter Versuch. Also log ich: Nein. Ich hatte keine Beziehung zu der genannten Person, und intime schon gar nicht. Ob ich sie mal gesehen habe, weiß ich nicht. Vielleicht sah ich sie bei Feld- und Erntearbeiten ihrer LPG, wenn sie im Schutzstreifen zu tun hatte. Haben Sie ein Bild von ihr?

Oho, er verlangt ein Bild? rief der Major Kannegut, ziemlich dreist, mein Lieber. Das alles ist sehr, sehr seltsam, denn es liegen uns Aussagen vor, dass Sie die Republikflüchtige sehr genau kannten und sich erst kürzlich mit ihr getroffen haben …

Aussagen!? In meinem Hirn – fieberhafte Aktivität. Wer hat mich verpfiffen? Freilich – ich Idiot, ich war ja im Ausgang vor drei Tagen bei ihr gewesen. Im LPG-Büro. Doch da hatte uns niemand gesehen. Und die Wache? Ach, Scheiß, denen kann man sonstwas erzählen. Die Einzigen, die wirklich etwas wussten, waren Katzschmar und Karli. Karli würde mich nicht verraten. Das war klar. Und Katzschmar? Der allerdings – ein wirklicher Mitwisser. Doch ein Zinker? Das konnte ich nicht glauben. Der Stasimajor blufft, dachte ich. Ja, der Arsch blufft bloß. Und er will irgendwas beweisen. Wenn ich nur wüsste, was? Schon in der Nacht hatte er so saublöde Fragen gestellt. Ja, der Kerl blufft, sagte ich mir noch einmal, denn, hör zu, die anderen Offiziere machten ziemlich gleichgültige Gesichter, gar nicht so, als ob es darum ginge, mich in die Pfanne zu hauen. Im Gegenteil, unser Dicker schmunzelte sogar. Und auch der KC hielt noch immer sein Vatergesicht aufgesetzt. Es sah so aus, als ob von denen keiner eine Frage an mich hätte. Natürlich – alles extrem seltsam und ich konnte mir, wenn es tatsächlich so wäre, keinen Reim drauf machen. Egal, wie auch immer, ich war in einer ziemlich blöden Lage. Selbstverschuldet, klar. Und ich bereute meine Lüge schon, indem ich behauptet hatte, ich hätte nie mit ihr … vielleicht hätte ich ein kleines Bisschen was zugeben sollen. Doch jetzt – vorbei. Nun musste ich weiterspielen …

Nein, antwortete ich daher ziemlich tapfer, nein, da müssen sich Ihre Informanten irren, Genosse Major, ich kannte die Dame wirklich nicht und ich habe sie auch kürzlich nicht getroffen.

So? sagte der Major, und was war an dem Tag, an dem sie unbedingt Ausgang wollten …?

Aha, dachte ich, daher weht der Wind. Weingärtel. Und ich antwortete laut: Wie ich schon dem Major Weingärtel sagte, als er mir den Ausgangsschein ausstellte, ich wollte einfach mal allein sein, frische Luft schnappen, mal raus aus der Tretmühle der Kompanie – wissen Sie, ich sollte zum zweiten Mal Vater werden. Und, was ich Major Weingärtel nicht gesagt habe, ich war gar nicht glücklich damit. Die erneute Vaterschaft. Ich hatte Sorgen, wissen Sie …

Welche Sorgen denn? Sprechen Sie.

Nun, Genosse Major, meine Frau und ich, wissen Sie …

Was ist denn mit Ihnen und Ihrer Frau? Etwa Scheidungsabsichten? Ja dann wäre Ihnen eine Freundin doch gerade recht gewesen, nicht wahr? Der Major strahlte, weil er neuen Wind hinter seine Segel zu bekommen glaubte.

Nein, Genosse Major, keine Scheidung. Das ist es nicht. Da sind Sie auf dem Holzweg. Es geht um anderes. Wir wollten umziehen, meine Linda und ich. An die Küste. Neues Umfeld. Neue berufliche Herausforderung. Und da wäre ein zweites Kind im Augenblick nicht so … Sie verstehen? Außerdem, ich kann nicht so mit Kindern. Schon mit unserer jetzigen Tochter … ach, wissen Sie, manchmal stört sie mich regelrecht, ich schäme mich ja deswegen auch, aber …

Der Major, einerseits enttäuscht, machte nun ein Gesicht, als ob ihn mein Reden überzeugt hätte. Er wandte sich an den KC. Noch Fragen, Genosse Tschöpel? Verzeihen Sie, aber eigentlich führen ja Sie als Hausherr dieses Verhör. Wenn Sie jetzt übernehmen wollen?

Nein, nein, mein lieber Kannegut, ich habe keine Fragen. Was wir wissen wollten, hat uns der Genosse Malef ausführlich berichtet. Ich weiß jetzt Bescheid. Klare Sache. Gut. Und das von einem Verhältnis zu dieser Pinter, na ja, da scheinen ja inzwischen die Verhältnisse sonnenklar. Ich für meinen Teil glaube dem Genossen Soldaten. Und wenn wir immer auf Gerüchte und Einflüsterungen etwas geben wollten, besonders im sogenannten zwischenmenschlichen Bereich, dann würden wir gar nicht fertig ... außerdem, das ist auch mehr Ihr Bereich, Genosse Kannegut. Wir sind Militärs. Da zählen Fakten und Tatsachen ... noch Fragen, Genossen?

Und Tschöpel wandte sich an unseren Dicken. Doch der griente nur, schüttelte den Kopf, nein, er hätte keine Fragen. Alles im grünen Bereich.

Gut, dann machen wir Schluss. Und an mich gewandt, sagte der KC, Sie, Genosse Malef, bekommen jetzt drei Tage Sonderurlaub. Antritt sofort. Holen Sie sich beim Hauptfeld den Urlaubsschein. Und, erholen Sie sich gut. Viele Grüße an die Familie ...

Stühlescharren. Man erhob sich, Kannegut zuerst, dann der Dicke, sie setzten ihre Mützen auf, zogen die Koppel zurecht, verließen militärisch grüßend den Raum. Tschöpel indes, der KC, tat, als wäre ich gar nicht mehr im Raum. Er hob den Telefonhörer ab, ließ sich verbinden, begann ein Dienstgespräch. Ja, hier ist die 11. In Hundfeld, Tschöpel am Apparat ...

Ich hörte nicht weiter hin, verharrte an der Tür, knallte die Hacken zusammen, grüßte, verließ das Zimmer.

Draußen auf dem Gang. Glaub mir, ich wäre beinahe lang hingeschlagen. Richtig schwindelig war mir geworden. Was!? dachte ich vollkommen perplex, Sonderurlaub!? Unglaublich. Nein, das kann doch nicht sein. Und ich konnte es wirklich kaum fassen. Eben noch den Knast vor Augen, und nun ab in den Urlaub, nee sag ich dir, das war, das war ...

Oben, in der Stube dann, die Kameraden, gerade zurück vom Mittagessenfassen, klopften mir auf die Schulter, gratulierten mir. Mensch Malef, Sonderurlaub, das ist toll. Wir dachten schon, wir sehen dich nie wieder – ab nach Schwedt, dachten wir. Der ist erledigt. Und jetzt Sonderurlaub. Der Alte ist eben doch nicht so ein Ekel. Beinahe ein Mensch ... Einer drückte mir den Reichsbahnfahrplan in die Hand. Such dir was raus und dann nichts wie weg!

Katzschmar stand etwas abseits am Fenster und rauchte. Er hatte sich an dem Jubel um mein Glück nicht beteiligt. Ich trat zu ihm, schubste ihn an. Na, Alter, was sagst du? Sonderurlaub, ist das nicht Spitze? Hätte ich nicht gedacht. Das wär das Letzte, wo ich drauf gekommen wär.

Katzschmar nickte, blies einen Qualmring zur Decke, starrte weiter hinaus auf den Kasernenhof. Ich schubste ihn nochmal. Eh, Alter, was sagst du dazu? Bist du stumm? Freust dich wohl nicht, alter Sack? Doch Katzschmar blieb gelassen, rauchte, nahm die Zigarette aus dem Mund, betrachtete sie lange, sagte dann in leisem Ton:

Wart's nur ab, Kleiner, was da noch kommt. Und ich wette, da kommt noch was ...

Ziemlich verwirrt ging ich von ihm weg, griff meine Bestecktasche aus dem Spind. Ich wollte erst noch was essen, ehe ich mir den Schein vom Spieß holte und mich auf die Reise machte. Gott sei Dank, die Kantine hatte noch nicht geschlossen. Es gab Gulasch mit Knödel und Rotkraut. Der Koch gab mir eine Riesenportion. Extrakelle Gulasch. Zwei Knödel mehr als üblich. Viel Soße. So, damit du auf dem Heimweg nicht verhungerst! lachte er.

Aha, dachte ich, der weiß also auch schon Bescheid. Und ich aß mit Appetit ...

Am Nachmittag. Ich hatte Glück. Ein Fahrer des Regiments aus Meiningen, der mit Kurierpost nach Hundfeld unterwegs gewesen war, nahm mich mit nach Meiningen. So war ich schon am frühen Abend auf dem Bahnhof in Meiningen und konnte den Eilzug nach Erfurt besteigen. Dort musste ich dann in einen D-Zug nach Dresden umsteigen. Und so, die Bahnhofsuhren zeigten kurz vor neunzehn Uhr, saß ich, zufrieden, weil ziemlich gut vorangekommen, und satt, denn ich hatte im Schnellimbiss noch eine Bockwurst gegessen und einen Kaffee getrunken, im richtigen Zug und wartete auf die Abfahrt. In einem Abteil zweiter Klasse hatte ich einen Sitzplatz ergattert. Sogar einen Fensterplatz. So mit ausziehbarer Klappe darunter für Essbares oder Bücher und Zeitungen. Das war nicht schwer, denn der Zug war jetzt, mitten in der Woche, nicht sehr voll. Im Gegenteil, überall noch reichlich freie Plätze. In meinem Abteil mit sechs Sitzen waren nur drei belegt. Ich hatte den Koffer ins Netz gewuchtet, meine Uniformjacke an den Haken gehängt, die Schirmmütze in die

Hutablage, und nun saß ich und glotzte auf die Bahnhofsanlagen von Erfurt. Ich wollte noch ein bisschen schlafen. Hatte, wie du dir denken kannst, ganz schön Nachholbedarf. Aber auch ein Buch hatte ich mir bereitgelegt. Es würde ja genug Zeit für beides sein, für Schlafen und Lesen, die Fahrt dauerte mehr als drei Stunden. Bei dem Buch, wie beziehungsreich, handelte es sich um Fjodor Dostojewskis „*Aufzeichnungen aus einem Totenhaus*". Ich kannte es noch nicht, obwohl ich schon viel von Dostojewski gelesen hatte, und hatte es mir von einem Kameraden ausgeborgt. Dieses Buch also nahm ich denn auch gleich zur Hand, schlug es auf, las. Mehr und mehr nahm es mich gefangen und bald, schon auf Seite 12, drängten sich mir die heftigsten Parallelen auf „ ... *unser Gefängnis lag ganz am Rande der Festung, dicht am Festungswall. Bisweilen blickte man durch die Ritzen des Zaunes nach der freien Gotteswelt hinaus, ob man nicht wenigstens ein bisschen von ihr erschauen könnte; aber man sah nur ein kleines Stückchen Himmel und den hohen, mit Steppengras bewachsenen Erdwall und die Tag und Nacht darauf hin und her gehenden Schildwachen ...* "

Wenn man für „Festung" die DDR nahm, für „Festungswall" die Grenzanlagen und für die „Ritzen des Zaunes" den Streckmetallzaun der Grenzanlage, hatte man eine beinahe deckungsgleiche Beschreibung unserer Lage. War das nicht bedrückend und toll zugleich. War das nicht der Wahnsinn? Ich las und las, vergaß alles um mich her, und ich glaube, diese Lesezeit im Zug, als ich in dem Dostojewski-Roman las, sind der innere Anlass für mich gewesen, irgendwann mit eigenen Aufzeichnungen über meine „*Grenzerfahrungen*" zu beginnen. Ja, glaub mir, dieses Buch ist höchstwahrscheinlich der wahre innere Anstoß dafür gewesen. Es ist ja oft so, dass uns irgendein Buch darauf bringt, nachzudenken und einen neuen Weg einzuschlagen. Selber etwas zu beginnen. Ich wette, das ist bei mir mit dem Dostojewski so gewesen.

Irgendwann aber, klar, war ich des Lesens müde, ich senkte das Buch auf die Knie, schaute mich im Zugabteil um. Wie gesagt, wir waren nur drei Personen. Außer mir eine junge Frau und ein Mann in mittleren Jahren. Langsam dämmerte es draußen. Die junge Frau stand auf und schaltete die Abteilbeleuchtung ein. Sie hätte das bleiben lassen sollen, denn die Beleuchtung – eine üble, halbdustere Funzel – ließ das Abteil sogleich, ich weiß nicht warum, in einem gelben Licht trist und verwahrlost erscheinen. Die Sitze abgeschabt, die Vorhänge staubig und ewig nicht mehr gewaschen, der Ascher voller Kippen und abgebrochener Streichhölzer, die Fenster fleckig, trübe. Ich legte das Buch weg, lehnte mich zurück, wollte nun etwas schlafen.

Indes, ich spürte, wie mich die beiden Abteilinsassen anstarrten. Und so spähte ich unter halb geschlossenen Lidern, um mich zu vergewissern. Warum stierten die mich so an? Was hätte ich an mir? Ich trug die Grenzeruniform. Ich war Soldat, nicht mal Gefreiter, an der Brust ein einfaches Militärsportabzeichen, und gut, auch die „Affenschaukel". Das sind die silbernen Schnüre für gutes Schießen. Ich hatte sie noch am Ende der Ausbildung bekommen. War damals ganz gut im Schießen gewesen, aber die Flinte, die ich damals hatte, war auch nicht schlecht. Nicht jede Kalaschnikow, weißt du, schießt gleich gut. Ruckartig öffnete ich die Augen. Die beiden schreckten zurück. Es war, wie sich herausstellte, ein Ehepaar aus Koblenz, Herr und Frau Möller-Merkentin, das sich auf Besuchsreise zu Verwandten nach Meißen befand. Das sagten sie mir, nachdem sie sich vorgestellt hatten. Noch nie, sagte die Frau, nachdem ich mich als Angehöriger der Grenztruppen der DDR geoutet hatte, niemals hätten sie einen DDR-Grenzer so nahe und quasi zum Anfassen gesehen. Sie wirkte hysterisch und ziemlich aufgeregt. Meine Uniform hätte, sagte sie, im Vergleich zu denen der Bundeswehr oder des Bundesgrenzschutzes, ja sie hätte etwas, das einen an die Uniformen der ehemaligen Wehrmacht erinnere. Bitte nicht böse sein, wenn sie das so offen sagte, aber tatsächlich, solche Erinnerungen könnten einem kommen. Der Mann nickte dazu und fragte mich nach den Orden und Auszeichnungen, die ich trüge. Ich antwortete einsilbig und stockend, erinnerte mich an das strikte Kontaktverbot, das uns im Umgang mit Westlern befohlen war. Und ich sagte das denen schließlich auch. Wir dürfen nicht mit Ihnen reden, bitte um Verständnis, selbst der Schaffner des Zuges könnte mich verpfeifen, wenn er mich im Gespräch mit Bürgern der BRD sähe. Die beiden glaubten das nicht. So was, nein, das könnte doch unmöglich sein. Sie wollten doch keine militärischen Geheimnisse abfragen. Das interessiere sie auch gar nicht. Es wäre doch alles ganz harmlos – ein Gespräch im Zug. Mehr nicht.

Ja, sagte ich, ich weiß, aber erklären Sie das doch bitte unseren Sicherheitsorganen.

Ja, ob ich denn selbst bei einer Zugfahrt überwacht würde? wollte die Dame wissen, ob denn hier im Zug Beamte der Stasi mitfahren würden? Ich zuckte die Achseln. Wissen kann man das niemals, meine Dame. Die beiden schwiegen erschrocken und sichtlich schockiert.

Nach einer Weile bot mir der Mann eine Philip Morris an.

Hier bitte, oder dürfen Sie das auch nicht? Kommen Sie, rauchen wir erst mal eine. Rauchen verbindet. Und er lachte in sich hinein. Ich nahm die Zigarette und wir rauchten. Die Morris schmeckte so, wie eben Morris schmeckt, ich hätte als Student zur Messe mal eine ganze Schachtel geschenkt bekommen, erzählte ich, weil, ich hatte einem Messegast aus Köln seinen Ford Mustang anschieben helfen. Damals, achtundsechzig, wär das gewesen, quer über den Karl-Marx-Platz hatten wir das rote Prachtmobil geschoben, ein Kumpel und ich, und der Kölner am Lenkrad. Und der rote Mustang wollte und wollte nicht anspringen. Zweiter Gang! hatte ich immer gerufen, und dann die Kupplung! Und dabei ziemlich gekeucht. Der Karl-Marx-Platz, das ist, wissen Sie, der Platz vor der Leipziger Oper. Der Platz, dachte ich, der schon so viele Namen gehabt hat und der noch viele Namen kriegen würde, auch Beinamen …

Schließlich war der Mustang losgaloppiert und ich hatte zum Lohn die Schachtel Morris bekommen. Tolle Geschichte, was? sagte ich zu dem Herrn aus Koblenz, und der, generös, gab mir gleich noch zwei von seinen Zigaretten aus der Schachtel. Ich hievte sie in meine Juwel-Schachtel. Sie ragten mit ihrem Kohlefiltermundstück stolz heraus. Wollte sie zu Hause meiner Frau präsentieren, so wie ich damals die leere Morris-Schachtel meiner Mutter präsentiert hatte, als Student, der mal nach Hause gekommen war und Geld brauchte. Doch, weißt du, das war das falsche Signal. Meine Mutter schimpfte. Sie schimpfte immer, wenn es ums Rauchen ging. Ihr Vater, mein Großvater, war an Bronchialkrebs gestorben …

Gut, also ich steckte die Morris in die Juwel-Schachtel, wollte sie, wie ich sagte, zu Hause vorzeigen, doch – so weit kam es gar nicht. Weil, stell dir vor, *Zwischenfall …*

Die Abteiltür wurde aufgerissen. Ich sah sofort, wer die beiden waren, die da hereindrängten. Typische Figuren. Zeitgemäß und standesgemäß gekleidet. Trenchcoat der eine, Lederjacke der andere. Beide mit Lederhut. Nein, denk dir, keine Sonnenbrille. Zwei Stasileute, ganz klar. In Zivil. Sie wiesen sich mir gegenüber aus. Aufklappbarer Dienstausweis in Plastikhülle.

Der eine knurrt: Soldat Malef? Der andere kläfft: Dienstausweis. Urlaubsschein.

Ich bejahte. Ja, Soldat Malef – auf Reise in den Sonderurlaub und ich zeigte das Geforderte.

Mal mitkommen … Ich, was sollte ich tun, mit denen auf den Gang.

Das Koblenzer Ehepaar – zu Tode erschrocken. Im Rausgehen hörte ich noch, wie die Frau ihrem Mann zuflüsterte: Weil der mit uns geredet hat?? Du hättest ihm eben keine Morris geben sollen.

Draußen auf dem Gang sagte der mit dem Trenchcoat: Sie holen jetzt Ihre Sachen aus dem Abteil, ohne Aufsehen und ohne einen Kommentar zu den Reisenden. Wir werden dann mit Ihnen im Dienstabteil der Bahn bis zum nächsten Halt fahren. Das ist Gera. Dort werden wir erwartet, wir steigen aus und unsere Fahrt geht im PKW weiter. Während der Autofahrt wird Ihnen das Ziel genannt und ein erstes Warum für diese Sondermaßnahme. Alles klar?

Katzschmars Warnung erschien in meinem Kopf: *„Wart's nur ab, Kleiner, was da noch kommt. Und ich wette, da kommt noch was …"* und ich war wie vor den Kopf geschlagen – verhaftet, aus dem Verkehr gezogen, dachte ich, während ich den Mantel, Koffer, Schirmmütze und den Dostojewski-Roman aus dem Abteil holte. Ich sagte nichts, aber das Ehepaar aus Koblenz fragte auch nichts. Sie beobachteten ängstlich jeden meiner Handgriffe und als ich die Abteiltür zuschob, versuchte die Frau ein Lächeln. Ich lächelte zurück. Wumm-klick, die Tür rastete ins Schloss. Und ich hatte das Gefühl, dieses Türzuschieben wäre für lange Zeit die letzte freie Handlung von mir …

Was ist das für ein Buch? fragte der mit der Lederjacke. Geben Sie es her … Er blickte auf den Titel, buchstabierte seinem Vorgesetzten im Trenchcoat „*Aufzeichnungen aus einem … einem Totenhaus*". Einem Totenhaus? Aber hallo, was ist denn das für ein subversiver Titel? Wo haben Sie das her? Ich antwortete ziemlich verblüfft: Von einem Kameraden.

Und der? Woher hat der es?

Na, aus dem Buchhandel, frei verkäuflich. Ein Klassiker.

Klassiker? Wer ist dieser Dostojewski?

Wieder antwortete ich, doch jetzt schon mit amüsiertem Unterton: Ein Russe!

Etwa ein Sowjetbürger? fragte die Lederjacke.

Sein Vorgesetzter stieß ihn an. Lass das! Komm, wir müssen … und sie führten mich in das Dienstabteil der Reichsbahn, das zwei Waggons weiter, schon freigeräumt, bereitstand. Die weitere Fahrt bis Gera-Hauptbahnhof – ohne ein Wort. Sie dauerte nicht sehr lange. Ich schaute nicht auf die Uhr, wollte gar nicht wissen, wie die Zeit verging. Ich saß da, brütete, immer kreisten die Gedanken um die Frage. Wo bringen die mich hin? Ist nun alles zu Ende?

Die Bremsen kreischten. Die Bahnhofsstimme verkündete: Gera-Hauptbahnhof! Eingefahrener D-Zug aus usw. usw. Kommen Sie, hoch, los. Die beiden bugsierten mich durch die Bahnhofshalle. Immer auf Tuchfühlung. Doch nicht so, dass es auffiel, nicht, als ob ich ein Verhafteter wäre. Kommen Sie, zischte der Trenchcoat, los, vorwärts.

Draußen auf dem Bahnhofsvorplatz wartete ein dunkelgrauer Wolga. Als man mir die Tür geöffnet hatte, prallte ich zurück. Drinnen, im Fond, saß niemand anderes als der Major Kannegut. Er lachte mich an. Sehr zufrieden und ein bisschen behäbig, mit geöffnetem Uniformjackett, den Mantel, zusammengelegt auf den Knien, saß er da. Na, Genosse, sagte er, so schnell sieht man sich wieder. Kommen Sie, der Platz neben mir ist für Sie reserviert. Rücken Sie noch näher ran. Der Genosse Feldner muss auch noch mit rein.

Feldner. Das war der im Trenchcoat. Die Lederjacke setzte sich nach vorn zum Fahrer. Die Fahrt ging los. Die erste Viertelstunde Schweigen. Dann der Major:

Sie wissen, warum man auf so ungewöhnliche Weise Ihre Fahrt in den Urlaub unterbrochen hat? Ich schüttelte den Kopf.

Nein, wirklich nicht? Nun, Genosse, da ist immerhin noch die Sache mit dem Grenzdurchbruch, an dem Sie nicht ganz unschuldig sind ... doch darüber wird der Militärstaatsanwalt befinden ... Sie ahnen, wir bringen Sie nach Schwedt. Ganz komfortabel. Im PKW. Nicht wie die anderen auf einem Militärlastwagen oder im Güterwagen. Das ist eine Bevorzugung.

Ich antwortete verwirrt und wie blöde: Ich weiß wirklich nicht. Das muss ein Irrtum sein.

Nein, Genosse Malef, kein Irrtum. Und das wissen Sie ganz genau. Reden wir nicht weiter drüber. Ohne dem Staatsanwalt vorzugreifen, man wird Sie ein Vierteljahr im Strafarrest halten. Zu den Schwedter Bedingungen selbstverständlich. Dann werden Sie das Vierteljahr nachdienen. Natürlich nicht in Hundfeld oder an der Grenze. An den Strich, wie Sie zu sagen pflegen, werden wir Sie nicht wieder lassen. Klar? Vielleicht in ein Pionierbataillon oder zu den Motschützen nach Mecklenburg. Mal sehen.

Ich schwieg, verstehst du, war völlig erledigt, sah mich schon in der kahlen Arrestzelle mit der einsamen, hölzernen, hochklappbaren Pritsche. Einem Kämmerchen 2,5 x 5 Meter. Mit einem Fensterchen, so groß und so verdreckt wie ein Stallfenster im Kuhstall. So schnell waren Dostojewskis Beschreibungen Realität geworden ... „*Bei Einbruch der Dunkelheit wurden wir alle in die Kasernen geführt und dort für die ganze Nacht eingeschlossen ... es war ein langes, niedriges, schwüles Zimmer, durch Talglichte trüb erleuchtet, mit einem bedrückenden, erstickenden Geruch ... auf der Pritsche gehörten mir drei Bretter; das war alles, was ich an Platz zu beanspruchen hatte ...*“

Der Major, dem es gefiel, mir Angst zu machen und seine Überlegenheit zu demonstrieren, sprach weiter: Sie werden sich fragen – warum diese Umstände? Warum haben wir Sie nicht gleich vom Fleck weg in Hundfeld arretiert? Nun, Genosse Malef, in der Grenzkompanie, da ist jede Aufregung Gift für die Verteidigungsbereitschaft. Da entsteht Unruhe und da wachsen Gerüchte. Das wollten wir nicht. Ihre Genossen in Hundfeld, das heißt die Soldaten, sollen glauben – alles in Ordnung. Der Malef hat Sonderurlaub bekommen. Schön. Der Dienst wird weitergehen. Im Herbst, in wenigen Wochen, werden die Genossen des letzten Diensthalbjahres entlassen. Neue Soldaten werden aus den Ausbildungseinheiten kommen. Der ewige Kreislauf. Verstehen Sie? Und deshalb, in 14 Tagen schon, ist das Meiste vergessen. Und Sie werden ebenfalls vergessen sein. Auch, wenn man Ihre Ausrüstung abholt, wird das nicht weiter auffallen. Man sieht sie nicht. Und das ist das Wichtigste. Ja, Sie sollen vergessen werden. Und, glauben Sie mir, das wird gelingen. Man wird Sie und man wird die ganze unliebsame Sache vergessen. Natürlich wir, nämlich diejenigen, die über allem wachen, wir, die niemals schlafen, wir, die alles herausfinden, Genosse Malef, wir werden Sie nicht vergessen. Und wir werden Ihnen eine ganz besondere Pflege angedeihen lassen. Verlassen Sie sich drauf. Und so geschieht es, dass auch Sie uns nicht vergessen werden … eine bleibende Erinnerung für Ihr weiteres Leben.

Und … und meine Frau … wird die? Ich saß neben dem Major. Ein Häufchen Scheiße. Ein Hasenherz. Erledigt. Weggekehrt. Und, meine Frau …? wiederholte ich, ich hörte, fühlte, wie meine Stimme zitterte.

Natürlich werden wir Ihre Frau benachrichtigen. Machen Sie sich keine Sorgen. Wir würden sogar Ihre Tochter aufklären, wenn sie nicht noch zu klein dafür wäre. Für alles ist gesorgt.

Eines aber wollte ich noch wissen. Wie war das mit Julia? Warum die Alouette? Warum hatte man sie aus der Sperre geholt? Der Major, diese zynische Kerl, wüsste darüber bestimmt etwas. Ob er mich aufklärte? Jetzt, hier im Auto. Ich nahm meinen ganzen Mut zusammen.

Ich fragte. Sagen Sie, Genosse Major, dieser Grenzdurchbruch … da ist es doch nicht mit rechten Dingen zugegangen? Der Hubschrauber zur Stelle. Zwei Mann, die sie rausholten …

Der Stasimajor ließ ein Lachen hören. Ha, ha. Ja, Genosse Malef, da haben Sie recht … ungereimte Dinge. Aber, glauben Sie mir, man muss nicht alles wissen, vor allem so einer wie Sie nicht … zu viel zu wissen, das ist ungesund, Genosse Malef. Manchmal sogar tödlich. Leider, mein Lieber, darf ich Ihnen dazu nichts weiter sagen. Leider, leider … Aber diese ungereimten Dinge, wie Sie sagen, die haben Sie vor größerer Strafe bewahrt. Das glauben Sie mir bitte. Mit einem Vierteljährchen Strafarrest sind sie gut bedient, eine Vorzugsbehandlung beinahe … fast könnte man sagen, eine Verurteilung zum Schein. Und, bedenken Sie, Sie brauchen die Schwedter Zeit nur nachzudienen und dann ist alles vergessen. Sie gelten nicht als vorbestraft. Ihre Karriere, an der Küste oder wo Sie auch immer weiterleben wollen, alles wird weitergehen. Das Einzige ist Ihr Gedächtnis. Da können wir nichts machen. Leider. Aber ich denke, Sie haben begriffen: *Maul halten und fröhlich sein*. Das ist das Beste …

Nun habe ich meine Aufzeichnungen beendet.

Über den Aufenthalt in Schwedt will ich nichts schreiben. Maul halten … – vielleicht später mal, wenn ich so weit bin, von innen her, verstehst du, ja vielleicht später melde ich mich nochmal zu Wort. Wir werden sehen …

Ich weiß, ganz zufrieden bist du nicht. Weil, viele Fragen noch offen. Weil nicht alles beantwortet wurde. Aber, glaub mir, es ist so im Leben: Da bleibt auch manches unbeantwortet. Da bleiben Fragen … mach dir selber einen Reim drauf. Denk zu Ende, was ohne Antwort blieb.

Ich weiß, du willst zum Beispiel wissen – was ist mit dem Katzschmar? Wer war dieser Kerl und warum schien er zu wissen, was andere nicht wussten? Was ist aus der kleinen Julia geworden? War ihre Flucht vorbereitet und warum? Was wurde aus Schnulli? Aus Karli? Aus Otto? Und aus Holzknie? Oder aus dem Dicken? Und welchen Weg nahm unser Koch, dieses Rostocker Knickei?

Glaub mir, ich weiß dies alles selber nicht. Ich habe keinen je wiedergesehen noch gehört, was aus ihnen geworden ist. Wenn ich es gewusst oder erfahren hätte, dann hätte ich dir davon erzählt. Ganz bestimmt. Das hätte ich. Vielleicht liest einer diese Aufzeichnungen und meldet sich bei mir. Das würde mir Verlorenes zurückgeben.

Dresden, im Sommer 1976

Franz Malef